Silke Kohlmann

Kaiserstuhl

Wandern für die Seele

20 Wohlfühlwege

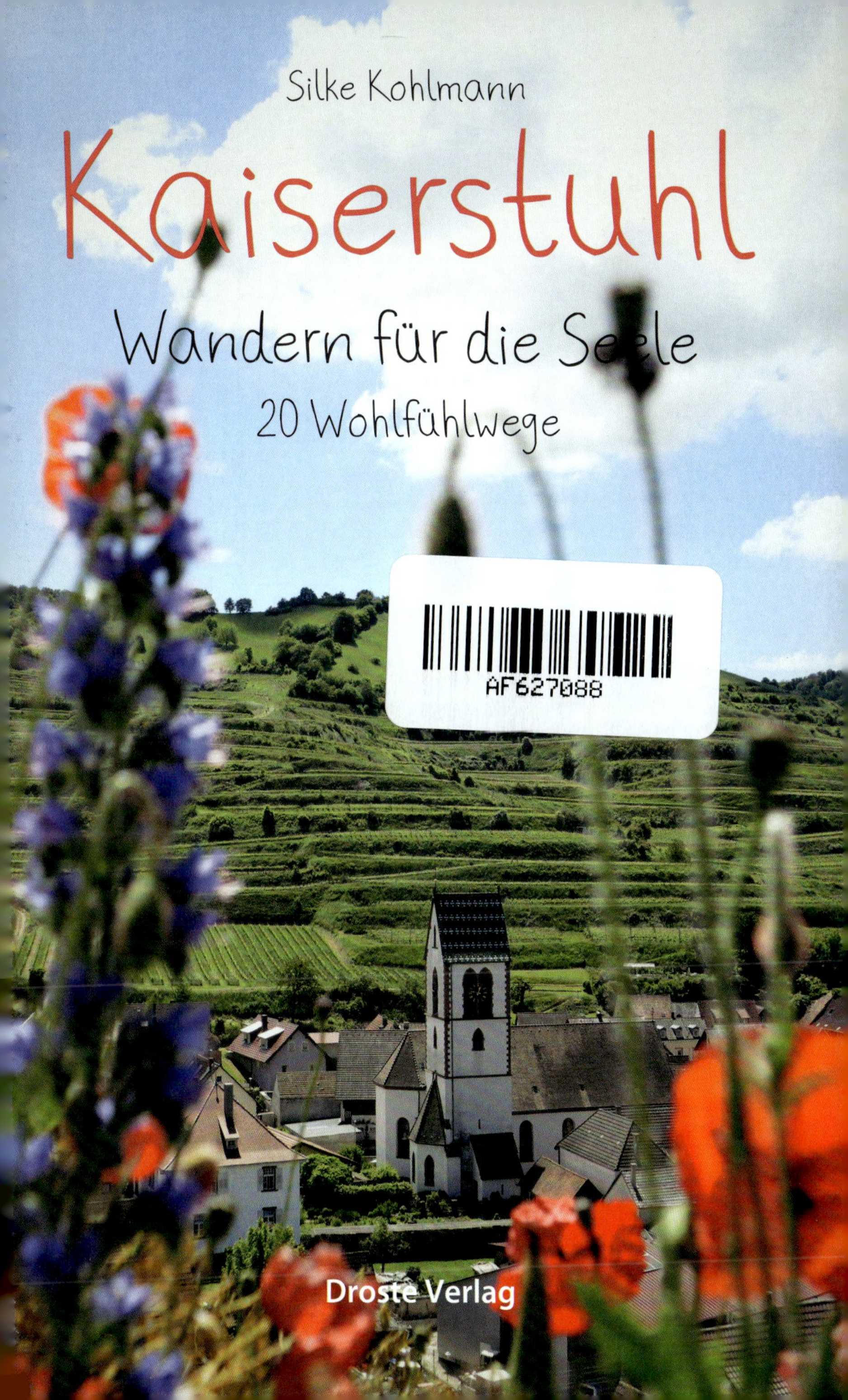

Droste Verlag

ALLE WANDERUNGEN AUF EINEN BLICK

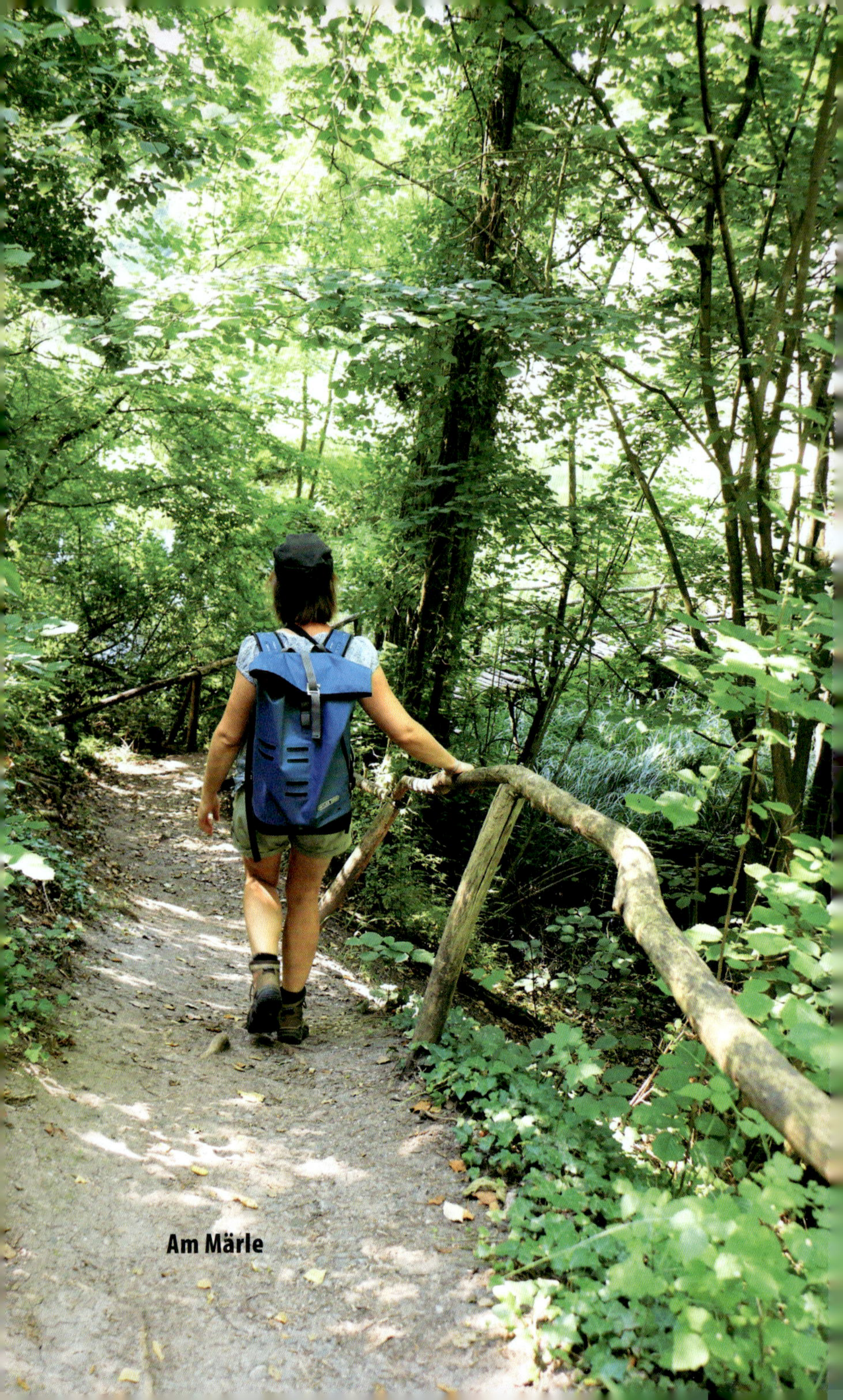

Am Märle

Liebe Wanderfreunde,

wer beim Wandern die Seele baumeln lassen möchte, ist im Kaiserstuhl und Breisgau genau richtig. Ich lade Sie ein, mit mir durch sonnenverwöhnte Rebterrassen zu streifen, in die kühlen Rheinauen einzutauchen, auf schmalen Pfaden den Kaiserstuhlkamm zu erklimmen und den Blick bis weit in den Schwarzwald und die Vogesen schweifen zu lassen.

Die Region hat eine unglaubliche Fülle an einmaligen Naturerlebnissen zu bieten: An der Westflanke des Kaiserstuhls erreichen wir nicht nur den wärmsten Ort des Landes, sondern treffen am erkalteten Lavastrom auch auf exotische Kakteen. Im Herzen des Mittelgebirges entdecken wir die türkisgrün schimmernde Smaragdeidechse und die langbeinige Gottesanbeterin, wir wandern im Liliental durch ein Meer wilder Orchideen und durchstreifen die tiefen Schluchten der Lösshohlwege. Wir genießen die reiche Vogelwelt des Nimbergs und kehren am Ehrenstetter Ölberg in die Steinzeit zurück.

Wandern in Kaiserstuhl und Breisgau ist ein Erlebnis für alle Sinne: Unsere Augen können sich kaum sattsehen an den wunderbaren Blüten, wir lauschen dem Gesang der Nachtigallen und tasten uns durch das geheimnisvolle Erleloch. Der Duft von wildem Majoran kitzelt unsere Nase, und der Geschmack des wunderbaren Weines verwöhnt unseren Gaumen. Die Liebe zu gutem Essen – auch dadurch zeichnet sich die Region aus. Und darum führen die Wanderungen auch zu den gemütlichsten Straußenwirtschaften und feinsten Restaurants.

Viel Freude beim Wandern und Genießen wünscht

Silke Kohlmann

NATUR-INFO

KULTUR-INFO

TOUREN-/EVENT-INFO

GENUSS-INFO

- 5 Kilometer
- 110 Höhenmeter
- 1,5 Stunden
- Rundweg

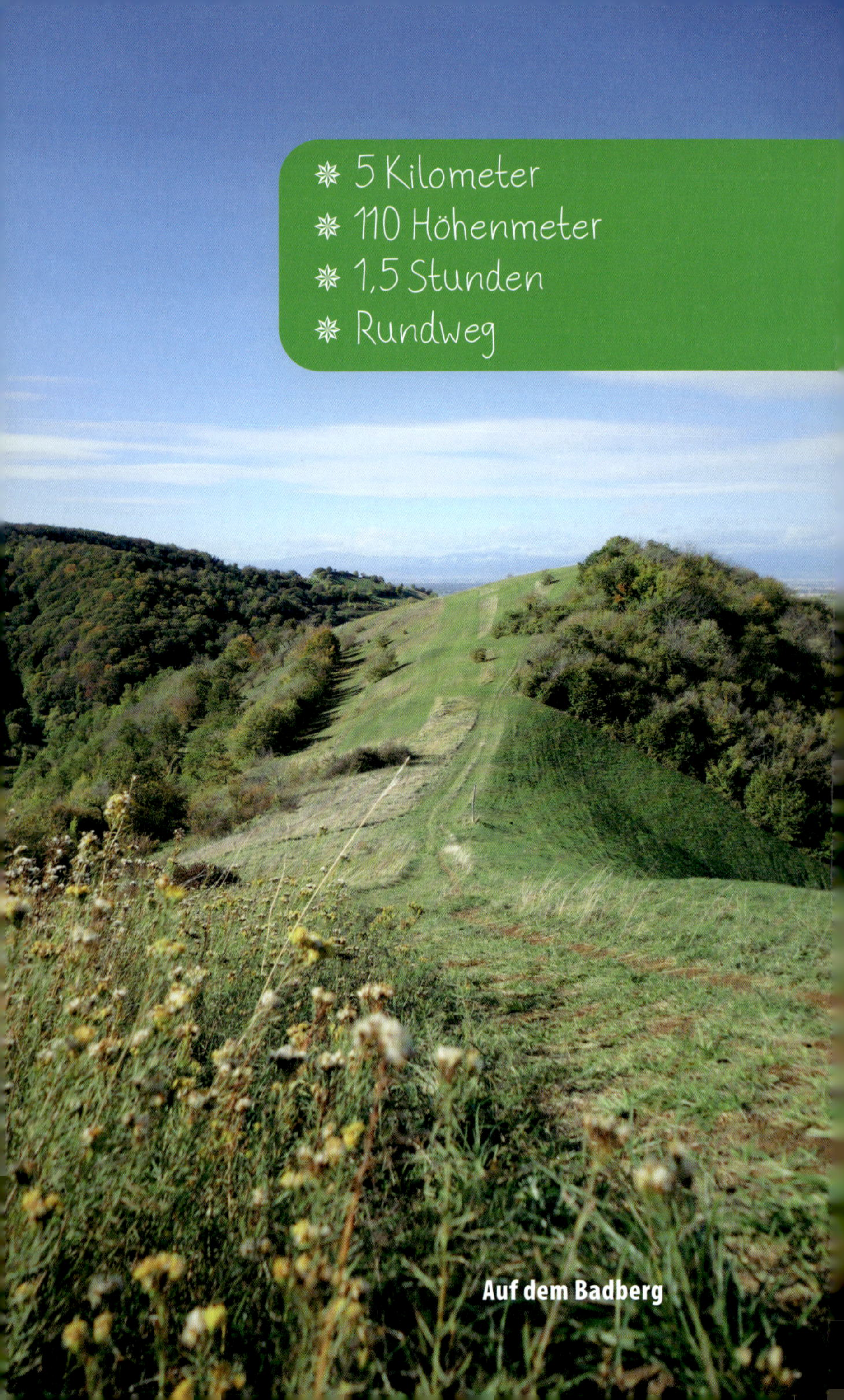

Auf dem Badberg

Himmelwärts

Eine kleine Badberg-Runde

Wir beginnen unsere Tour an der **Kirche St. Gangolf** ❶ im kleinen 340-Seelen-Örtchen **Schelingen** im Herzen des Kaiserstuhls.

Am Kirchplatz finden wir den ersten Wegweiser zum Badberg und folgen ihm in westlicher Richtung. Die kleine Gemeinde hat man schnell durchquert. Wenn wir in der **Allmendgasse** nach links abgebogen sind, geht es langsam, aber stetig in Serpentinen den Berg hinauf. Aus den Bäumen und Sträuchern am Wegesrand erhebt sich ein herrliches Konzert verschiedener Vogelstimmen. Und bald schon erahnen wir die sanfte Kuppe des Badbergs vor uns. Gleichzeitig lohnt es sich aber, immer wieder einen Blick zurück auf die Schelinger Kirche zu werfen, die nun zwischen den Reben aufragt. Rebterrasse für Rebterrasse erklimmen wir den Berg, an den Böschungen blühen je nach Jahreszeit Schlüssel- oder Glockenblumen, wilder Majoran verströmt seinen würzigen Duft.

Schon nach einer knappen halben Stunde erreichen wir den Sattel zwischen **Badberg** und **Haselschacher Buck.** Rechts liegt ein Pavillon in der Senke, und vor uns tut sich ein herrliches Panorama auf: Eingerahmt von den Weinbergen streckt sich die Kirche des Weilers Altvogtsburg in die Höhe, dahinter breitet sich der Totenkopf mit dem markanten Mast auf der Spitze aus.

Wir sind angekommen im **Naturschutzgebiet Badberg** ❷, jener sanften Hügelkette inmitten des Kaiserstuhls, die sich komplett von den anderen Erhebungen unterscheidet. Andernorts dominieren Wälder und Weinberge, hier gibt es nur Wiesen ❸. Die aber sind

Im Vorbeiwandern fällt das ungewöhnliche Glockengeläut der ***Kirche St. Gangolf*** *auf: Von den ursprünglich drei Glocken wurde eine im Zweiten Weltkrieg eingezogen. Seitdem erklingen die beiden übrigen Läuteglocken im Intervall einer großen Terz zueinander.*

Auch wenn er unscheinbar wirkt: Der ***Weiler Altvogtsburg*** *hat der Stadt Vogtsburg im Kaiserstuhl ihren Namen gegeben. Seit der Gemeindereform sind unter diesem Namen die Winzerdörfer von Achkarren bis Schelingen zusammengeschlossen.*

ein ganz einzigartiges Biotop: Im Frühjahr schmiegen sich lila Küchenschellen ins niedere Gras, die Kaiserstuhl-Anemone verteilt ihre weißen Tupfen über die Hügel, blaue Teufelskrallen leuchten dazwischen auf. Im Mai und Juni stehen dann auch die Orchideen in voller Blüte: die Hummel-Ragwurz etwa oder die Pyramiden-Hundswurz, viele Sorten Knabenkraut, unter ihnen das Affen-Knabenkraut, bei dem jede einzelne Blüte einem kleinen Äffchen gleicht.

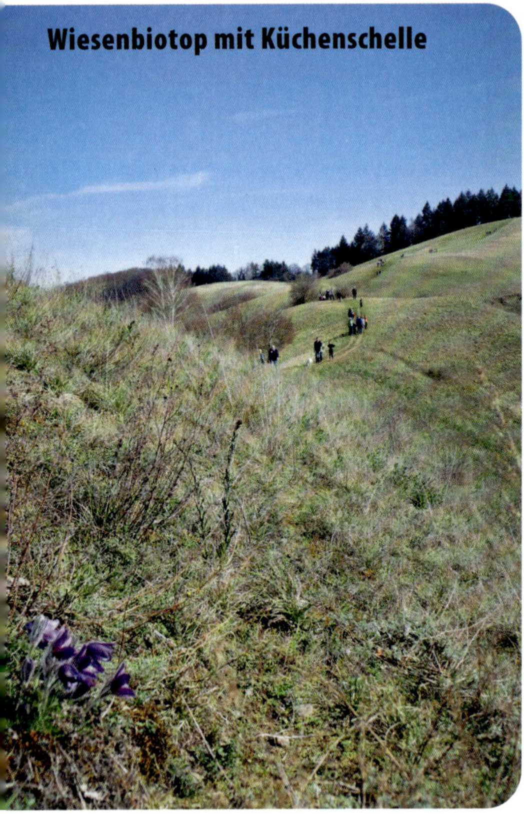

Wiesenbiotop mit Küchenschelle

Wir biegen am **Pavillon** rechts ab, ein Trampelpfad zieht sich auf dem Hauptkamm entlang. Auch wenn wir wegen der wunderschönen Blüten ringsherum versucht sind, sie ganz aus der Nähe zu betrachten: Wir verlassen den Pfad nicht, um das sensible Ökosystem der **Magerrasenlandschaft** nicht zu stören. Auf dem nährstoffarmen und trockenen Boden gedeihen nicht nur seltene Pflanzen prächtig, auch wärmeliebende Tiere finden am Badberg ein Zuhause: der elegante Schmetterlingshaft etwa, dessen Flügel – durchzogen von einem schwarzen Adernetz – zur Spitze hin transparent werden. Das Tier aus der Gruppe der Netzflügler liebt die warmen Wiesenhänge am Badberg, ist aber aufgrund seines rasanten Flugs nur schwer zu beobachten. Leichter macht es uns da die **Gottesanbeterin,** die Fangschrecke ist eine wahre Meisterin der Geduld: Stundenlang verharrt sie unbeweglich an einem Ort, bis sich ihr ein Opfer nähert und sie mit ihren Fangarmen zupackt und es genüsslich ver-

Für die Seele

Hier fühlen wir uns dem Himmel ganz nah: auf der Rundkuppe des Badbergs, der uns mit seiner Fülle an wunderbaren Blüten und erstaunlichen Bewohnern verzückt.

speist. Kaiserstuhl und Tuniberg sind die einzigen Gegenden in Deutschland, in denen man die Gottesanbeterin beobachten kann. Auch wir wollen uns nun in Geduld üben, hocken uns am Wegesrand vor den warmen Wiesenboden und lassen die Augen über die Graslandschaft wandern. Wir entdecken himmelblaue Bläulinge, die eilig von Blatt zu Blatt fliegen, Turmschnecken, die an den Pflanzenstengeln hinaufkriechen, und Weinberglauch, der mit seinen kugeligen lila Blüten leicht zu erkennen ist. Wie gut das tut, einfach nur hier zu sitzen und zu schauen. Und dann, ganz unverhofft entdecken wir sie: eine Gottesanbeterin, gut getarnt zwischen den Grashalmen. Mit ihren großen, seitlich gelegenen Augen, den Fühlern mitten auf dem Kopf und den vor der Brust gefalteten Fangarmen ähnelt sie ein bisschen einem Außerirdischen, wie man ihn aus Filmen kennt. Ganz still sitzt sie da – und kann doch blitzschnell zupacken, wenn sich ihr ein unvorsichtiges Opfer nähert. Eine Weile verharren auch wir noch an diesem warmen Fleckchen Wiese. Dann wandern wir – fasziniert von unseren Entdeckungen – weiter.

Wie eine Kuppel aus blauem Glas wölbt sich der Himmel über dem Kamm. Wir haben mit Glück einen Tag erwischt, an dem hier nur wenige Wanderer unterwegs sind. Wenn der Badberg im Frühjahr und Frühsommer in voller Blüte liegt, kann es etwas be-

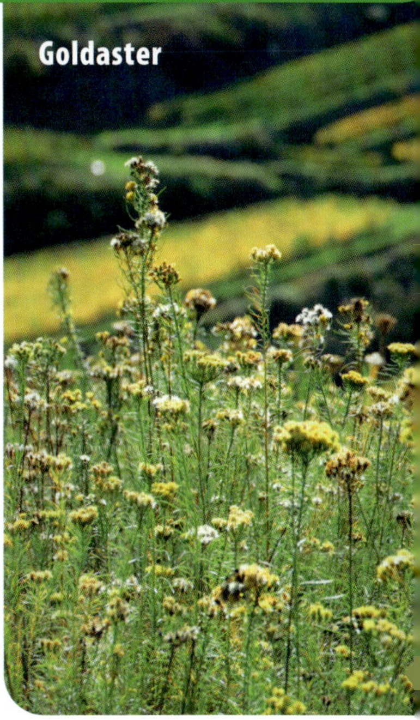

Goldaster

*Der **Kaiserstuhl** ist vulkanischen Ursprungs, im Vergleich zu anderen Vulkanen kam es hier aber nur zu mäßig starken Ausbrüchen. Am Badberg erreichte das Magma nicht einmal die Oberfläche, sondern blieb in den Gesteinsspalten als Pfropfen stecken.*

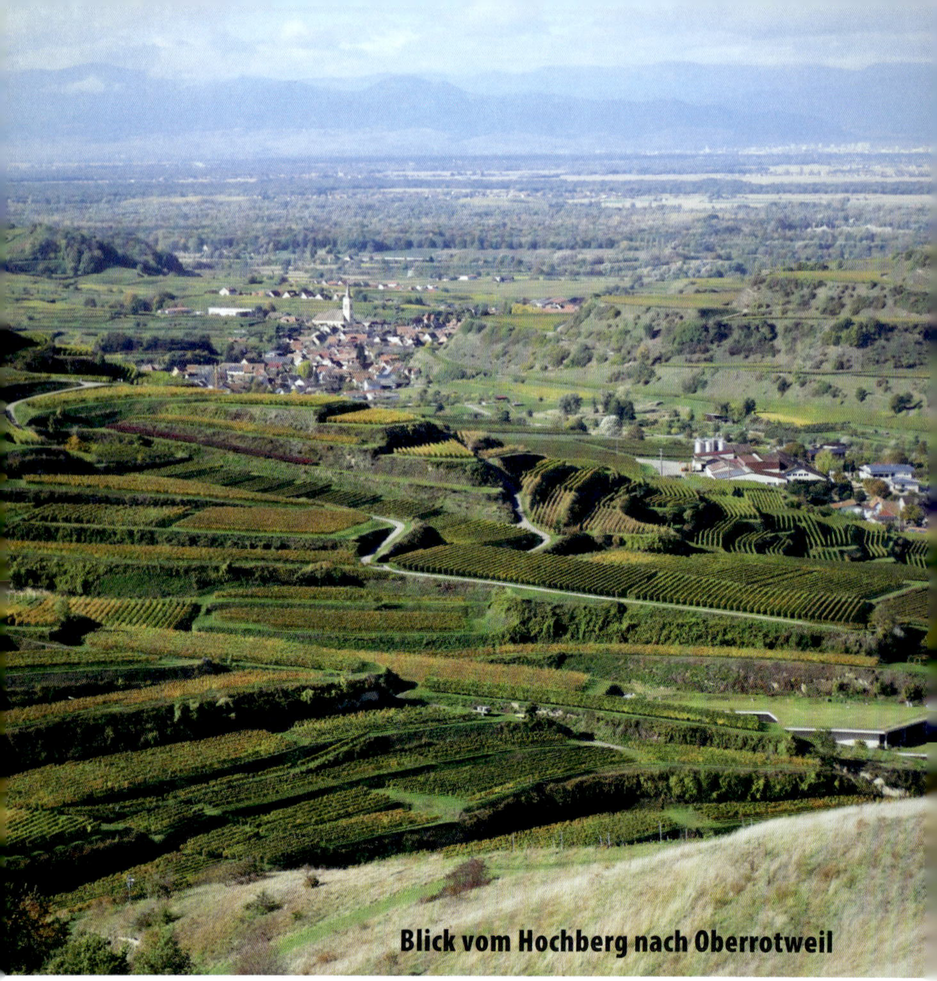

Blick vom Hochberg nach Oberrotweil

lebter werden. Dann zieht sich bisweilen eine lange Schlange von Ausflüglern über die Hügelkette. Im März dagegen, wenn die ersten Blüten der Küchenschellen dem manchmal eisigen Frühlingswind trotzen, oder im Herbst, wenn die Goldastern die Hügel in sattes Gelb tauchen, genießt man die Ruhe in der „kleinen Steppe" des Kaiserstuhls.

Auf unserem Weg über die Reihe der Kuppen verraten uns Informationstafeln interessante Details über den Badberg: Nie gab es hier große Rebflächen, zu karg und steil ragt er im Herzen des Kaiserstuhls auf. Zeitweise nutzte man die Südhänge als Weiden. Und auch heute werden Ziegen wieder zur Landschaftspflege genutzt. Aus botanischer Sicht ist dies eine optimale Pflegemethode für die steilen Hänge: Die Ziegen halten Gehölze im Zaum, entfilzen den Boden und helfen damit Pflanzen wie Thymian, Natternkopf und Feld-Mannstreu zu gedeihen.

Hinauf und hinunter führt unser Weg weiter auf dem Kamm, der sich dem Himmel entgegenzustrecken scheint, bis wir schließlich den **Hochberg 4 –** von den Einheimischen auch Horberig genannt – erreichen. Ein herrliches Panorama tut sich vor uns auf. Wir können unseren Blick bis nach Oberrotweil und weit darüber hinaus schweifen lassen. Und im Tal erkennen wir noch etwas anderes: die Kellerwirtschaft in Oberbergen, deren moderne Architektur sich beinahe unbemerkt in den Hang fügt. Die Kellerwirtschaft ist nur eines von drei ausgezeichneten Restaurants der Familie Keller in Oberbergen, daneben verwöhnt sie im Winzerhaus Rebstock und im Schwarzen Adler die Gäste.

Den Ort im Blick wandern wir nun an der westlichen Flanke des Badbergs hinunter und biegen am Schoren scharf rechts ab. Wir gelangen zum **Wegpunkt Steinriese,** verlassen den Badbergpfad und wandern in Richtung Schelinger Kirche zurück. Dieser Weg hinunter ins Tal ist wunderschön: Schon im März, wenn die Schlehen ihre zarten weißen Blüten tragen und unten im Ort die Mandelbäume rosa leuchten. Oder im Herbst, wenn sich die Blätter der Reben in allen Farbnuancen von leuchtend gelb bis tief weinrot färben. Die Blumen am Wegesrand scheinen dann einen wahren Wettstreit zu veranstalten: Wer bringt das schönste Violett hervor – Glockenblume, Bergaster oder doch der wilde Majoran mit seinen filigranen Blütenständen? Mit der sicheren Gewissheit, dass wir diese kleine Runde über den wunder-

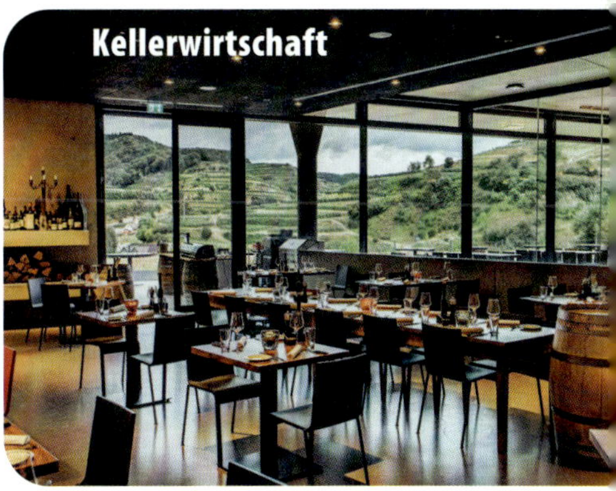
Kellerwirtschaft

schönen Badberg immer wieder voller Begeisterung gehen werden, wandern wir zurück nach Schelingen, passieren am Ortseingang die Sonnenuhr, die im Schatten herrlicher Mandelbäume liegt, und kehren an unseren Ausgangspunkt zurück.

Nun können wir direkt bei der Kirche ins **Restaurant Sonne** ⑤ einkehren oder aber wir ziehen die schweren Wanderschuhe aus, putzen uns ein bisschen heraus und fahren hinüber in die wirklich außergewöhnliche **Kellerwirtschaft** ⑥ in Oberbergen, die uns schon vom Badberg aus ins Auge gefallen war. Hier vereinen sich großartige Architektur, hervorragende Weine, exzellente Küche – kombiniert mit einem wunderbaren Blick auf den Badberg – zu einem Erlebnis für alle Sinne.

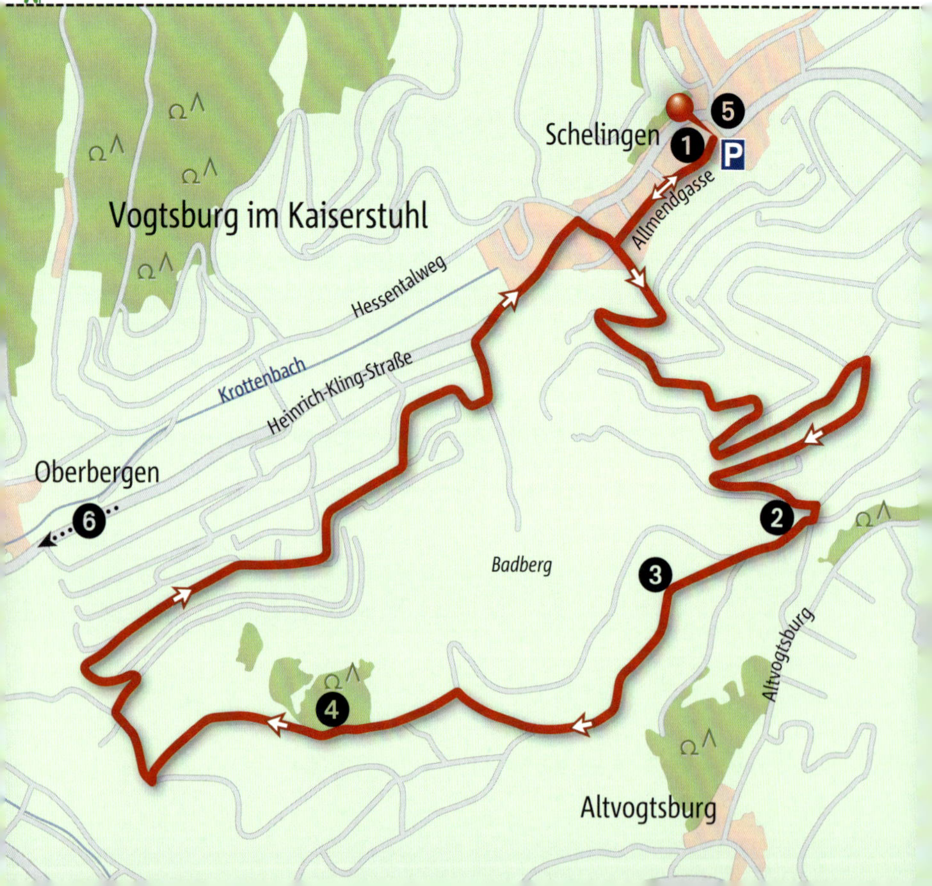

Entspannungsfaktor ✱✱✱✱✱
Genussfaktor ✱✱✱✱✱
Romantikfaktor ✱✱✱✱✱

WIE & WANN:
Zunächst befestigte Wege, später Wiesenpfade; wegen des tollen Panoramas ganzjährig zu empfehlen; besonders schön im Frühjahr; im Sommer sehr heiß.

HIN & WEG:
Auto: Parkplatz an der Kirche, Allmendgasse, 79235 Vogtsburg-Schelingen (GPS: 48.104064, 7.683185)
ÖPNV: nicht vorhanden

ESSEN & ENTSPANNEN:
Köpfers Sonne Schelingen ❺ Mitteldorf 5, 79235 Vogtsburg-Schelingen, Tel. (0 76 62) 2 76, koepfers-steinbuck.de
Kellerwirtschaft ❻ Badbergstraße 44, 79235 Vogtsburg-Oberbergen, Tel. (0 76 62) 93 30 80
franz-keller.de

ENTDECKEN & ERLEBEN:
Kirche St. Gangolf ❶
Naturschutzgebiet Badberg ❷
Wiesenbiotop ❸
Hochberg ❹

* 11,6 Kilometer
* 280 Höhenmeter
* 4 Stunden
* Rundweg

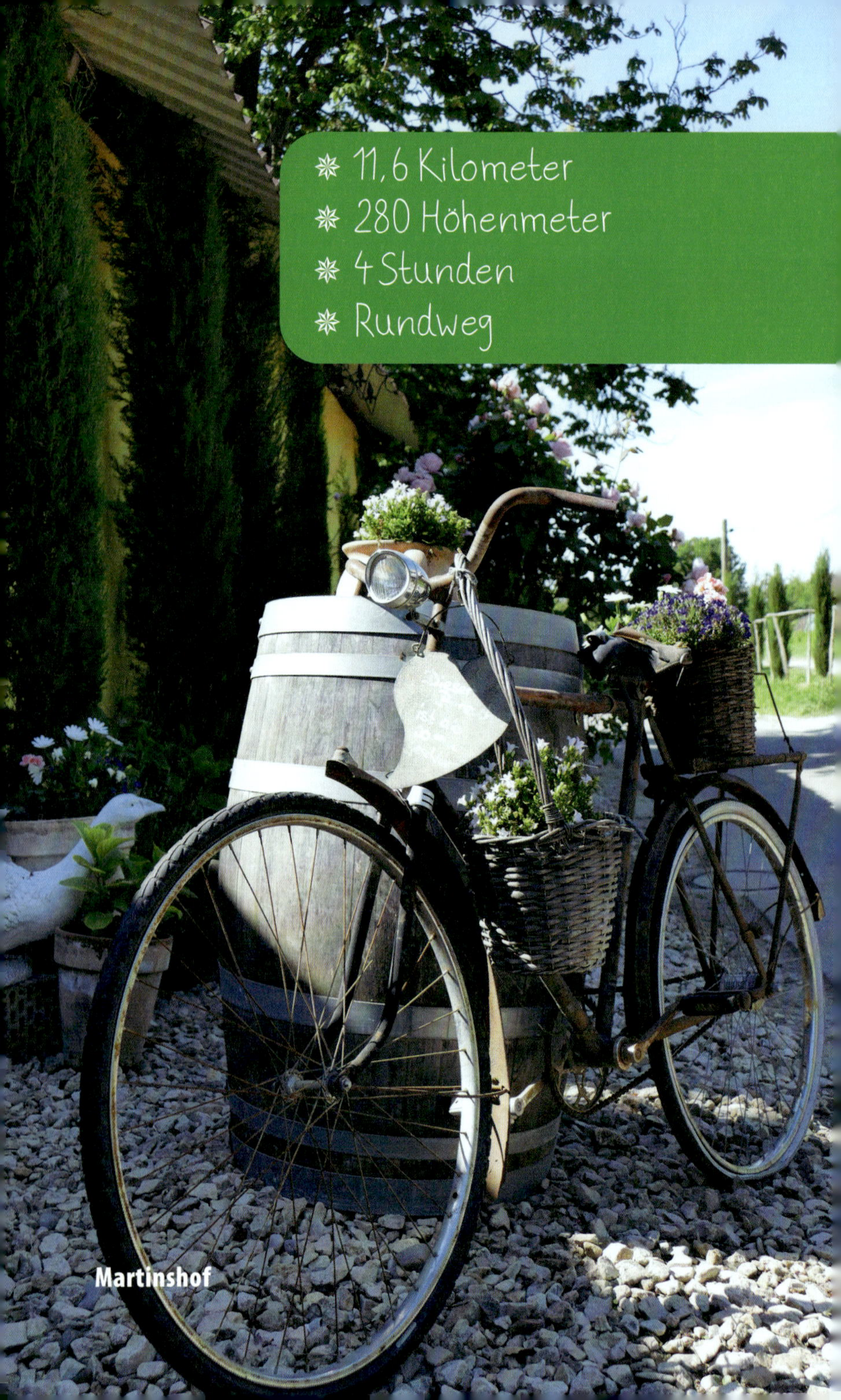

Martinshof

Orchideenreich

Von Ihringen ins Liliental

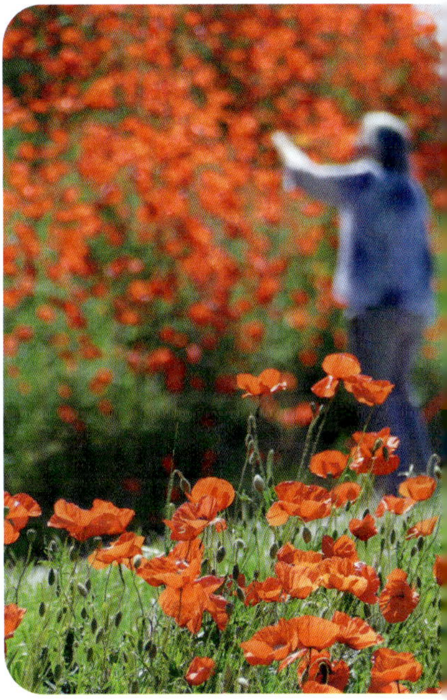

Wir starten unsere Wanderung an der Schule im Zentrum von **Ihringen.** Der Ort mit den schönen Fachwerkhäusern gilt als der wärmste Deutschlands. Kein Wunder, dass an den Rebhängen oberhalb Ihringens die Trauben so wunderbar reifen. Dorthin machen wir uns auf. Wir umrunden einmal die Kirche, biegen von der Kirchgasse links ab, dem **Neunlindenpfad** Richtung Gasthaus Lenzenberg folgend und wandern die Hohlgasse bergauf. Schon ragen die ersten Wände aus Löss rechts des Weges auf. Löss, jenes feinpudrige Gestein, das fast den gesamten Kaiserstuhl in einer dicken Schicht bedeckt und dem das Weinbaugebiet seine Fruchtbarkeit verdankt. Löss ist mineralienreich, gut durchlüftet und ein hervorragender Wasserspeicher: idealer Nährboden für die Reben. Aber auch viele andere Pflanzen gedeihen dank des Lösses hervorragend. Wer sich im Mai auf diese Wanderung macht, kann hier eintauchen in ein rotes Meer aus Tausenden von Mohnblumen.

Wir wandern nun oberhalb von Ihringen Richtung Dulltalgasse. An der nächsten Gabelung, wo die Straße kreuzt, müssen wir achtgeben: Wir nehmen nicht die Autostraße zum Lenzenberg, sondern gehen rechts ein paar Schritte bergab und erst an der nächsten Möglichkeit links hinauf (hier steht auch der Wegweiser). Der **Neunlindenpfad** führt uns nun geradewegs

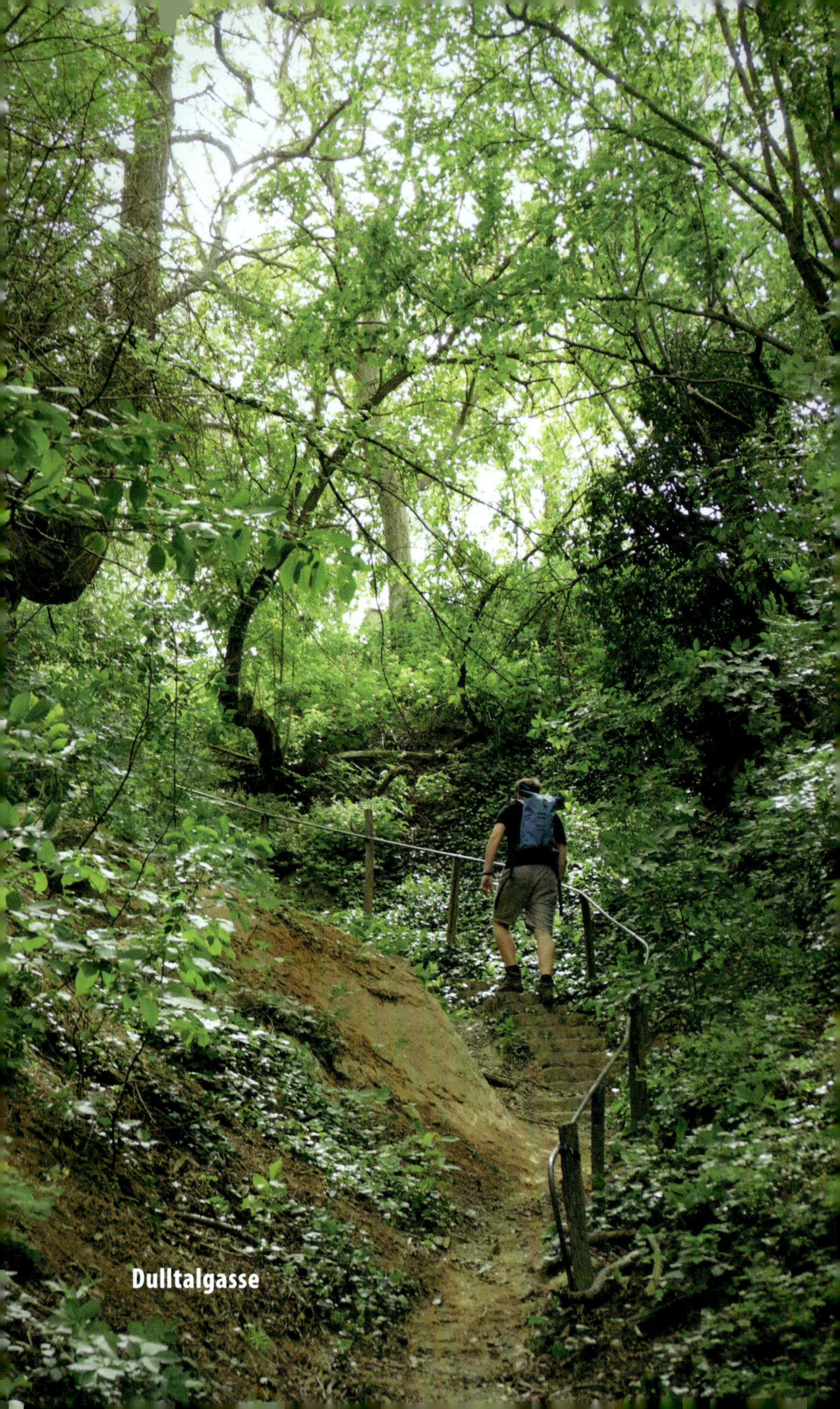
Dulltalgasse

Für die Seele

Vom sonnenverwöhnten Ihringen wandern wir durch kühle Hohlwege ins Liliental, ein Paradies voller Orchideen und exotischer Bäume.

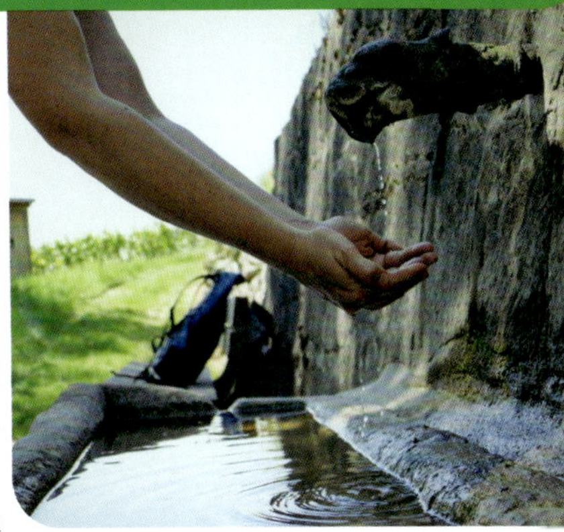

hinein in einen lauschigen Hohlweg. Auch wenn in Ihringen und den Weinbergen schon hohe Temperaturen herrschen – hier im Hohlweg bleibt es angenehm kühl. An den Wänden offenbart sich der Löss. Es lohnt sich, ihn einmal in die Hand zu nehmen, den feinen Puder zwischen den Fingern zu verreiben. Immer wieder weisen die Lösswände tiefe Höhlen auf: Zum einen nutzten die Menschen diese als Unterstand bei schlechtem Wetter oder als kühle Vorratsräume zur Lagerung von Kartoffeln. Zum anderen mussten sie selbst dort Zuflucht suchen: Während des Zweiten Weltkriegs, im Winter 1944/45, verbrachten Ihringer Familien hier viele Wochen in den Höhlen.

Auch kleinere Löcher entdecken wir in den steilen Wänden – Bruthöhlen. Löss ist nämlich nicht nur Nährboden für viele Pflanzen, sondern auch Brutplatz für Vogelarten wie den Bienenfresser, der Höhlen in die weichen Steilwände hineingräbt. Wer Glück hat, entdeckt den bunten Vogel im Kaiserstuhl. Wir hören im Moment nur das Zwitschern der Vögel und das Summen der Insekten. Es duftet nach Holunderblüten.

Irgendwann führt uns eine schmale Treppe rechts hinein in die **Dulltalgasse** **1**, eng windet sich der Weg durch die schmale Schlucht, wir sind ganz vom freundlichen Grün der Blätter eingehüllt. Am oberen Ende der Gasse geht es links weiter zum Lenzenberg. Wieder

!

Wer mit Kindern unterwegs ist oder nur einen kleineren Ausflug in die Weinberge von Ihringen machen möchte, kann sich auf dem Wendelin-Wiedehopf-Pfad auf die Spur des ungewöhnlichen Vogels machen. Die Tour beginnt ebenfalls an der Kirchgasse.

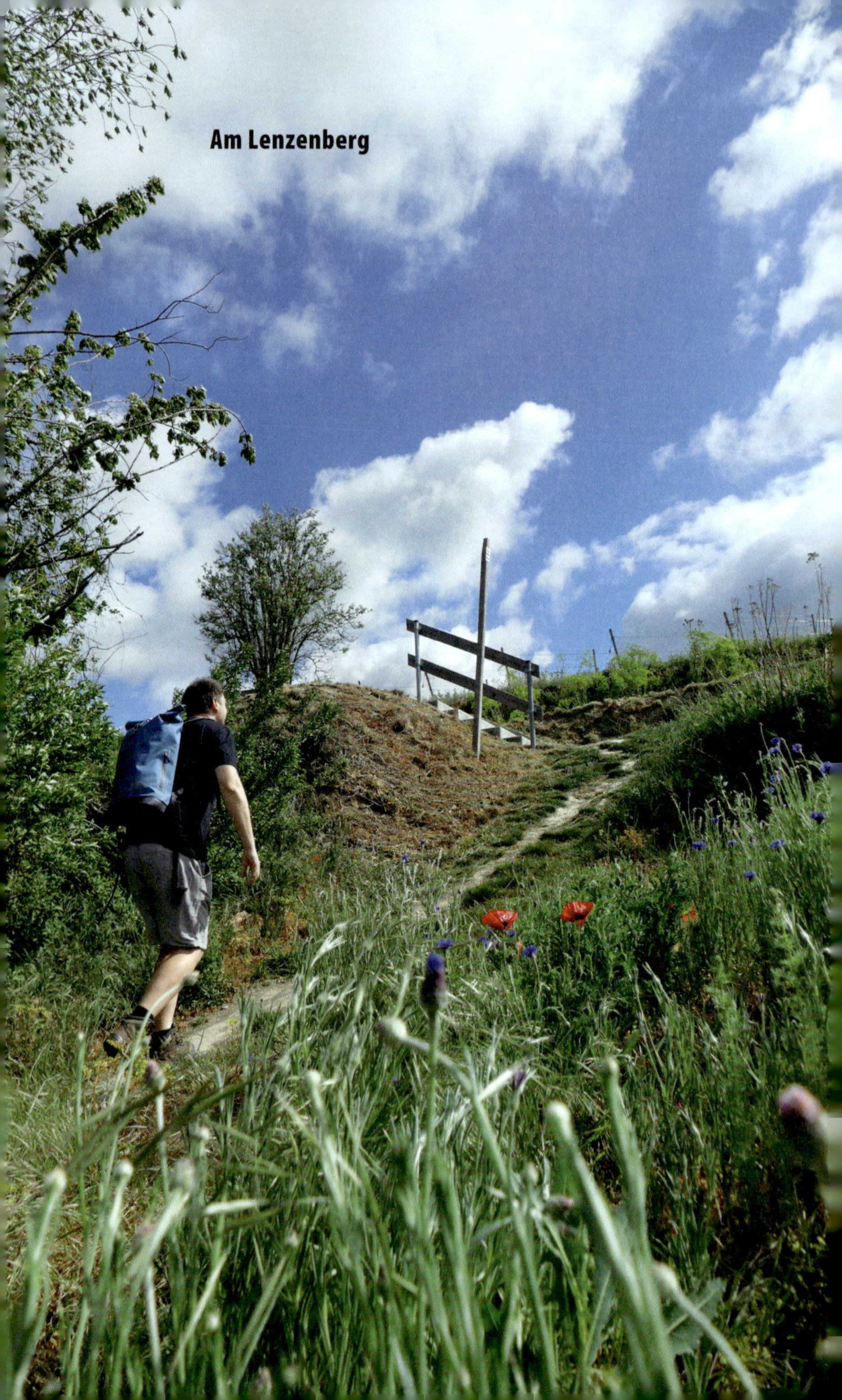

Am Lenzenberg

tauchen wir ein in einen schattigen Hohlweg. Und hier hören wir plötzlich den markanten Ruf des Wiedehopfes. „Hup-hup-hup", klingt es aus dem dichten Grün. Erkennen können wir den auffälligen Kaiserstuhlbewohner mit der schwarz-weißen Federhaube auf dem Kopf zwar nirgendwo, aber wir hören ganz deutlich seinen ungewöhnlichen Gesang. Der Wiedehopf ist einer der Vögel, die durch die Flurbereinigung am Kaiserstuhl vertrieben wurden. Durch die rigide Umgestaltung der Landschaft fand er keine Bruträume mehr. Ursprünglich bevorzugt er alte Obstbäume. Inzwischen haben es Naturschützer geschafft, den Wiedehopf wieder im Kaiserstuhl anzusiedeln, indem sie an zahlreichen Rebhäuschen Brutkästen für ihn aufgehängt haben – so auch in den Ihringer Reben. Welch ein Glück auch für die Wanderer!

An der nächsten Gabelung ist schon das Liliental angekündigt. Jetzt geht es richtig steil bergauf. Wer eine Pause einlegen möchte, kann das auf einem Bänkchen am Weg oder im **Gasthaus Lenzenberg** ❷ bei gutbürgerlicher Küche und einem fantastischen Ausblick ins Tal.

Weiter führt unser Weg unterhalb des Lenzenberges Richtung Liliental. Wir nehmen eine Kehre bergab, dann folgen wir der Beschilderung Martinshof und Liliental, nun auf dem **Knabenkrautpfad.** Nachdem wir den Wald verlassen haben, führt unsere Tour rechts in einen kurzen Hohlweg hinein und geradewegs auf einen wunderschönen Kirschbaum zu, rechts und links die Reben des Weingutes Konstanzer. Wir gelangen erneut in den Wald und folgen der Beschilderung zur Martinshofschenke. Schließlich erreichen wir das Gehöft **Himmelburg.** So nennt man im Badischen Gehöfte, die etwas erhöht außerhalb des Ortes liegen – eben dem Himmel etwas näher.

Wir gehen die Straße bergab zu den **Martinshöfen,** wo schon am Vormittag ein wunderbarer Duft ankündigt, dass hier fein gekocht wird. Wir aber wandern weiter und wollen uns die Leckerbissen für den

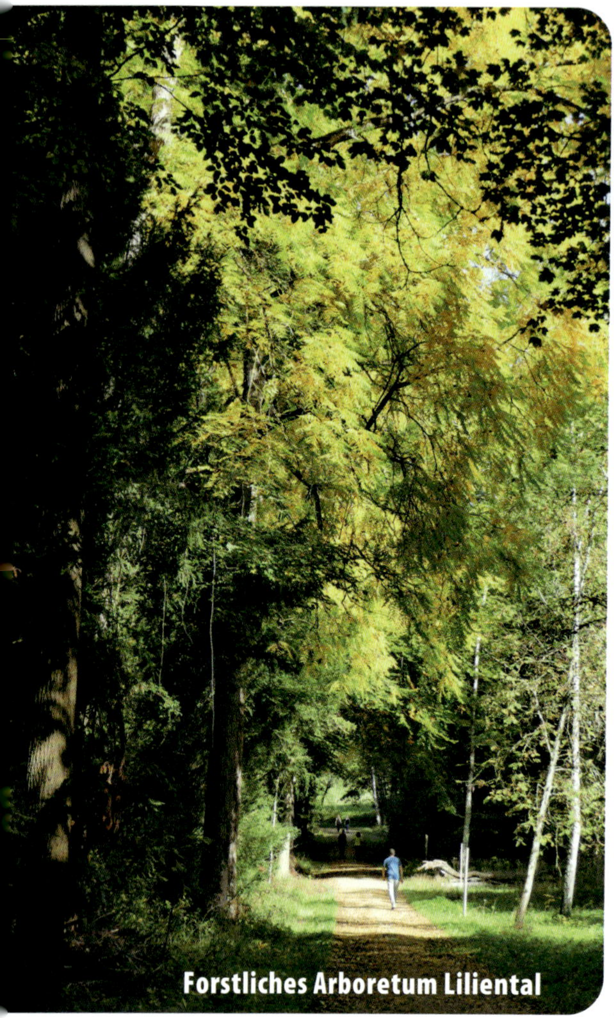

Forstliches Arboretum Lilienthal

Rückweg aufheben. An der Ecke der Straußenwirtschaft biegen wir links ein und treffen bald auf ein Schild zum Liliental. Vor uns ragt nun der Totenkopf mit seinem Funkmasten auf – heute wollen wir dort nicht hinauf, sondern wandern gemächlich ins Tal.

Wir betreten erneut einen Wald, versteckt zwischen Efeu findet sich der Wegweiser zum Lilienhof, auf einer Fahrstraße geht es links weiter zum gleichnamigen Hofgut (ein beliebter Ort für Hochzeiten und andere Feierlichkeiten). Jetzt nähern wir uns dem **Forstlichen Arboretum Liliental,** einem Gelände der Landesforstverwaltung, das auf etwa 80 Hektar einheimische und exotische Baumarten versammelt. Angelegt, um der Wissenschaft zu dienen, ist das Arboretum aber viel mehr: ein Paradies für Wanderer und Naturliebhaber, ein Ort der Erholung und Erbauung.

Eineinhalb Stunden Weg liegen hinter uns, Zeit für eine kleine Pause auf der Bank unter den Schatten spendenden Bäumen am Eingang des Arboretums. Wer mag, kann sich im **Gasthaus zur Lilie** ③ verwöhnen lassen, wo exzellente Bioküche serviert wird. An den

Wochenenden ist hier ordentlich was los, unter der Woche lassen sich Lokal und Natur noch viel besser genießen.

Wir wandern nun hinein ins **Forstliche Arboretum Liliental ④**, wählen den Pfad rechts des Gasthauses, der uns direkt ins grüne Dickicht führt. Mächtige Mammutbäume, lichte Ahornbäume und kräftige Kiefern säumen unseren Weg. Wir gehen zunächst auf dem Rundweg 1 nach Norden und biegen dort, wo Rundweg 3 zum zweiten Mal quert, nach links hin ab. Nach einem kleinen Abstecher zu den japanischen Baumarten liegt bald der Ort vor uns, der so viele Pflanzenliebhaber anlockt: die prächtige **Orchideenwiese ⑤**. An einigen Standorten im Kaiserstuhl sind die heimischen Orchideen mittlerweile selten geworden oder ganz ausgestorben. Hier aber finden sie ein natürliches Refugium: die leuchtend-violette Pyramiden-Hundswurz, das Weiße Waldvögelein oder die filigrane Bocks-Riemenzunge. Manche verstecken sich im hohen Gras, andere strecken stolz die Blüten empor.

Auf dem Rundweg erreichen wir bald den Wald, nun gehen wir nicht zurück zum Gasthaus, sondern wählen den schmalen Pfad, der uns angenehm kühl und schattig zurück zu den Martinshöfen führt. Wir

Der Kaiserstuhl ist vulkanischen Ursprungs. Entstanden ist er im Zeitalter des Miozäns vor 12 bis 23 Millionen Jahren. Das vulkanische Gestein tritt aber nur an wenigen Stellen zutage. 80 Prozent des Kaiserstuhls sind von einer mächtigen Lössschicht bedeckt, die bis zu 30 Meter dick ist.

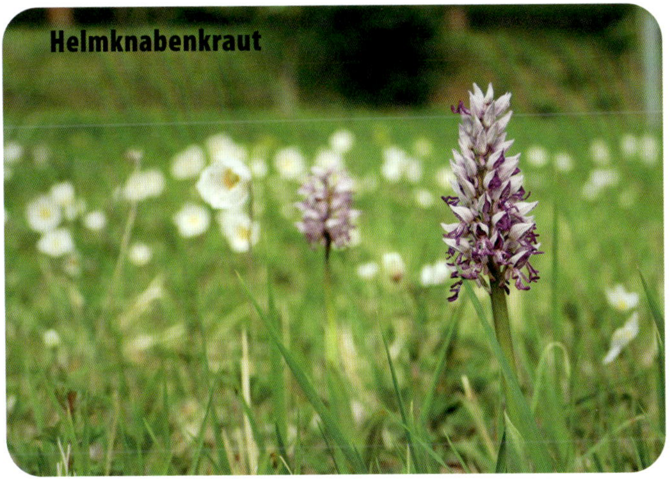
Helmknabenkraut

Auszeittour 2

gelangen direkt zu einem Gänsegehege, gehen links daran entlang und erreichen so wieder die **Martinshof-Schenke ❻**, wo wir in der Gartenwirtschaft eine gemütliche Pause einlegen. Feine Flammkuchen stehen hier auf der Speisekarte, viele Putengerichte aus eigener Zucht. Und wer noch Lust auf ein Dessert hat, kann sich mit einem hausgemachten Bauernhofeis verwöhnen lassen.

Der Rückweg führt uns zunächst auf der Straße gemütlich zurück nach Ihringen. Am Brunnen halten wir uns rechts und nehmen den ebenen Weg am Weinberg direkt auf die Kirche zu. Wir streifen wie schon auf dem Hinweg die wunderbar blumenreichen Böschungen der Rebterrassen und gelangen so wieder zum den Ausgangspunkt unserer Rundtour.

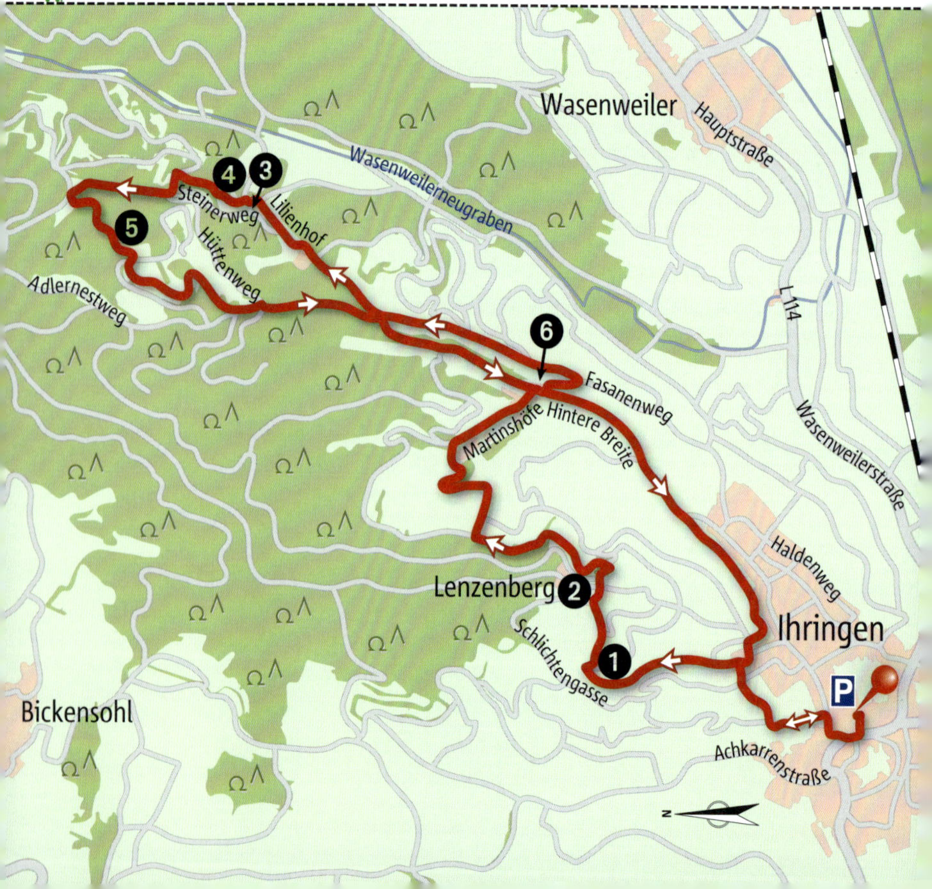

Entspannungsfaktor ✱✱✱✱✱
Genussfaktor ✱✱✱✱✱
Romantikfaktor ✱✱✱✱✱

WIE & WANN:
Überwiegend Wanderwege, teils steilere Abschnitte; ideale Wanderzeit von März bis November, besonders schön im Mai und Juni, wenn im Liliental die Orchideen und an den Weinbergen die Mohnblumen blühen.

HIN & WEG:
Auto: Parkplatz an der Neunlindenschule, Schulweg 21, 79241 Ihringen (GPS: 48.044749, 7.647821)
ÖPNV: Buslinie 7211 bis Ihringen Stockbrunnen

ESSEN & ENTSPANNEN:
Rasthaus Lenzenberg ❷ Lenzenbergstraße, 79241 Ihringen, Tel. (0 76 68) 2 84
www.lenzenberg.de
Gasthaus zur Lilie ❸ Lilienhof 5, 79241 Ihringen, Tel. (0 76 68) 9 95 63 93
www.lilie-liliental.de
Martinshof ❻ Martinshöfe 2, 79241 Ihringen, Tel. (0 76 68) 76 43
www.martinshof-ihringen.de

ENTDECKEN & ERLEBEN:
Dulltalgasse ❶
Forstliches Arboretum Liliental ❹ Lilienhof 7, 79241 Ihringen
Orchideenwiese ❺

- 10,5 Kilometer
- 450 Höhenmeter
- 4 Stunden
- Rundweg

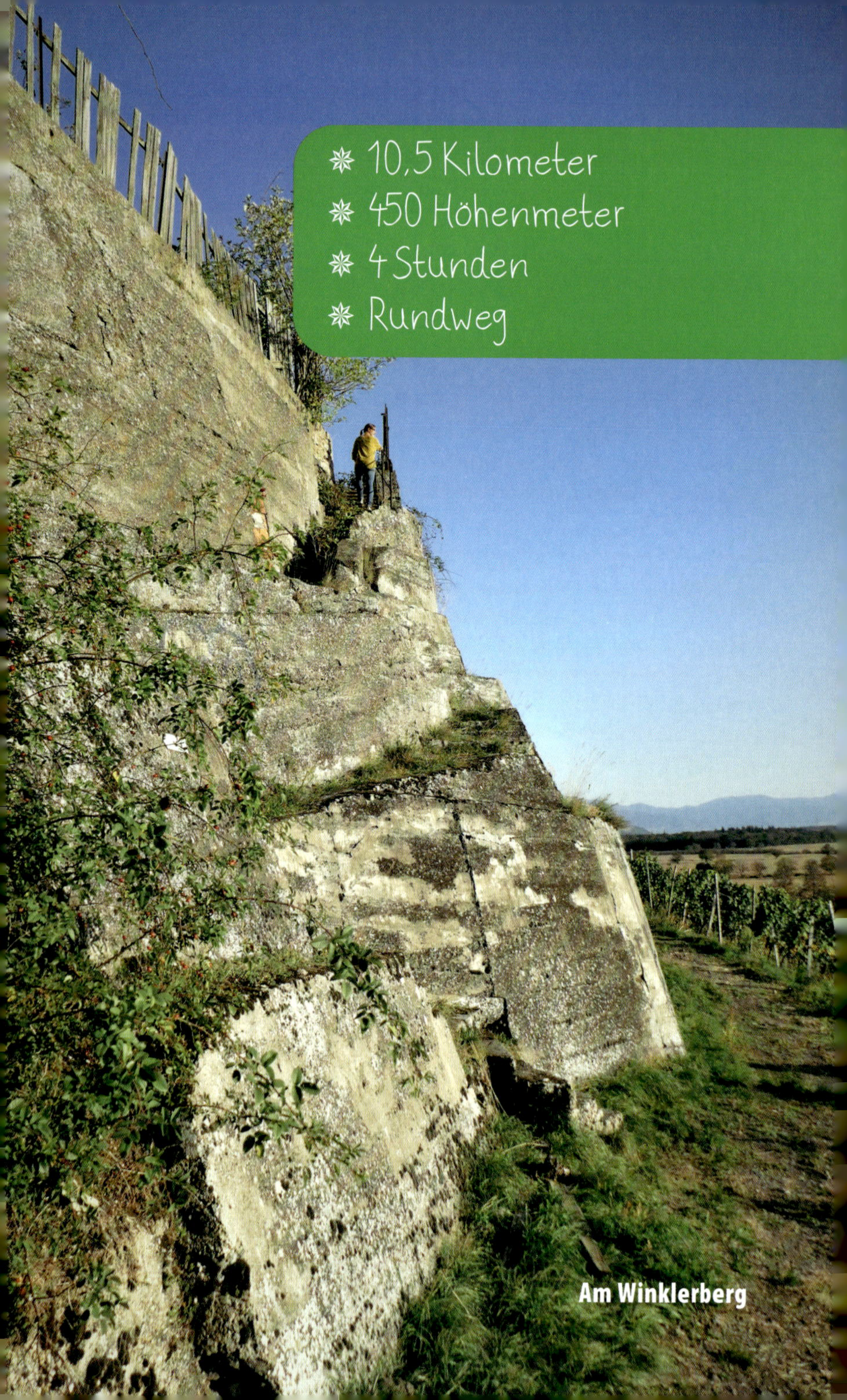

Am Winklerberg

Am Vulkan

Von Achkarren zum Winklerberg

Diese Tour soll uns an den wärmsten Punkt Deutschlands führen, wo vulkanisches Gestein zutage tritt und wilde Kakteen wachsen. Unser Startpunkt aber ist grün und lauschig: die **Castellberghütte** (1) oberhalb von **Vogtsburg-Achkarren.** Vom Parkplatz bei der Hütte führt unser Weg direkt in den Buchenwald hinein. Wir folgen hier der Beschilderung Blankenhornsberg. Im lichten Wald wandern wir leicht bergan. Neben hohen Buchen säumen kräftige Robinien und zierlicher Feldahorn unseren Weg, vielleicht huscht ein Eichhörnchen vorüber. Hier ist kein Autoverkehr und auch kein anderer Stadtlärm zu hören, allein das Vogelgezwitscher kitzelt unsere Ohren. Der perfekte Ort, um einen Gang runterzuschalten und das Hier und Jetzt zu genießen. In einem weiten Bogen queren wir den Wald, bis wir durch eine Hohlgasse hinaustreten und unseren Weg auf dem Weinberg fortsetzen. Eine herrliche Aussicht empfängt uns: Unter uns erstrecken sich die Weinberge, gegenüber liegen die Rebterrassen, die sich wie Schichten einer Torte übereinanderstapeln. Dahinter erhebt sich eindrucksvoll der Schwarzwald.

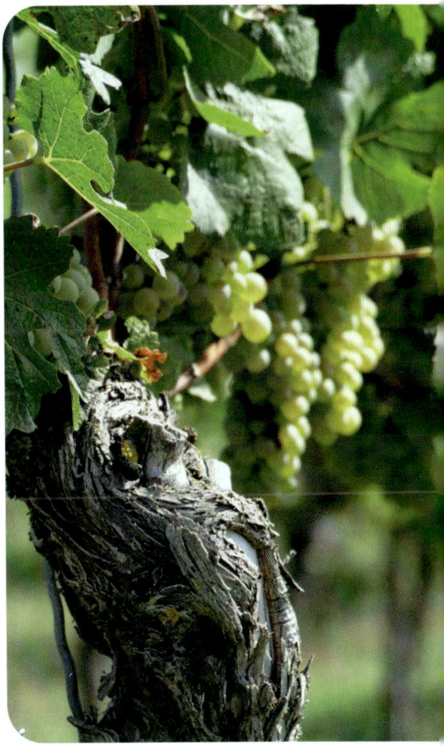

Nun wandern wir auf dem **Wiedehopfpfad** rechts am Waldrand entlang und gelangen direkt zum **Blankenhornsberg,** wo die gleichnamige **Vinothek** (2) auf der Berg-

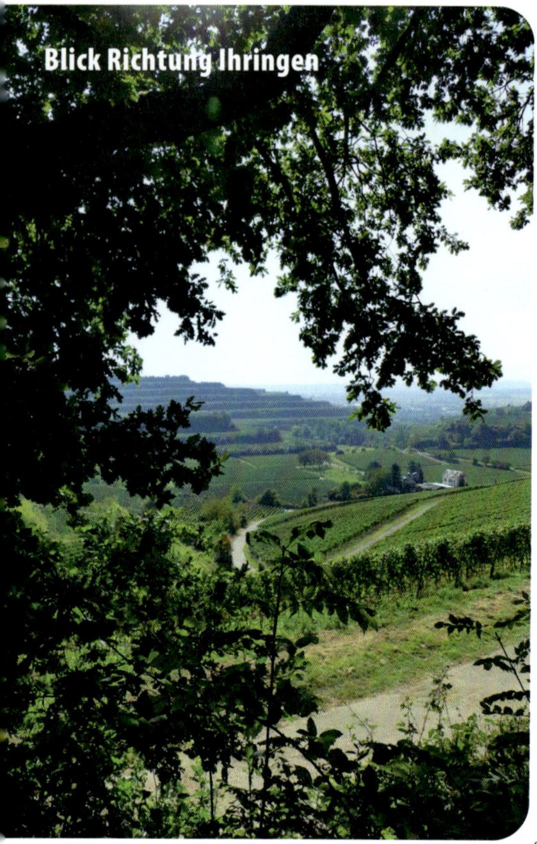

kuppe thront. Das Rheintal breitet sich zu unseren Füßen aus, im Westen ragt das Münster von Breisach in die Höhe. Die Vinothek gehört zum Staatsweingut Freiburg, das auf dem Blankenhornsberg auf 24 Hektar Wein anbaut. Der Vulkanboden des Berges speichert die Wärme wie kein anderer und gibt sie auch nachts kontinuierlich an die Trauben ab – ein unvergleichlicher Wein entsteht: Blauer Spätburgunder, Weiß- und Grauburgunder wachsen hier, aber auch Riesling.

Eine Weinprobe und einen Besuch des Gewölbekellers aus dem Jahr 1847 sparen wir uns für einen anderen Tag auf. Jetzt heißt es einen klaren Kopf bewahren, schließlich nähern wir uns der Südwestspitze und damit dem Hotspot des Kaiserstuhls. Wir umrunden das Gutsgebäude einmal und steigen auf dem Wiedehopfpfad hinunter ins Tal. Dort geht es auf einem geteerten Weg schnurgerade Richtung Süden. Wenn wir nach links in die steilen Rebterrassen blicken, ahnen wir schon, dass wir bald nicht mehr so schnell vorankommen. Dort liegt unser nächstes Ziel: der **Vulkanfelsgarten Winklerberg.** Dort sind die Wege schmal und die Treppen steil, darum steigen wir besser von unten ein. Zunächst aber biegen wir am **Winklerbrunnen** ❸ rechts ab und nähern uns dem heißesten Punkt Deutschlands. Die **Wetterstation** hier am Winklerberg misst die Temperaturen, die häufig die höchsten des Landes sind. Die Wärme und das milde Klima bieten optimale Be-

Ausgezeichnete Weine aus den sonnenverwöhnten Trauben am Winklerberg erhält man unter anderem im ökologischen Weingut Lay in Ihringen: Der Familienbetrieb, seit 1990 auf ökologische Wirtschaftsweise umgestellt, wird bereits in vierter Generation geführt.

Für die Seele

An der Sonnenseite des Kaiserstuhls begegnen wir Tieren und Pflanzen, die die Hitze lieben – und wir erleben am erkalteten Lavastrom des Winklerbergs Erdgeschichte zum Anfassen.

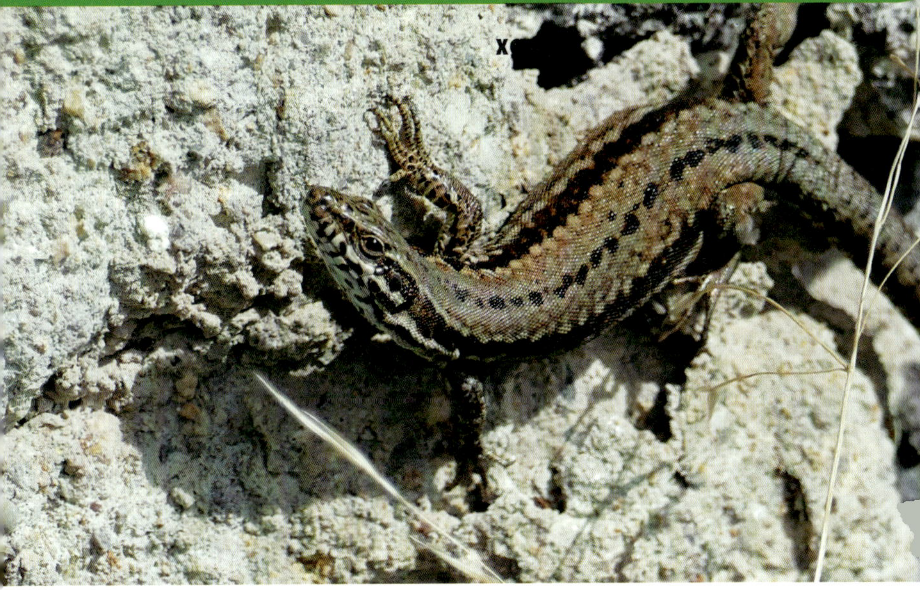

dingungen, und das schmeckt man selbstverständlich auch im Wein: Die Trauben vom Winklerberg haben höhere Öchslegrade, also einen höheren Zuckergehalt in der Traube, als die von anderen Weinbergen im Kaiserstuhl.

Die Wetterstation an sich ist nicht sehenswert, wohl aber die Tiere, die an das hiesige Klima und die Trockenheit perfekt angepasst sind: **Mauereidechsen 4.** Jedem unserer Schritte folgt eine Bewegung im Gras und an der Mauer. Unzählige braunschwarze Eidechsen huschen über Wege und Wände, verharren kurz und verschwinden blitzschnell in einer Spalte oder unter einem Grasbüschel. Am besten kann man die

Für die Mauereidechse bietet der Kaiserstuhl optimale Bedingungen. Sie liebt trockene und warme Berghänge und – ihr Name verrät es – Trockenmauern oder Steinbrüche. Aber nur wo Weinberge traditionell bewirtschaftet werden, finden die Echsen eine Heimat.

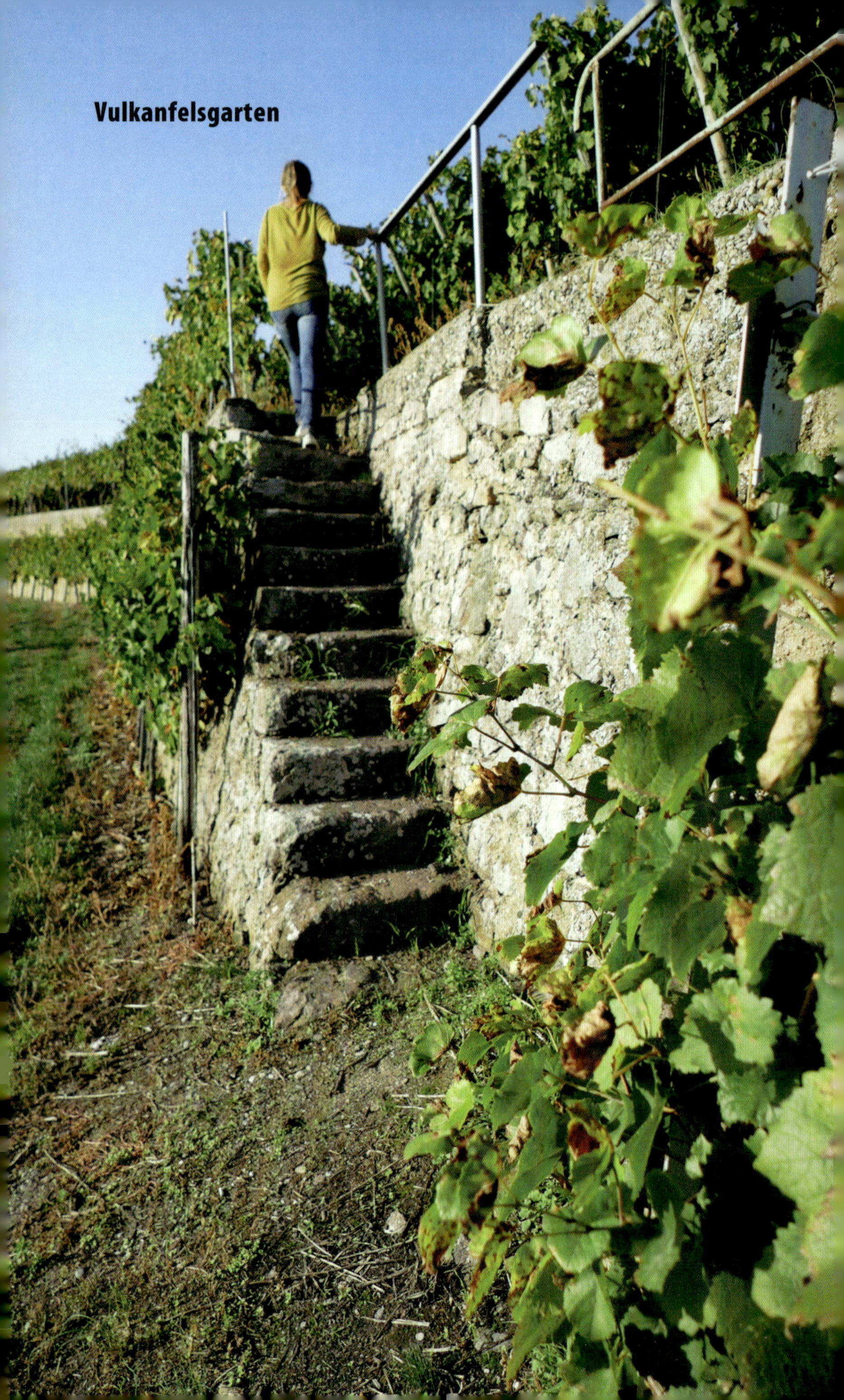

Vulkanfelsgarten

wechselwarmen Tiere in den Morgenstunden oder am Abend beobachten, dann suchen sie die Wärme des Sonnenlichts und verharren länger an den Trockenmauern und im Felsgeröll.

Nach diesem kurzen Abstecher kehren wir an den **Winklerbrunnen** zurück, steigen dort den steilen Weg hinauf und treffen schon bald auf einen **erkalteten Lavastrom** ⑤. Hier tritt Erdgeschichte zutage: schwarzgrauer Tephrit, ein Vulkangestein, das vor rund 18 Millionen Jahren aus dem Vulkan gespuckt wurde. Darin eingeschlossen zeigen sich schwarze, leicht spiegelnde Augitkristalle, weiße Calcite und verwitterte rostrote Olivine. Noch mehr Farbtupfer aber beherbergt dieser erkaltete Lavastrom: **Opuntien,** auch Feigenkaktus genannt. Große scheibenartige Sprossenglieder wachsen aus dem Vulkangestein heraus, je nach Jahreszeit kann man ihre feinblättrigen Blüten oder die reifen purpurroten Früchte bestaunen.

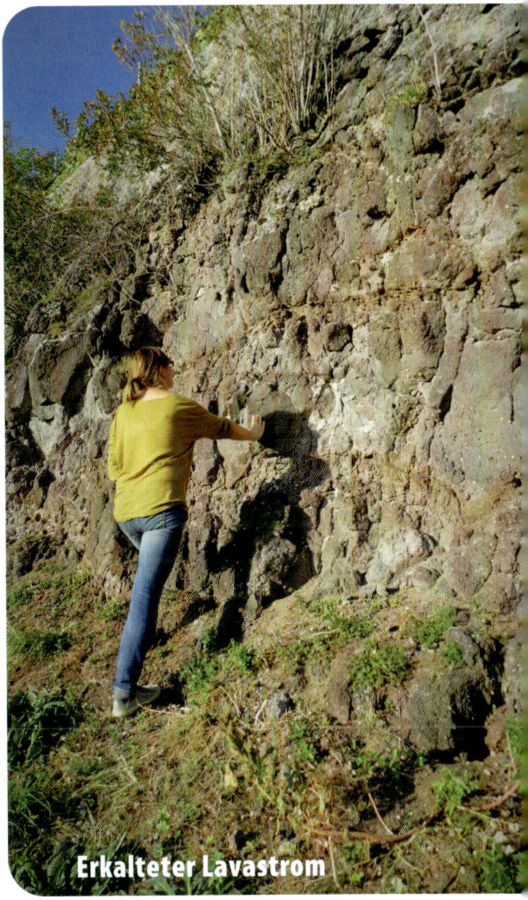
Erkalteter Lavastrom

Unser Weg führt weiter an den steilen Rebterrassen entlang und schließlich den **historischen Treppenweg** hinauf. Hier kommen wir wirklich nur sehr langsam voran. Zum einen weil wir mühevoll fast senkrecht hinaufkraxeln müssen, zum anderen weil wir immer wieder innehalten, um Flora und Fauna zu bestaunen, vor allem aber, um uns umzuwenden und den weiten Blick durchs Rheintal bis hinein in die Burgundische Pforte zu genießen. Der flache Sattel zwischen Vogesen und

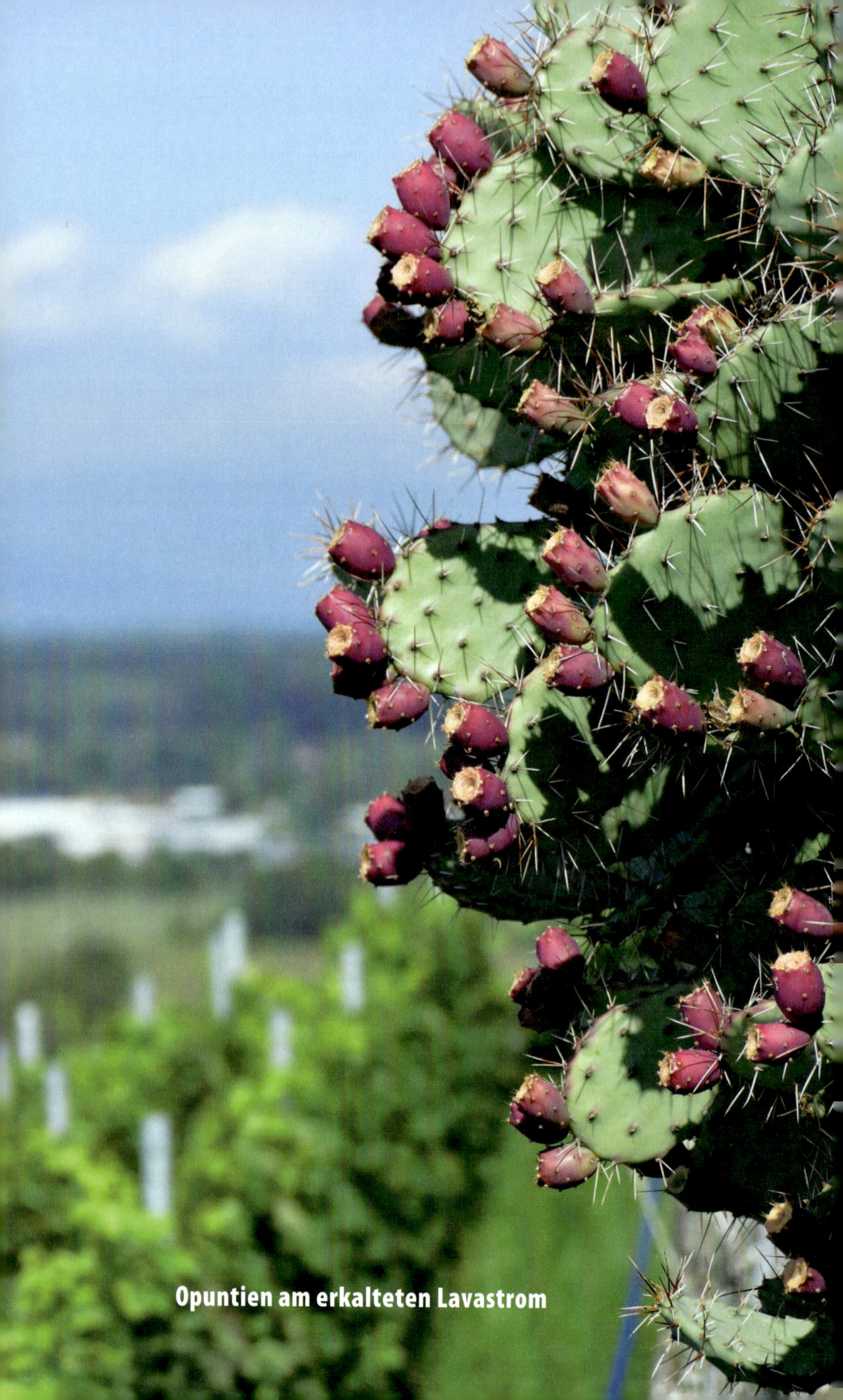

Opuntien am erkalteten Lavastrom

Jura ist maßgeblich dafür verantwortlich, dass dieses Eckchen im Südwesten Deutschlands kontinuierlich mit warmer Luft aus dem mediterranen Raum versorgt wird – und dafür, dass hier am Kaiserstuhl alles so herrlich gedeiht.

Nachdem wir das Rebhäuschen mit den prächtigen Heckenrosen passiert haben, verlassen wir den Vulkanfelsgarten, wenden uns nach rechts und an der nächsten Weggabelung wieder nach links, um auf den Blankenhornsberg zurückzukehren. Wer mag, kann auf halbem Wege unter einem wunderbaren Walnussbaum eine Rast machen oder sich nun auf der Terrasse der Vinothek ein Gläschen Wein gönnen. Wir machen eine Runde auf dem **Weinlehrpfad** des Staatsweingutes.

Hier erfahren wir noch mehr über die besonderen klimatischen Bedingungen, über Rebsorten und Weinbauforschung, die hier betrieben wird.

Mit einer Fülle von Eindrücken und ganz viel Lust auf den Wein vom sonnenverwöhnten Winklerberg machen wir uns auf den Rückweg nach Achkarren. Der Weg durch den Wald bietet uns von der Hitze des

Der Weinlehrpfad führt in die Vergangenheit, Gegenwart und Zukunft des Weinbaus auf dem Blankenhornsberg. Hier erfahren wir vieles über die Anfänge des Guts – und die Geschichte einer großen Liebe, die in dem wunderschönen Pavillon am Wegrand begann.

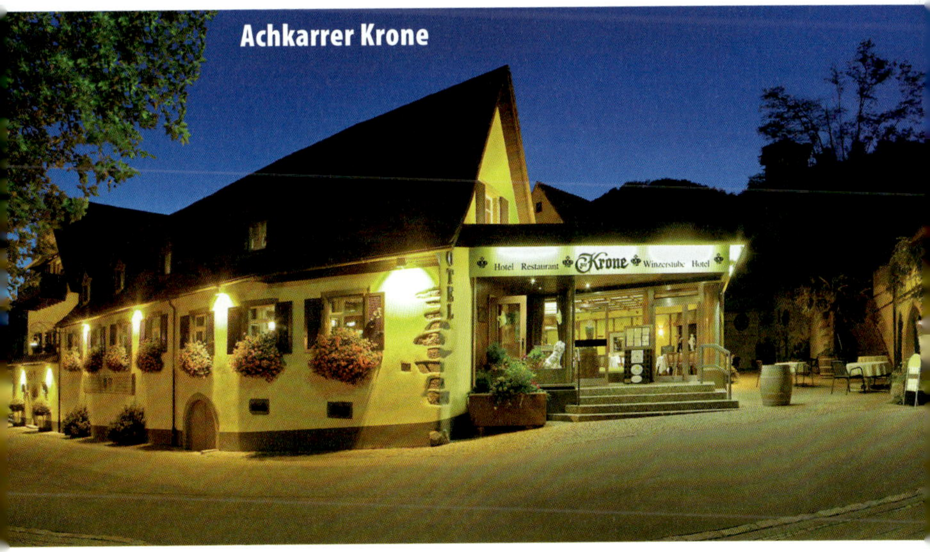

Achkarrer Krone

Vulkanfelsens etwas Abkühlung, bevor wir schließlich in die **Achkarrer Krone** ⑥ in der Schlossbergstraße einkehren. Dort verwöhnt man uns mit Wild- und Kürbisspezialitäten und selbstverständlich einem feinen Achkarrer Tröpfchen. Wer nun noch mehr über Wein und Weinbau erfahren möchte, erhält im **Kaiserstühler Weinbaumuseum** ⑦ in Achkarren noch tiefere Einblicke.

Und wer auch den Geschmack des Weines mit nach Hause nehmen möchte: In der Winzergenossenschaft **Achkarren** ⑧ findet man die ganze Bandbreite der Achkarrer Weine. Außerdem kann man bei einer Kellerführung den Weg der Traube bis in die Flasche nachvollziehen und die Vinothek kennenlernen, die eine der ältesten in Baden ist.

In der ehemaligen Zehntscheuer in Achkarren hat das Kaiserstühler Weinbaumuseum seine Heimat. Durch die originalen Gerätschaften, die dort ausgestellt werden, lässt sich gut nachvollziehen, wie mühevoll die Arbeit in den Weinbergen und -kellern einst war.

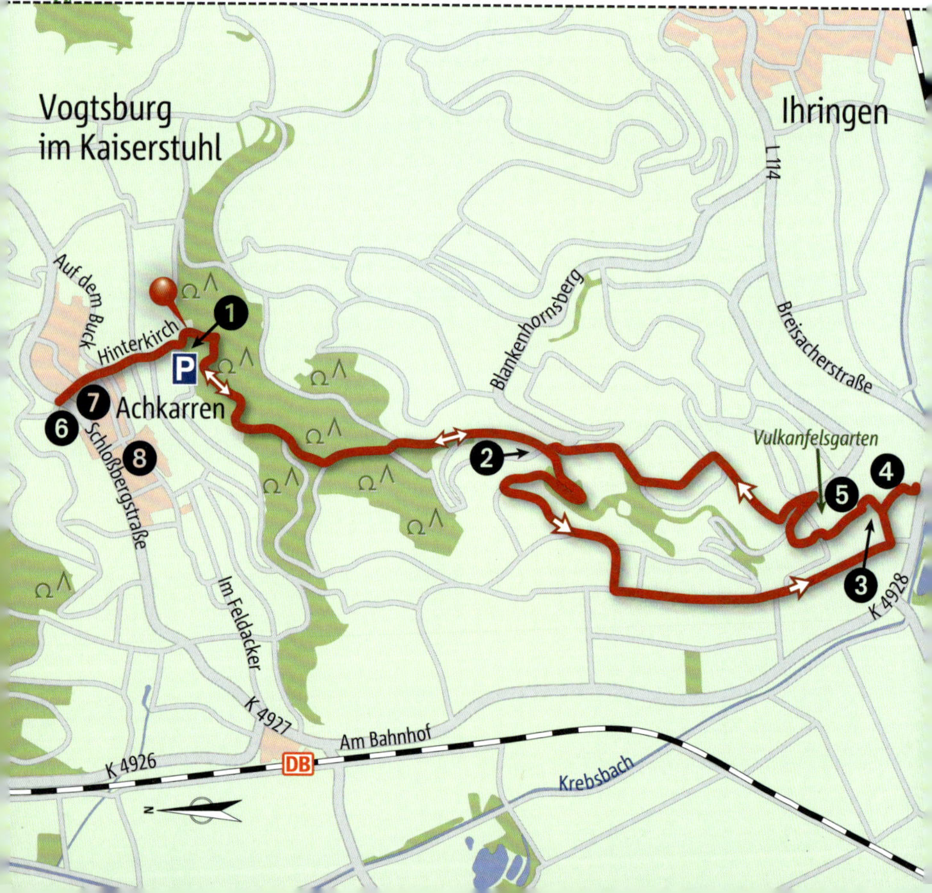

Alles auf einen Blick

Entspannungsfaktor ✱✱✱✱✱
Genussfaktor ✱✱✱✱✱
Romantikfaktor ✱✱✱✱✱

WIE & WANN:
Meist breite, gut begehbare Wanderwege, im Vulkanfelsgarten sehr steile Treppen, hier ist Trittsicherheit erforderlich. Ideale Wanderzeiten sind Frühjahr und Herbst. Im Hochsommer ist der Winklerberg durch seine exponierte Lage sehr heiß, dann sollte man ihn nur am frühen Morgen oder Abend aufsuchen.

HIN & WEG:
Auto: Castellberghütte, Hinterkirch, 79235 Vogtsburg-Achkarren (GPS: 48.064281, 7.628492)
ÖPNV: Breisgau S-Bahn von Breisach oder Riegel nach Achkarren

ESSEN & ENTSPANNEN:
Vinothek Blankenhornsberg ❷ Blankenhornsberg 7, 79241 Ihringen, Tel. (07 61) 4 01 65-43 20, staatsweingut-freiburg.de/weingut/vinothek-blankenhornsberg
Hotel Restaurant Achkarrer Krone ❻ Schlossbergstraße 15–17, 79235 Vogtsburg-Achkarren, Tel. (0 76 62) 9 31 30, www.hotel-krone-achkarren.de
Winzergenossenschaft Achkarren ❽ Schloßbergstraße 2, 79235 Vogtsburg-Achkarren, Tel. (0 76 62) 93 04-0, achkarrer-wein.com

ENTDECKEN & ERLEBEN:
Castellberghütte ❶
Winklerbrunnen ❸
Mauereidechsen ❹
erkalteter Lavastrom ❺
Kaiserstühler Weinbaumuseum ❼ Schloßbergstraße 30, 79235 Vogtsburg-Achkarren, Tel. (0 76 62) 9 40 11

- 5,4 Kilometer
- 160 Höhenmeter
- 2 Stunden
- Rundweg

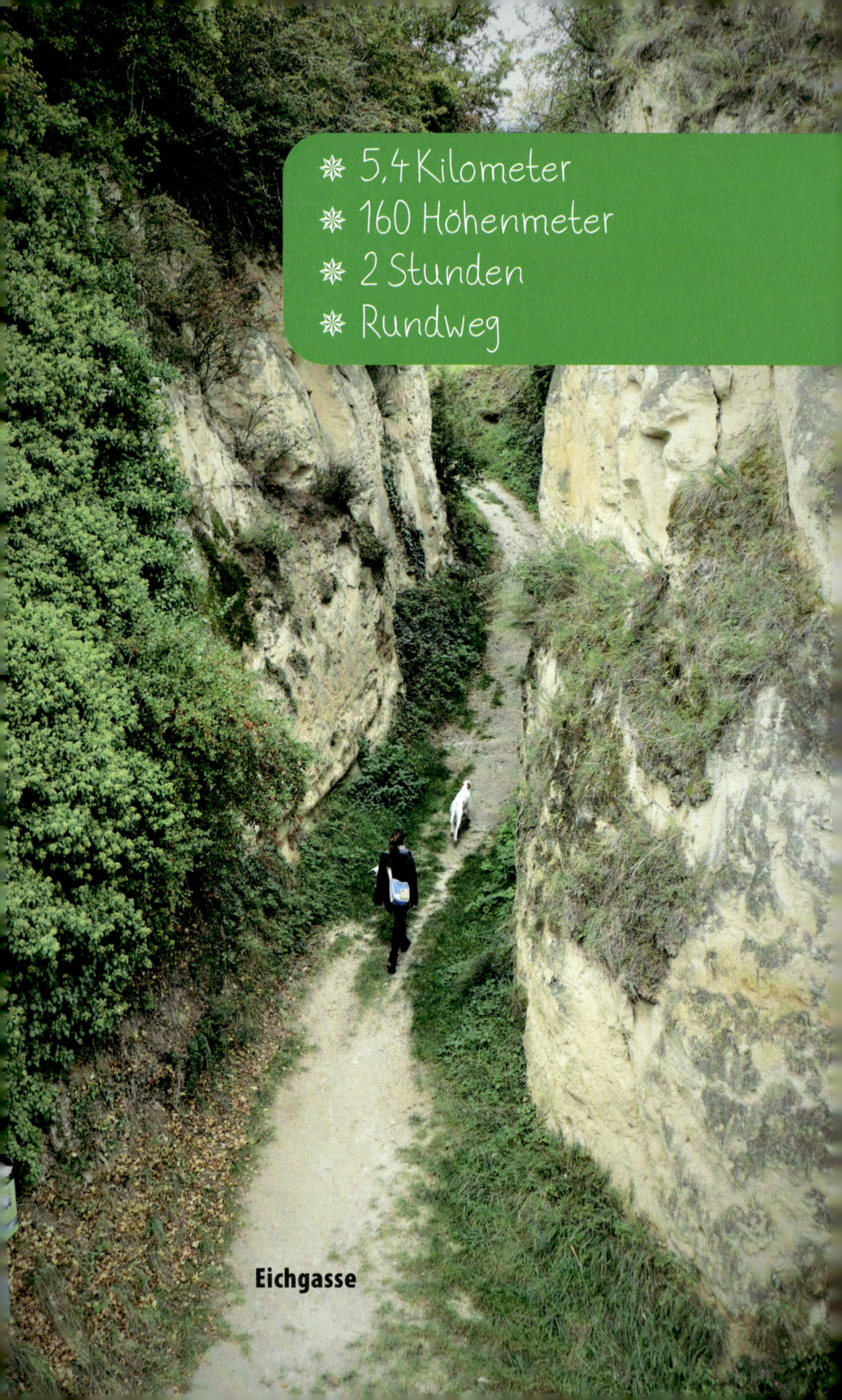

Eichgasse

Auszeittour 4

Durch Lösshohlwege

Von Oberrotweil nach Bickensohl

Wir starten unsere Tour am Schwimmbad von **Oberrotweil** und überqueren zunächst die Straße nach Oberbergen. Auf der gegenüberliegenden Seite führt uns der **Bienenfresserpfad** hinein in die Weinberge und gleich ordentlich bergauf. Während wir die Nordseite des Rüttibuck hinaufsteigen, wenden wir uns immer wieder zurück: So herrlich ist der Blick hinüber zur Mondhalde oberhalb von Oberrotweil, wo sich der kleine Pavillon zwischen den Rebterrassen abzeichnet. Während wir einen lichten Wald durchqueren, nähern wir uns dem **Aussichtspunkt Rüttibuck** ①. Von hier aus genießen wir ein wunderbares Panorama, können hinunter bis nach Oberrotweil, hinüber nach Burkheim mit seiner markanten Schlossruine und bis in die Vogesen blicken, wo gut sichtbar die Hochkönigsburg über dem Rheintal thront. Mit jähr-

Weinlese oberhalb von Bickensohl

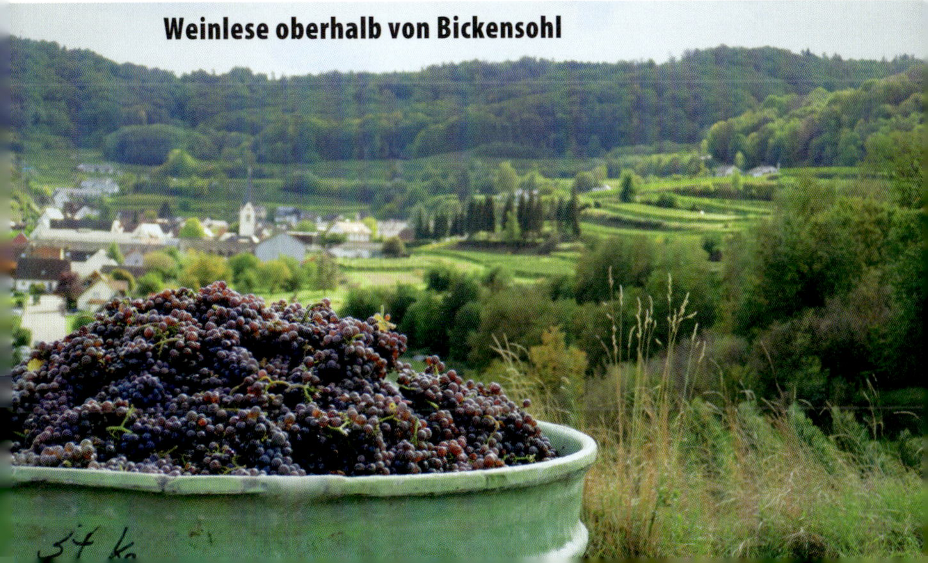

lich etwa 500.000 Besuchern ist sie die meistbesuchte Burg der Region. Im 12. Jahrhundert erbaut, wurde das ursprüngliche Gebäude im Dreißigjährigen Krieg zerstört. Kaiser Wilhelm II. von Hohenzollern ließ die Burg zu Beginn des 20. Jahrhunderts wieder aufbauen, aber nicht als weitere kaiserliche Residenz, sondern als Museum des Mittelalters.

*Lösswände bieten unter anderem zahlreichen Arten von **Wildbienen** optimalen Lebensraum. Überhaupt ist der Kaiserstuhl ein Paradies für Wildbienen: Wissenschaftler haben 385 verschiedene Arten gezählt, darunter auch viele andernorts bereits verschwundene Arten.*

Vom Rüttibuck wandern wir auf gleicher Höhe hinüber zum **Scheibenhardt** und über Arnos Hüttle in Richtung Eichgasse, die oberhalb von Bickensohl auf uns wartet. Hier heißt es, die Augen offenzuhalten! Über dem Scheibenhardt tummelt sich die reiche Vogelwelt des Kaiserstuhls. Gute Beobachter entdecken den Bienenfresser, den Wiedehopf mit seinem auffälligen Kopfschmuck oder auch das hübsche Schwarzkehlchen mit dem weißen Halsring – eine Freude für jeden Hobby-Ornithologen.

Während wir die Wipfel der Gebüsche nicht aus den Augen lassen, wandern wir weiter zum Wegpunkt Geiser, wo wir rechts abbiegen und direkt am Hang entlangwandern. Ockergelb leuchten schon die ersten **Lösswände** vor uns, zum Teil überwuchert von Waldreben mit ihren bauschigen Fruchtständen. Wir tauchen hinein in den ersten Hohlweg, zu beiden Seiten meterhohe Wände aus Löss. Über Jahrtausende hat sich diese dicke Schicht des feinpudrigen Gesteins am Kaiserstuhl gebildet – während mehrerer Eiszeiten vom Wind aus der spärlich bewachsenen Rheinebene herübergetragen. Die Hohlwege entstanden anschließend durch Erosion. Wo Bäuerinnen und Bauern mit ihren Ochsenkarren tagein, tagaus hinauf zu den

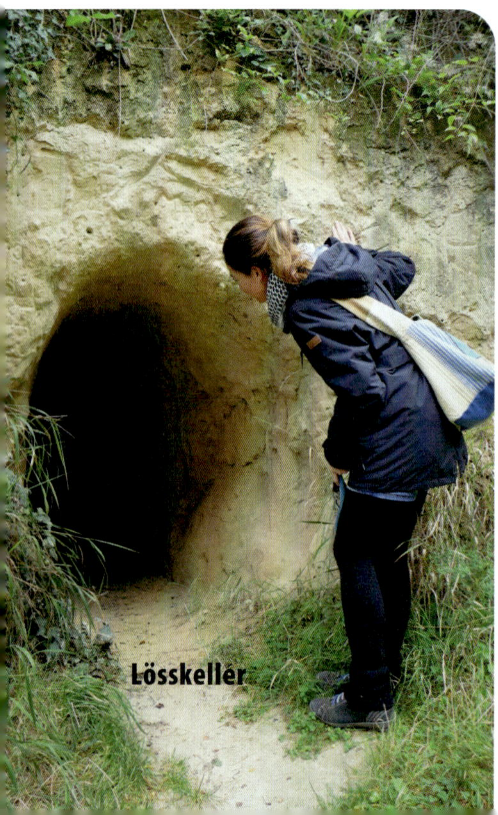
Lösskeller

Für die Seele

Zwischen mächtigen Wänden aus Löss werden wir gewahr, welch vielfältigen Artenreichtum der Kaiserstuhl beherbergt.

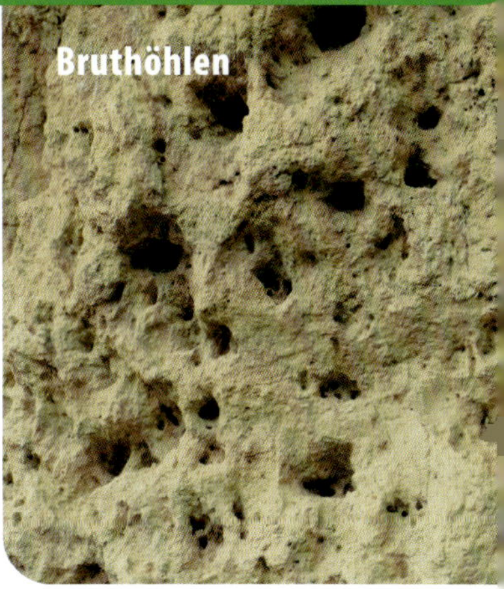

Gärten fuhren, wo sie auf dem Rückweg das Gefährt kräftig bremsten, da wurde der Boden allmählich abgetragen. Regenfälle wuschen den Weg noch weiter aus. Über Jahrhunderte gruben sich so tiefe Schluchten in den Löss. Und durch diese beeindruckenden Gassen können wir hier bei Bickensohl noch heute wandern – weil sie als Naturdenkmäler glücklicherweise die großen Veränderungen durch die Flurbereinigung überstanden haben, die sonst ringsum am Berg vorgenommen worden sind.

Gut erkennen wir hier die verschiedenen Schichten im Löss, die der Wechsel von Eis- und Warmzeiten in den Berg gezeichnet haben. Aber nicht nur das: Ein Summen und Brummen erklingt aus den überwucherten Teilen der Wand, Tausende kleine Löcher durchziehen das weiche Material. Denn die Lösswände sind Heimat unzähliger Insekten. Sonnige und schattige, trockene und feuchte, windige und windstille Plätze bieten ganz unterschiedlichen Tieren und Pflanzen wertvollen Lebensraum: Wildbiene und Goldwespe, Berberitze und Sternflechte.

Und dann lassen sich immer wieder auch größere Höhlen im Löss ausmachen, die Bruthöhlen des Bienenfressers – jenes buntgefiederten Kaiserstuhlbewohners: Türkis leuchtet seine Brust, der Rücken rostbraun und gelb das Kinn. Welch eine Freude, ihn einmal in den Lösshohlgassen anzutreffen! Lange

***Löss** ist keine Erde, sondern ein samtweiches und flaumleichtes Gestein. Der Wind hat es während der Eiszeiten aus den großen Schotterfeldern der wilden Rheinlandschaft ausgeblasen und am Kaiserstuhl abgelagert.*

Zeit galt der Bienenfresser in Deutschland als ausgestorben, Anfang des 21. Jahrhunderts aber fand er hier wieder eine Heimat. Heute befindet sich im Kaiserstuhl das größte Brutvorkommen des Bienenfressers nördlich der Alpen.

Schließlich wandern wir hinein in die größte verbliebene Lösshohlgasse in ganz Baden-Württemberg, die zugleich wohl die imposanteste ist: die **Eichgasse** ❷. Bis zu 15 Meter ragen hier die Wände aus Löss rechts und links des Weges senkrecht auf. Größtenteils unbewachsen geben sie den Blick frei auf Hunderte von Brutlöchern. Nebenan wuchern Hopfen und Waldrebe, an den Böschungen gedeihen großblütige Kaiserstuhlanemonen, Sonnenröschen und Kugelblumen. Bald tut sich ein tiefer Gang vor uns auf, der in den Weinberg hineinführt. In früherer Zeit nutzten die Kaiserstühler die in die Steilkanten eingegrabenen Lösskeller zur Lagerung von Vorräten.

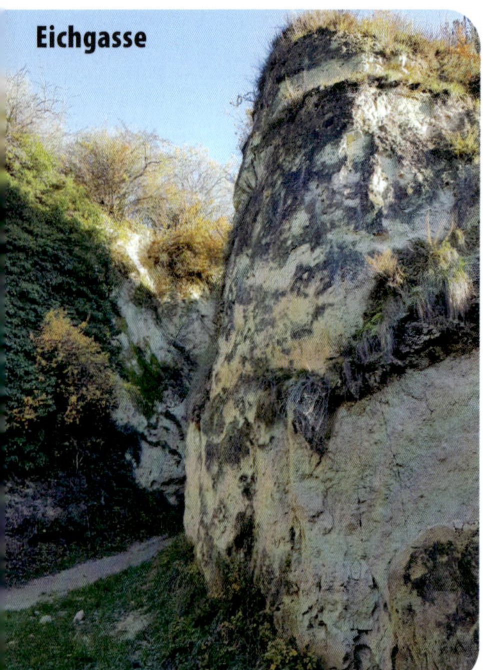

Eichgasse

Wir wandern nun auf dem Bienenfresserpfad hinunter in den Ort **Bickensohl.** Wir kommen an alten Bauernhöfen mit ihren typischen Innenhöfen vorbei. In der Ortsmitte wenden wir uns nach links, passieren das **Restaurant Rebstock** und steigen gegenüber vom Rathaus wieder in die Reben hinauf, der Weg führt durch die Scheibengasse zum **Schiebebuck.** Hier geht es knackig bergauf. Es lohnt sich, ab und zu ein Päuschen einzulegen, zu verschnaufen und den Blick zurückzuwerfen auf Bickensohl, das sich unter dem Totenkopf, der höchsten Erhebung des Kaiserstuhls, in den Talkessel schmiegt. Auch hier wieder Löss auf beiden Seiten, überwuchert von Heckenrosen, Hopfen und Waldreben. Weiter geht es steil hinauf, irgendwann lugt rechts die Kirche von Oberrotweil aus dem Tal hervor. Am Schiebebuck angekommen, halten wir uns rechts und steigen gemächlich hinunter nach Oberrotweil. Wir überqueren die Achkarrer Straße und wandern über einen herrlichen Rebhang mit wunderbarem Kaiserstuhl- und Vogesenpanorama. Unter uns breitet sich die Talsohle des Ellenbuchs aus, wo im feuchten Boden Schilf und Obstbäume gedeihen. Noch eine Weile geht es oberhalb der steilen Böschung weiter, dann schlängelt sich der Weg nach rechts. Wo der Lösshohlwegepfad wieder nach Bickensohl hinunterführt, bleiben wir auf dem oberen Weg nach Oberrotweil. Schon nach wenigen Metern tauchen wir erneut in eine Lösshohlgasse hinein: die **Blachengasse** ③. Während wir dem Tal entgegenwandern, genießen wir einen einmaligen Blick auf **Oberrotweil:** Gleichsam eingerahmt von den Wänden aus Löss erscheint der stolze Kirchturm der Johanneskirche vor uns. Voller neuer Eindrücke und Erkenntnisse kehren wir nach Oberrotweil zurück. Hier haben wir die Qual der Wahl unter gleich einer Handvoll ausgezeichneter Restaurants und Straußenwirtschaften: Familie Wellenreiter tischt in der Wein- und Vesperstube **Zur Küferei** ④ vorzügliche Rumpsteaks auf. Das urig-gemütliche

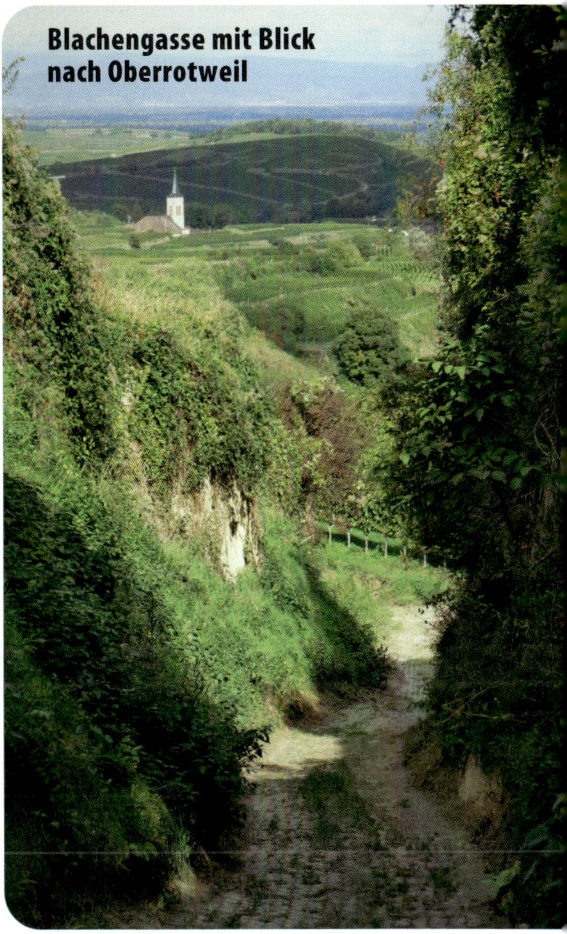

Blachengasse mit Blick nach Oberrotweil

Auszeittour 4

Lokal ist in einer ehemaligen Küfereiwerkstatt untergebracht. Vieles erinnert noch heute an die alte Tradition des Küferhandwerks. Wer noch ein paar Schritte weitergeht, erreicht im Ortskern den **Sürpfelkeller ⑤**. Hier lädt Familie Schneider zu badischer Küche und selbst gebrannten Spirituosen in den historischen Gewölbekeller. In der **Hexenstrauße ⑥** serviert Ria Kunz unter anderem feine Kräutersuppe, Flammenkuchen in vielen Variationen und wunderbare Apfelküchle mit Vanilleeis – wenn es kühl ist am riesigen Dreieckstisch im Wirtshaus, bei schönem Wetter in der rebenumrankten Gartenwirtschaft. Und nach einem ereignisreichen Wandertag darf man sich natürlich auch mit einem guten Tropfen aus dem Wein- und Sektgut Bitzenhofer verwöhnen.

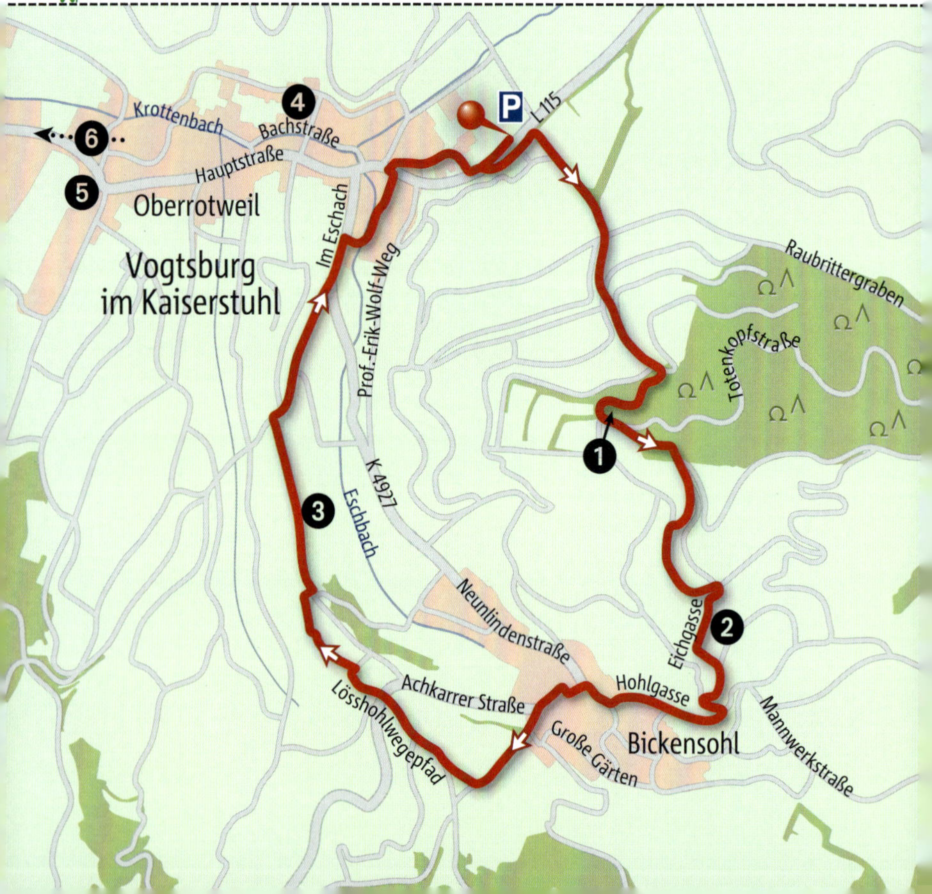

Entspannungsfaktor ★★★★☆
Genussfaktor ★★★★☆
Romantikfaktor ★★★☆☆

WIE & WANN:
Leichte Wanderung auf meist breiten Wegen, beste Wanderzeit von März bis Oktober.

HIN & WEG:
Auto: Parkplatz am Schwimmbad von Oberrotweil, Hauptstraße 81, 79235 Vogtsburg-Oberrotweil (GPS: 48.089970, 7.643754)
ÖPNV: Bus 104 von Breisach bis Oberrotweil Kirche

ESSEN & ENTSPANNEN:
Wein- und Vesperstube Zur Küferei ❹ Bachstraße 39, 79235 Vogtsburg-Oberrotweil, Tel. (0 76 62) 94 71 46, www.weinwelle.de
Sürpfelkeller ❺ Hauptstraße 6, 79235 Vogtsburg-Oberrotweil, Tel. (0 76 62) 94 91 90, sürpfelkeller.de
Hexenstrauße ❻ Weinstraße 2, 79235 Vogtsburg-Oberrotweil, Tel. (0 76 62) 84 16 oder 91 20 50, bitzenhofer.com

ENTDECKEN & ERLEBEN:
Aussichtspunkt Rüttibuck ❶
Naturdenkmal Eichgasse ❷
Lösshohlweg Blachengasse ❸

Ölbergkapelle

- 4,1 Kilometer (Variante 7,8 Kilometer)
- 130 Höhenmeter
- 1,5 Stunden
- Rundweg

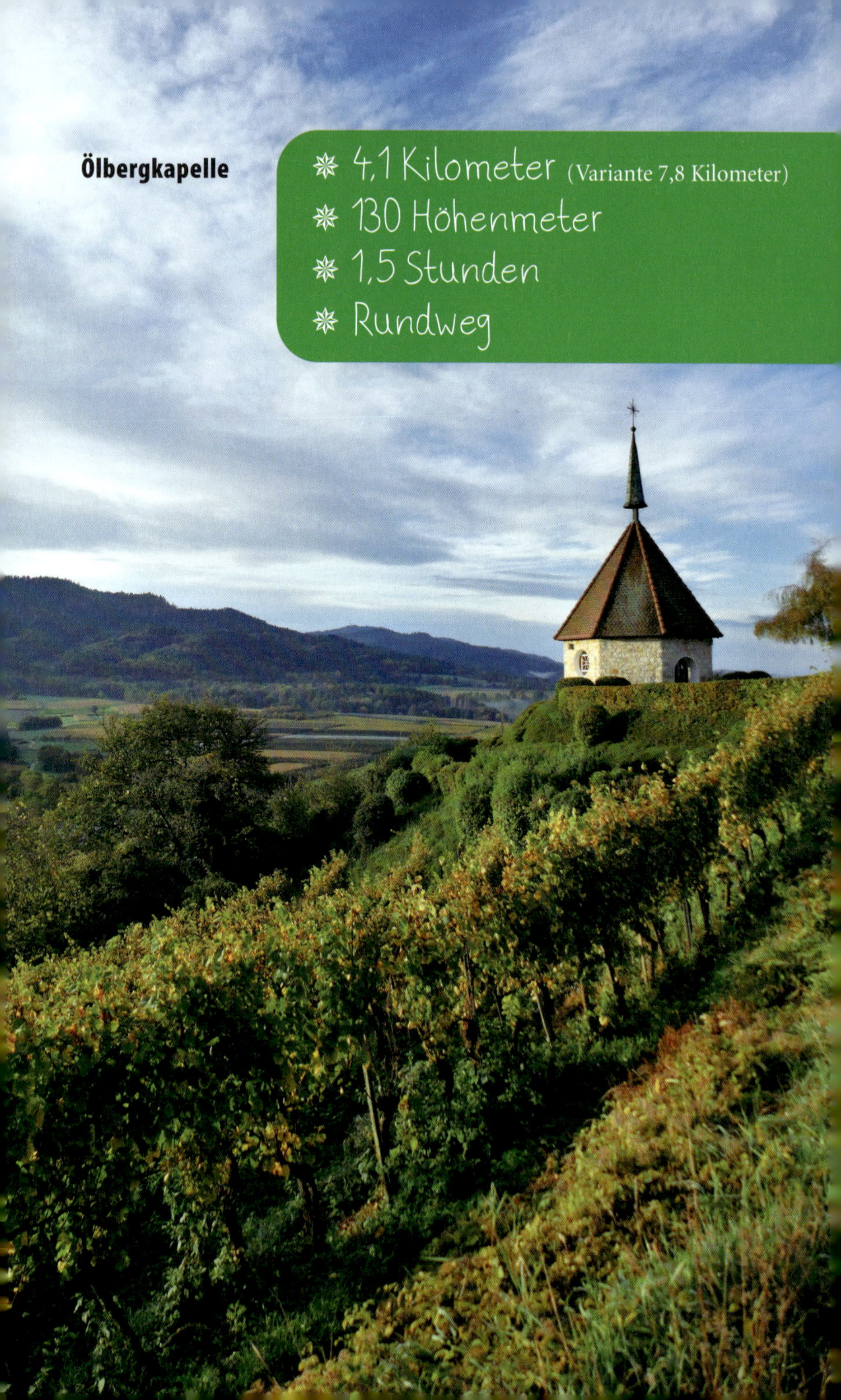

In die Steinzeit

Über den Ölberg bei Ehrenstetten

Unsere Tour startet an der **Pfarrkirche St. Georg** ❶ in Ehrenkirchen-Ehrenstetten. Zu ihrer Linken finden wir eine Tafel mit vielen Informationen zum Ölberg, an dessen Fuße sie liegt, und zum **Steinzeitpfad,** der hier beginnt. Den Pfad wollen wir entlangwandern, folgen also den Schildern mit dem stilisierten Mammut. Zunächst führt uns die Treppe an der Westseite der Kirche die ersten Meter den Ölberg hinauf, dann zieht sich der Weg rechts am Hang entlang. Und schon sind wir mitten im Weinberg und beginnen bei nur leichter Steigung unsere Tour in östlicher Richtung um den Berg.

Bald schlängelt sich der geteerte Weg in einer Linkskurve den Berg hinauf. Wir aber gehen weiter geradeaus und erreichen so eine historische Treppe, die geradewegs in den Himmel zu führen scheint: das **Himmelsstäpfele** ❷. Wie beschwerlich muss die Arbeit in den Weinbergen gewesen sein, als Winzerinnen und Winzer diesen Weg nahmen, um zu den höher gelegenen Reben zu gelangen! Die Rebterrassen waren schmal, von steilen Trockenmauern gestützt, die immer wieder gepflegt und erneuert werden mussten.

Je nach Witterung kann es sich lohnen, die Treppe gleich zu Beginn der Tour nach oben zu steigen und das herrliche Panorama zu genießen; etwa wenn herbstlicher Frühnebel noch die Tiefen der Täler bedeckt und nur die Spitzen der Kirchtürme freigibt und wenn in der Ferne der Staufener Schlossberg auf dem Nebelmeer zu schwimmen scheint.

*Eigentlich im Süden Europas zu Hause, hat die **Zaunammer** mit dem Ölberg einen wunderbar warmen Ort gefunden, um sich heimisch zu fühlen. Wer hier im Frühling unterwegs ist, kann ihr „tzitzitzi" durch die Reben hören und sie bisweilen in den Gebüschen sitzen sehen.*

Himmelsstäpfele

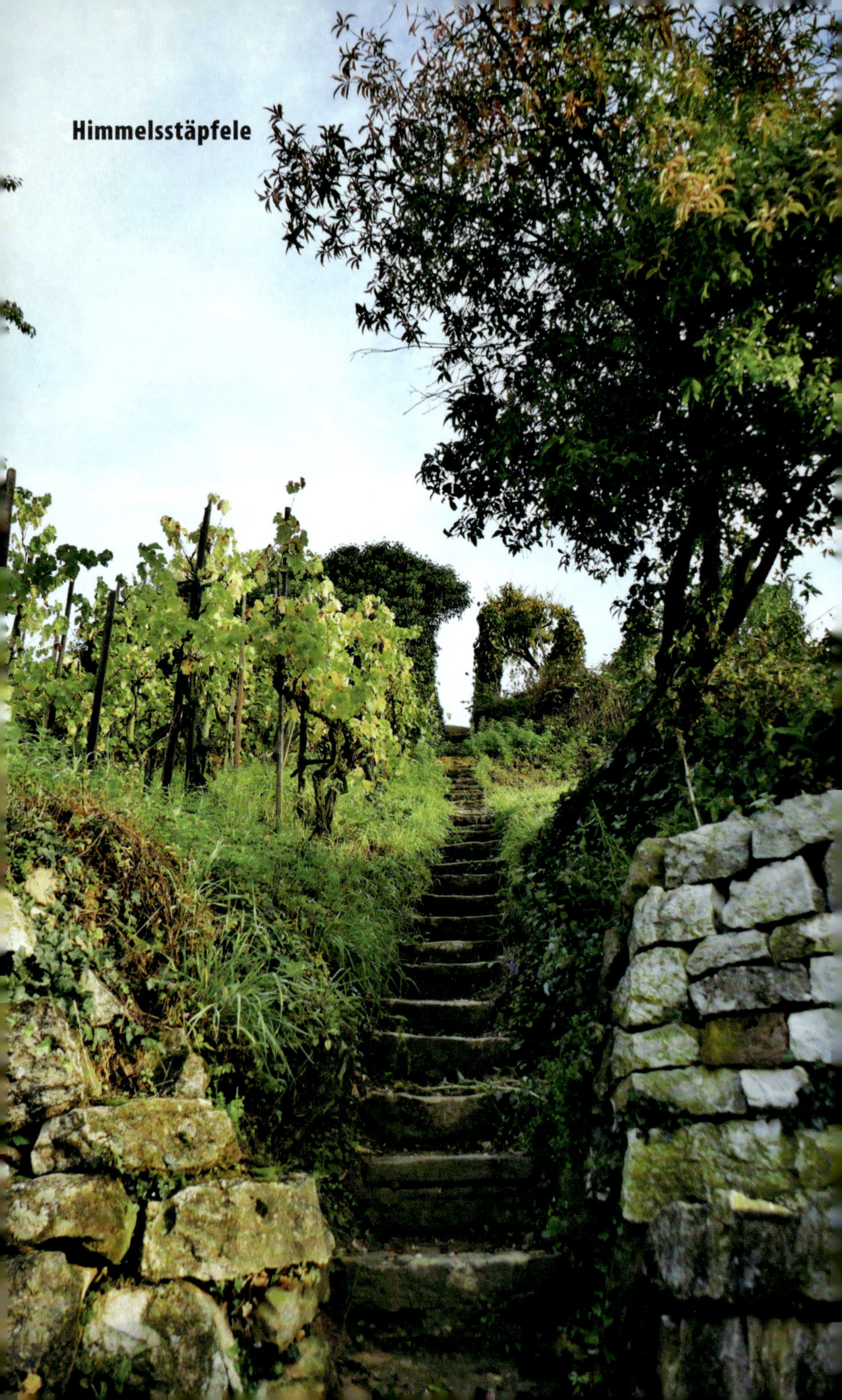

Für die Seele

Unsere Runde um den Ölberg bietet uns herrliche Aussichten, historische Einblicke und einen grandiosen Festschmaus – auch für die Augen.

Anschließend steigen wir wieder herunter und setzen unseren Weg auf dem Steinzeitpfad fort. Bald erreichen wir eine Tafel, die uns das Leben in den Reben näherbringt. Einladend sieht die Treppe aus, die hier an der **Trockenmauer** hinaufführt. Dennoch gilt: Betreten verboten! Zu groß ist die Gefahr, dass hier etwas ins Rutschen gerät.

Auf der Kuppe des Ölbergs sind Reste einer Wallanlage aus der Jungsteinzeit erkennbar. Aus dieser Zeit der sogenannten Glockenbecherkultur sind am Oberrhein nur wenige Siedlungen bekannt. Im Archäologischen Museum in Freiburg lässt eine Ausstellung die Steinzeit lebendig werden.

Wo sich der Weg teilt, wählen wir den unteren, der in Richtung der steinzeitlichen Höhlen führt. Wir wandern an leuchtenden Glockenblumen und efeuberankten Trockenmauern entlang durch den Weinberg und tauchen schließlich mit unserem Pfad in einen urwüchsigen Wald ein. Knorrige Eichen strecken ihre Zweige über den schmalen Weg, das Grün der Blätter schließt sich wie ein Dach über uns, einzelne Sonnenstrahlen zaubern wundersame Lichtspiele auf den Boden. Während die Augen sich nicht satt sehen können an all diesen Eindrücken, füllt uns eine innere Zufriedenheit aus. Fern sind der Alltag, die Hektik, der Stress.

Trockenmauer

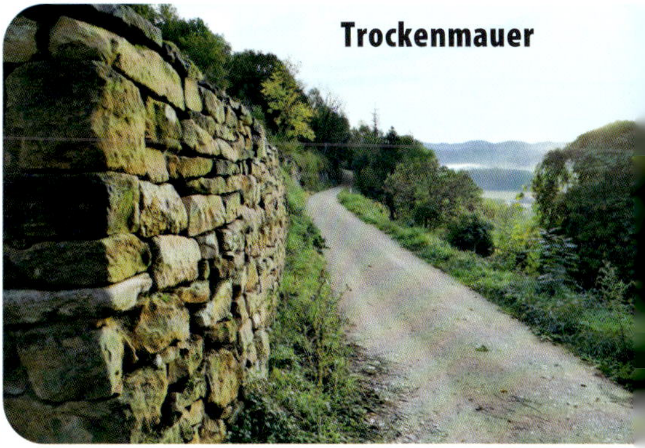

Der Weg führt uns hinauf und hinunter und wieder hinauf. Wo er feucht ist, müssen wir gut achtgeben, um nicht auszurutschen. Bald schon tut sich links des Weges die erste Höhle im Fels auf, zu klein allerdings, um tatsächlich steinzeitliche Rentierjäger beherbergt zu haben. Nach einigen Metern aber erreichen wir die Steinzeithöhlen, die im Volksmund **Teufelsküche** (3) genannt werden: Am steilen Osthang des Ölbergs öffnet sich direkt über uns ein großer Höhleneingang. Wissenschaftliche Untersuchungen belegen, dass hier vor 13.500 bis 11.500 Jahren Jäger und Sammler Schutz vor Kälte und Regen suchten. Sie bleiben für einige Zeit, erlegten vorbeiziehende Rentiere und Wildpferde und zogen dann weiter den Herden hinterher. Bei Ausgrabungen fanden Archäologen hier Messer aus dem Feuerstein des Markgräflerlandes, Speerspitzen aus Rentierknochen, Werkzeuge zum Zerteilen von Fleisch.

Wir steigen einen sehr steilen Pfad hinauf, der uns zur untersten Höhle führt. Zu einer kleinen Verschnaufpause setzen wir uns ins Höhleninnere und versuchen uns in das Leben eines steinzeitlichen Jägers einzufühlen und auf das Wild zu lauern – doch

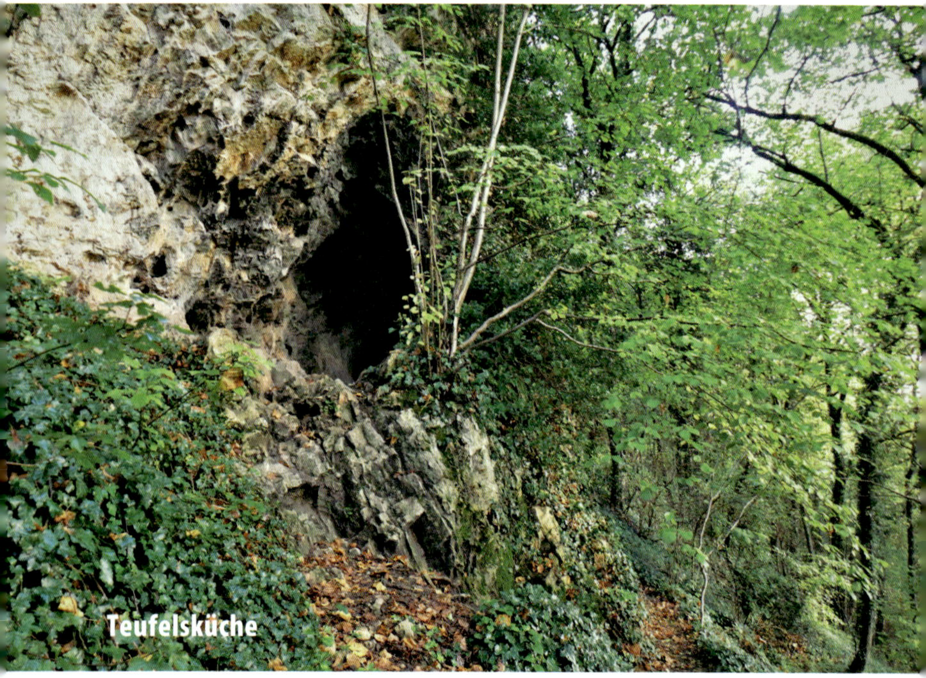

Teufelsküche

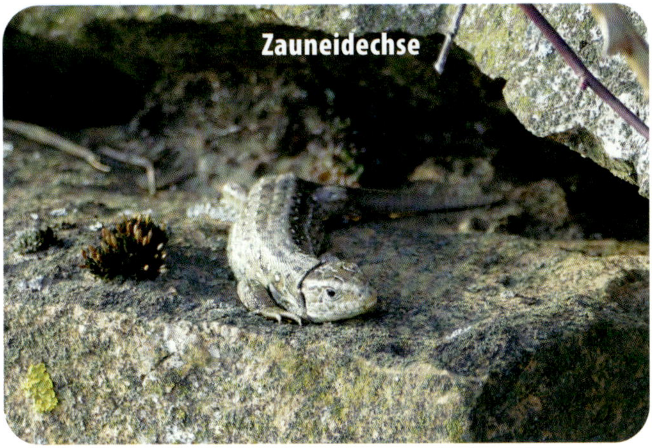

erblicken wir nichts! Keine potenzielle Jagdbeute, nur Grün. Die Landschaft sah vor 13.000 Jahren aber auch ganz anders aus: steppenartig mit niederem Bewuchs, nur vereinzelt Bäume, der Blick ins Tal des Flüsschens Möhlin und auf die vorüberziehenden Rentierherden war frei. Für uns ist es dennoch ein herrliches Fleckchen Erde, um in den Wald zu schauen und zu lauschen. Von tief unten dringt das sanfte Murmeln der Möhlin herauf. Nach diesem Abstecher zurück in die Steinzeit wandern wir weiter am Hang entlang und gelangen schon bald in eine ganz andere Zeit: ins 13. Jahrhundert nämlich, als an dieser Steilkante die **Burg Hauenfels** 4 erbaut wurde. Je nach Jahreszeit sieht man durch das dichte Blattwerk wenig bis nichts von den verbliebenen Mauern. Eine Tafel am Wegrand berichtet aber Details aus ihrer wechselhaften Geschichte.

*Die Geschichte der **Burg Hauenfels** ist weitgehend unerforscht. Experten gehen davon aus, dass die Burg zusammen mit der nahe gelegenen Felsenmühle und dem Weiler Gütighofen im Mittelalter eine kleine Wirtschaftseinheit bildete.*

Unser weiterer Weg führt nun hinunter zur Möhlin und auf einer kleinen Brücke darüber hinweg. Wer eine Rast einlegen will und ein wenig Erfrischung braucht, findet am Fluss ein wunderbares Plätzchen. Gestärkt machen wir uns wieder auf den Weg, der nun leicht bergauf zur Nordseite des Ölbergs führt. Im Frühjahr zaubern hier Hunderte Märzenbecher ein weißes Blütenmeer auf den Waldboden, weshalb dieses Fleckchen Erde auch den Namen **Märzenbecherwald** 5 trägt. An steilen Kalksteinwänden entlang umrunden wir den rückwärtigen Teil des Berges. Wer die Tour gerne verlängern möchte, kann nun hinüber zum Urberg wandern und in einer weiten Runde über den Bellen wieder zum Ölberg zurückkehren. Ansonsten geht es der Beschilderung Steinzeitpfad folgend links hinein in den Buchenwald. Der Weg führt uns nun in mehreren Kehren hinauf auf den Gipfel des Berges, wo wir aus dem Wald heraustreten und eine herrliche Aussicht ins Rheintal genießen. Aber es wird noch schöner, dann nämlich, wenn auf unserem Weiterweg die malerische **Ölbergkapelle** 6 in den Blick kommt. Auf der Südspitze des Berges scheint sie gleichsam über das Markgräflerland zu wachen. Ihr gegenüber, im

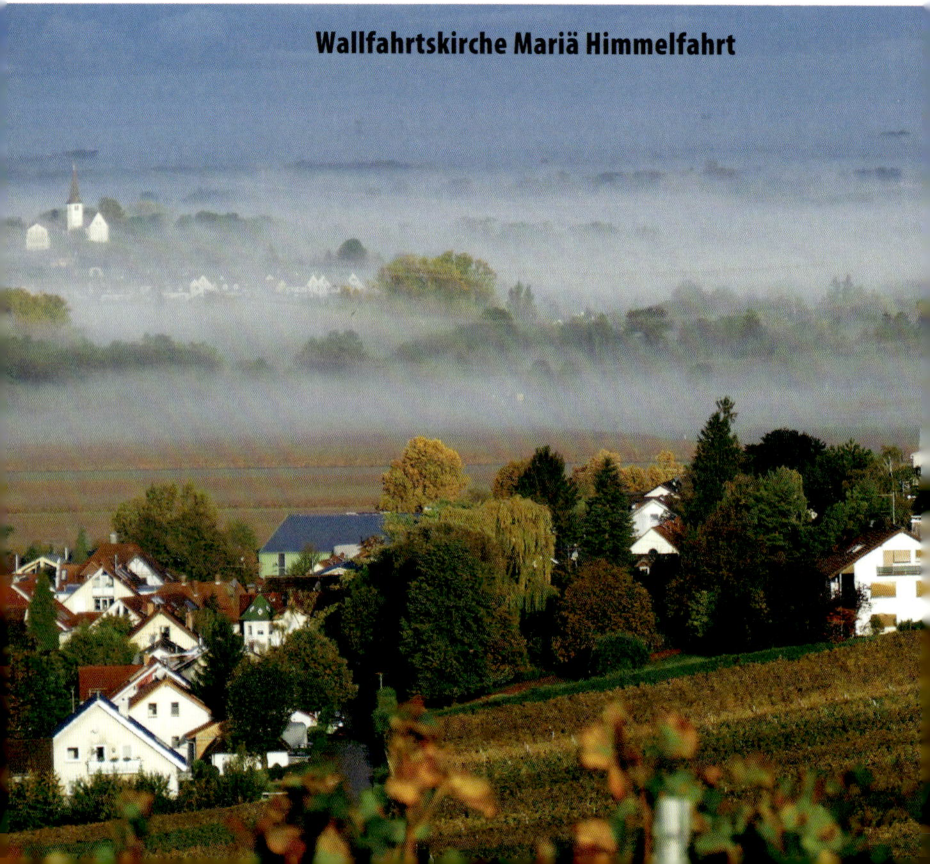

Süden, erhebt sich die Ruine der Burg Staufen, im Westen breitet sich das Rheintal bis nach Breisach aus, im Osten öffnet sich unter den Schwarzwaldhöhen das Hexental. Die Ölbergkapelle wurde 1954 zum Gedenken an die Männer aus Ehrenstetten gebaut, die in den beiden Weltkriegen gefallen waren oder als vermisst galten. Im Innern beherbergt sie eine holzgeschnitzte Pieta.

Unser weiterer Weg zieht sich rechts an der Kapelle vorbei den Berg hinab, und wieder eröffnet sich uns ein unwiderstehlicher Blick, wenn wir den mächtigen Zwiebelturm der **Wallfahrtskirche Mariä Himmelfahrt** 7 entdecken.

Er scheint uns gleichsam herüberzuwinken in den Ehrenkircher Ortsteil Kirchhofen. Denn hier wollen wir unsere Rundtour beschließen. Zunächst aber bie-

*Die jetzige **Wallfahrtskirche Mariä Himmelfahrt** wurde 1409 im gotischen Stil erbaut. 1633, als 300 Bauern aus Kirchhofen und Umgebung als Rebellen niedergemetzelt wurden, brannten auch der Ort und die Kirche nieder. Ab 1740 wurde das Gotteshaus in barockem Stil ausgebaut.*

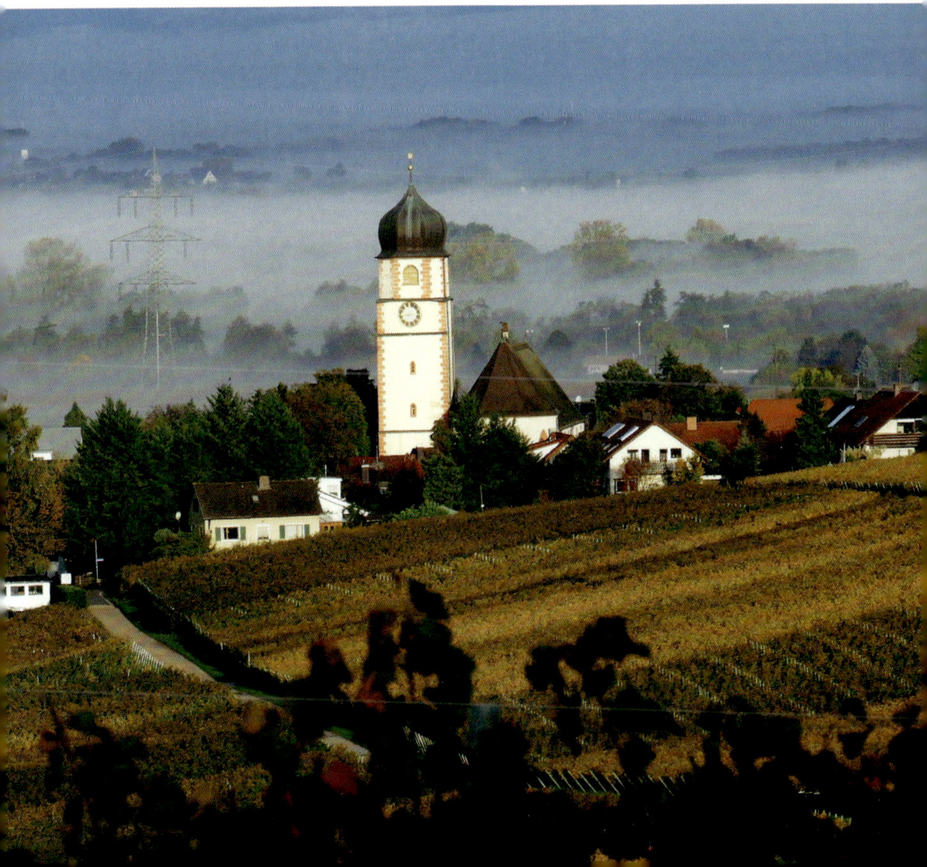

gen wir nun am Weinberg links ab zum Himmelsstäpfele, steigen auf den schmalen Stufen vorsichtig bergab und kehren zur Kirche St. Georg zurück. Mit dem Auto fahren wir dann nach Kirchhofen – in die vielleicht schönste Straußenwirtschaft der Region: die **Lorenz-Strauße 8**. Familie Lorenz hat die historische Scheune mit unzähligen Spiegeln in ein funkelndes Schmuckstück verwandelt. So erholsam die Runde um den Ölberg, so lebendig ist nun die Einkehr in die Lorenz-Strauße. An einem der mächtigen Holztische lassen wir uns mit Hirschgulasch und feinen Brägele verwöhnen. Im Schein der Kerzen genießen wir einen badischen Gutedel und blicken auf eine Tour voller Erlebnisse zurück, von denen wir noch lange zehren werden.

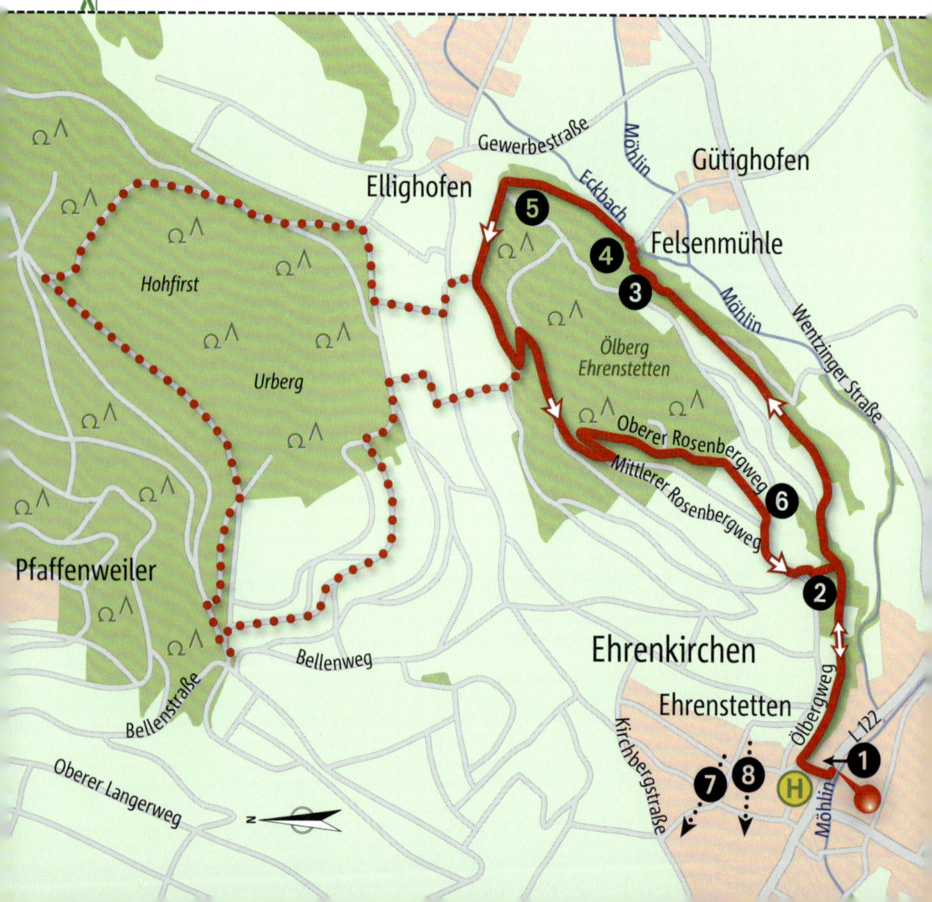

Entspannungsfaktor ★★★★★

Genussfaktor ★★★★☆

Romantikfaktor ★★★★☆

WIE & WANN:
Teils breite Wanderwege, teils schmale und bei Feuchtigkeit rutschige Pfade; beste Wanderzeit von März bis November.

HIN & WEG:
Auto: Parkplatz an der Kirche St. Georg, Wentzinger Straße 8, 79238 Ehrenkirchen-Ehrenstetten (GPS: 47.915137, 7.753546)
ÖPNV: Bus 7208 von Freiburg bis Ehrenstetten Kirche

ESSEN & ENTSPANNEN:
Lorenz-Strauße ❽ Krozinger Straße 13, 79238 Ehrenkirchen-Kirchhofen, Tel. (0 76 33) 9 29 90 50, www.lorenz-straussi.de

ENTDECKEN & ERLEBEN:
Pfarrkirche St. Georg ❶ Wentzinger Straße 8, 79238 Ehrenkirchen-Ehrenstetten
Himmelsstäpfele ❷
Teufelsküche ❸
Ruine Burg Hauenfels ❹
Märzenbecherwald ❺
Ölbergkapelle ❻
Wallfahrtskirche Mariä Himmelfahrt ❼

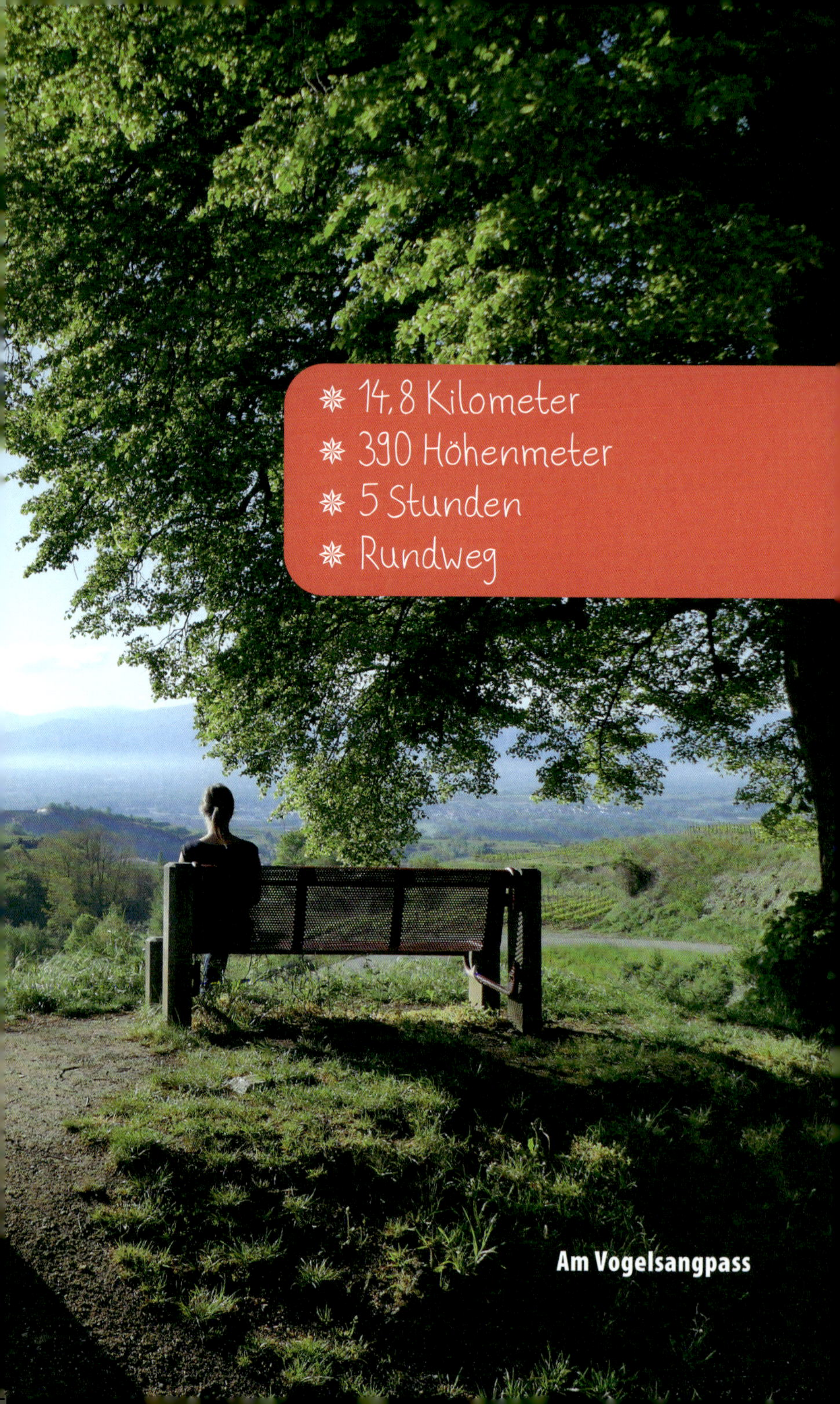

- 14,8 Kilometer
- 390 Höhenmeter
- 5 Stunden
- Rundweg

Am Vogelsangpass

Wir starten in den frühen Morgenstunden in **Wasenweiler** am **Bahnhof** und folgen dem Wegweiser **Steinkauzpfad** in die Dorfmitte. Am Brunnen führt unser Weg den Berg hinauf, zunächst durchs Wohngebiet, dann gleich ziemlich steil hinein in die Rebberge.

Ein mühevoller Anstieg, aber wir werden mit ei-

Wald und Wein

Von Wasenweiler nach Bötzingen

nem herrlichen Blick über das **Wasenweiler Ried** belohnt: Wiesen und Felder liegen noch unter einer weichen Decke aus Nebel, Obstbäume und kleine Wäldchen strecken sich aus dem Nebelmeer empor und über den Höhen des Schwarzwalds zeigt sich bereits die Sonne. Wir blicken hier auf die ehemals größte Niedermoorlandschaft am südlichen Oberrhein hinunter – in den Eiszeiten vor circa 10.000 Jahren entstanden. Einst mäanderte der Rhein durch das weite Tal, in alten Flussrinnen und Mulden entwickelte sich ein Moor, das dicke Torfschichten abgelagert hat. Mit der Rheinbegradigung im 19. Jahrhundert trocknete es allmählich aus.

__Niedermoore__ sind im Gegensatz zu kargen Hochmooren nährstoffreicher und bieten einer Vielzahl von Pflanzen und Tieren Lebensraum – bei Wasenweiler unter anderem vielen Schmetterlings- und Libellenarten. Fledermäuse nutzen die alten Bäume im Ried als Schlafplätze.

Während wir den **Böselsberg** (1) hinaufsteigen, erklingt hinter uns der Glockenschlag der Wasenweiler Kirche.

Oberhalb des Ortes wandern wir eine weite Kehre mit herrlichem Blick hinunter ins Dorf, das Panorama weitet sich in Richtung Schwarzwald. Bald führt uns der Steinkauzpfad hinein in ein grünes Dickicht. Wir wandern eine schmale Hohlgasse hinauf, kommen dann wieder hinein in die Rebterrassen und ge-

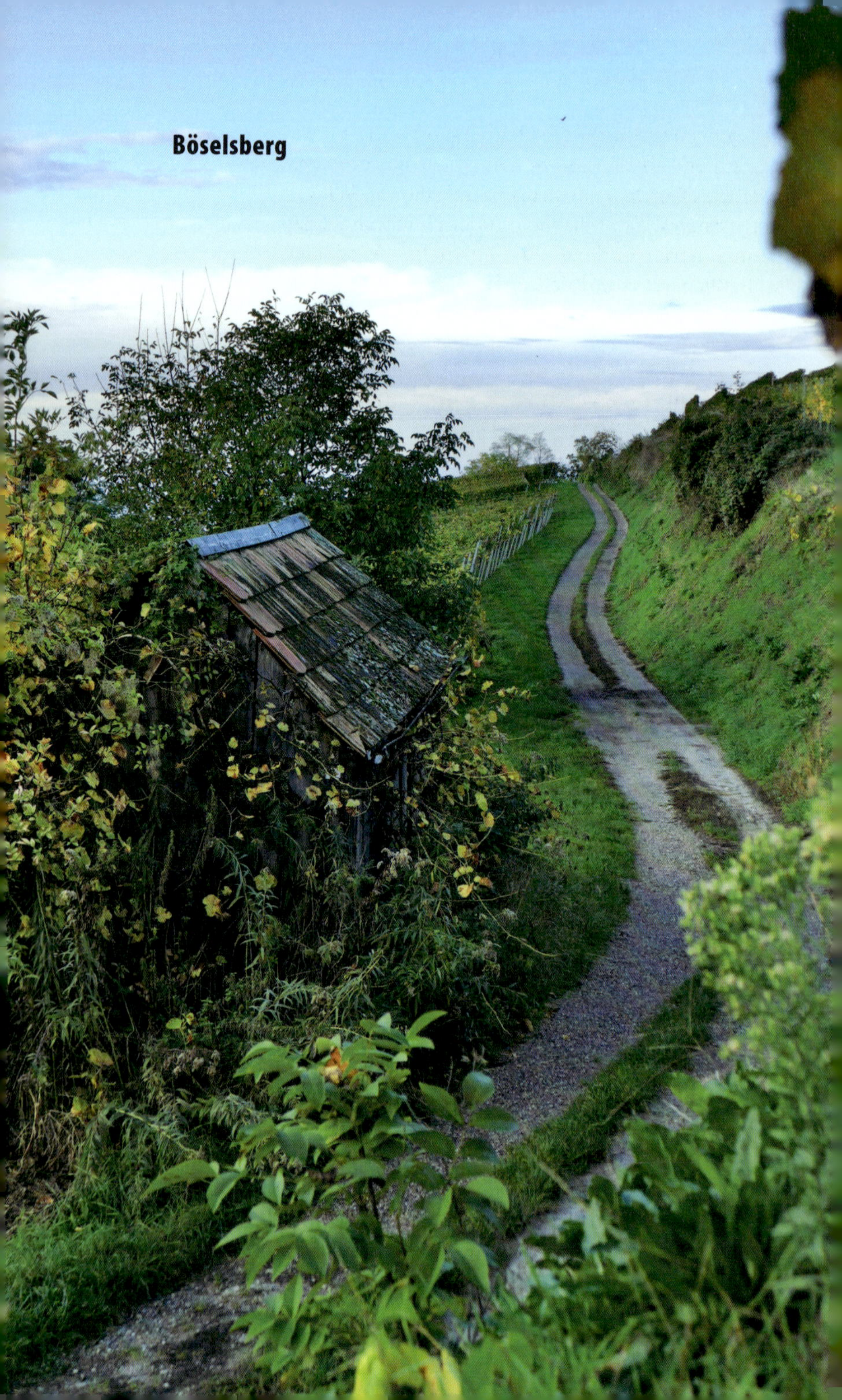
Böselsberg

hen auf geteertem Weg weiter bergan. Während wir zunehmend an Höhe gewinnen, öffnet sich der Blick über die Oberrheinebene bis nach Freiburg. Wir erreichen den Waldrand, und wandern im Schatten der Bäume daran entlang. Ein herrlicher Weg, der schließlich auf dem Rücken des **Gagenharts** ② tief in den Wald eintaucht. Während der Steinkauzpfad

Für die Seele

Ein umwerfendes Schwarzwaldpanorama begleitet uns auf dieser Tour über waldige Höhen und durch fruchtbare Täler.

nun rechts hinunter nach Bötzingen abzweigt, wandern wir weiter geradeaus mit dem Ziel Vogelsangpass und erreichen bald darauf den **Knabenkrautpfad,** dem wir nun folgen wollen.

Dieser Wald ist wirklich ein Ort für die Seele. Vögel zwitschern, ein Duft von Moos und feuchtem Holz steigt uns in die Nase, wir entdecken im Dickicht des Waldbodens Pilze in allen Formen und Farben. Bald wird der Wald lichter. An der **Schönen Aussicht** öffnet sich über uns das Blätterdach der Bäume, und wir genießen einen wunderbaren Blick – rechts hinunter ins Tal bis nach Freiburg. Linker Hand erstrecken sich die Wiesen von Badberg und Haselschacher Buck zu Füßen der Eichelspitze. In Serpentinen wandern wir hinab zum **Vogelsangpass** ③ und genießen noch einmal einen wunderbaren Weitblick.

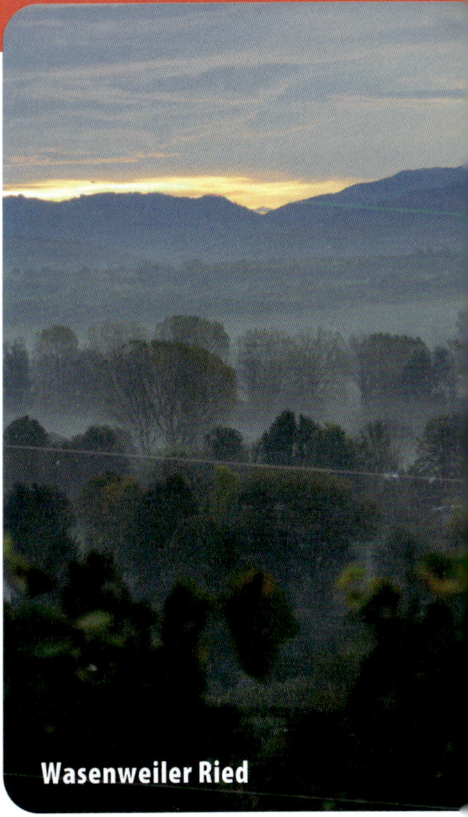

Wasenweiler Ried

Wir überqueren die Bergstraße von Bötzingen nach Altvogtsburg nicht hier, wo sie schwer zu überblicken ist, sondern steigen noch eine Kehre weiter hinab, um dann in einer lang gezogenen Kurve auf die andere Seite zu wechseln.

So erreichen wir den Waldfestplatz. Hier verlassen wir den Knabenkrautpfad für einige Meter und machen eine Runde über den Fuchsbuck. Wir steigen durch einen Mischwald bergauf – und werden an der **Fuchsbuckhütte** ④ mit einem ganz außergewöhnlichen Ausblick begrüßt: Vor Schwarzwald- und Rheintalpanorama blicken wir in den einzigen noch aktiven **Steinbruch** des Kaiserstuhls hinein. Hier wird Phonolith abgebaut. Aufgrund des hellen Klanges, den er erzeugt, wenn man ihn anschlägt, wird er auch Klingstein genannt. Das Gestein ist ein Relikt aus der vulkanischen Entstehungsgeschichte des Kaiserstuhls: Im Erdinnern aufgestiegenes Magma, das nie zum Ausbruch gekommen ist, hat hier einen mächtigen Phonolithstock entstehen lassen. Der Steinbruch ist ein Dauerkonfliktthema im Kaiserstuhl: Während die Betreiberfirma ihn ausweiten möchte, sehen Naturschützer die ursprüngliche und artenreiche Landschaft in Gefahr.

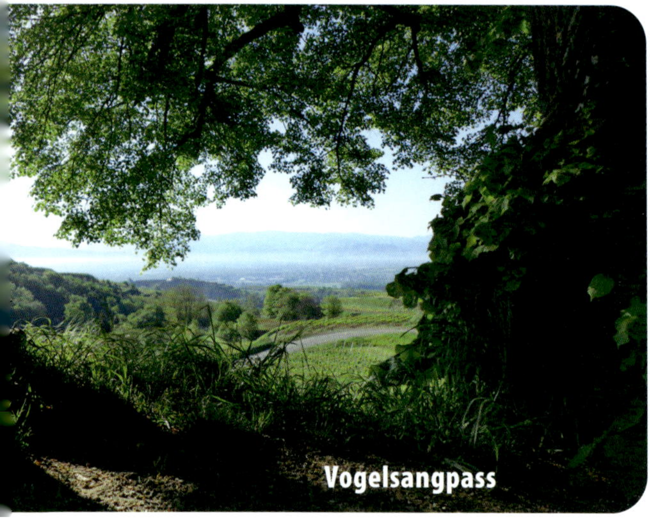

Und die zeigt sich uns hier in ihrer ganzen Schönheit. An der Fuchsbuckhütte steigen wir rechts hinunter. Bänkchen am Wegrand laden immer wieder dazu ein, eine kleine Rast einzulegen und die Augen schweifen zu lassen: Nun hinunter in die sanfte Niederung des Bötzinger **Schambachtals.** Links und rechts des Weges breiten sich Reben aus, immer wieder kommen wir auch an kleinen Gärten vorbei; bunte Wildblumen, knorrige Obst- und Walnussbäume säumen den Wegesrand. Im Frühling erlebt man hier eine wunderschöne Apfelblüte. Im Herbst findet man manch herabgefallenen Apfel. Am **Wächtelberg** erreichen wir erneut den Knabenkrautpfad, der uns in den Ort hinunterführen wird. Zunächst aber umrunden wir den Steinbruch.

Am Wegpunkt **Obere Leimengasse** biegen wir nach rechts ab, erreichen an der **Kapelle St. Alban** ❺ die **Bergstraße,** die wir überqueren, um am ehemaligen Gasthaus Rebstock in die Hofstraße einzubiegen. Nun sind wir wieder auf dem **Steinkauzpfad** angelangt, der uns in südlicher Richtung aus dem Ort hinaus und bald in eine kühle Lösshohlgasse – die **Buntehahlegasse** ❻ – hineinführt. Bunte Blumenfelder, kühle Brunnen und knorrige Obstbäume säumen unseren Weg, bevor es wieder hinein in den Wald und hinauf auf den Gagenhart geht. Der Anstieg hat es in sich.

*Die **Kapelle St. Alban** erinnert an den Ausbruch der Pest im Breisgau im 15. Jahrhundert: Damals baten Oberschaffhausen und Bötzingen den Bischof von Konstanz um Erlaubnis, Almosen für einen Kapellenbau zu sammeln. Man erhoffte sich so, von der Pest verschont zu bleiben.*

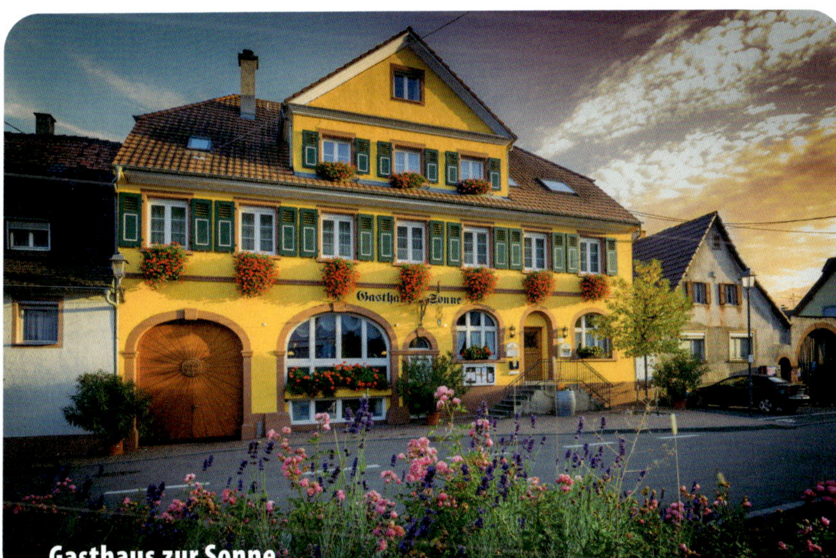

Gasthaus zur Sonne

Panoramatour 6

Sobald wir aber die Höhe erreichen, können wir aufatmen, nun geht es gemächlich wieder Wasenweiler entgegen – auf dem Weg, den wir schon kennen. Mit herrlichem Panoramablick wandern wir nach Süden und staunen, wie der Sonnenstand die Landschaft verändert. Der Nebel in der Ebene hat sich gelichtet, der Schwarzwald wird nun von der Sonne wunderbar in Szene gesetzt.

Während wir nach Wasenweiler hinuntersteigen, strahlt uns schon das **Gasthaus Sonne** 7 entgegen. Diese Aufforderung zur Einkehr nehmen wir gerne an und genießen im lauschigen Innenhof badische Schneckensuppe, Kaiserstühler Feldsalat mit Brotkracherle, Sauerbraten mit hausgemachten Spätzle – und einen vorzüglichen Wasenweiler Wein.

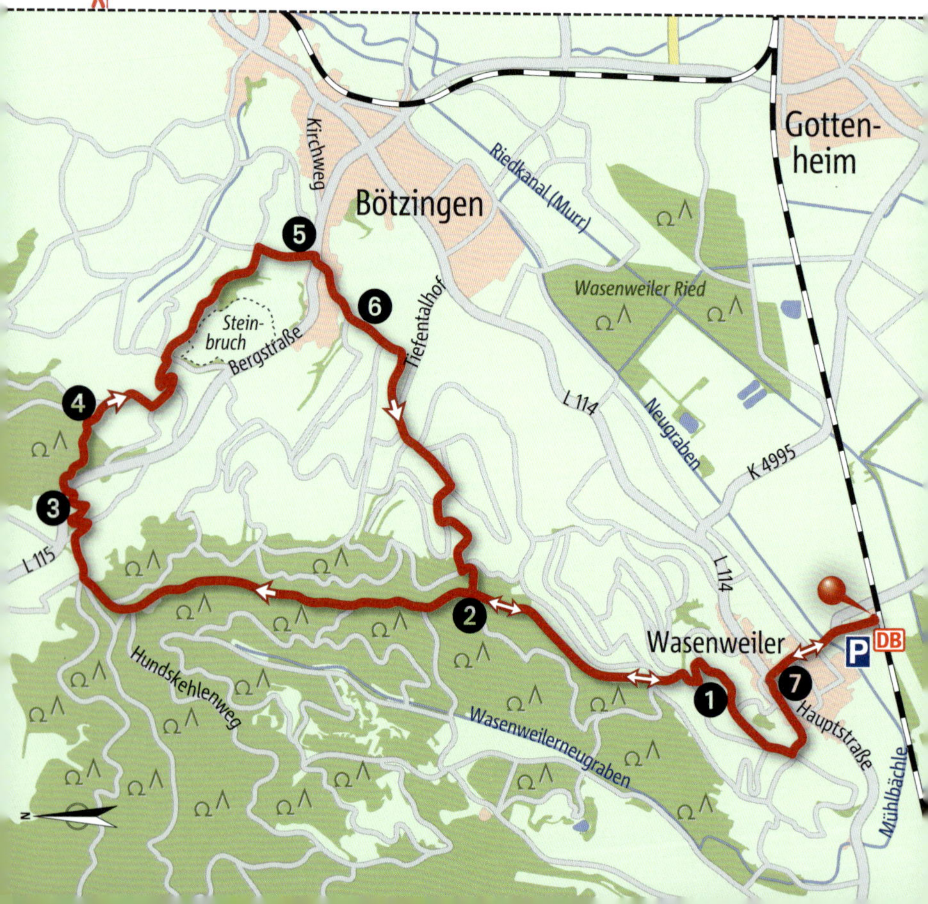

Alles auf einen Blick

WIE & WANN:
Schwere Wanderung mit einigen kräftezehrenden Anstiegen, beste Wanderzeit von April bis Oktober.

HIN & WEG:
Auto: Parkplatz Bahnhof Wasenweiler (GPS: 48.046724, 7.686757)

Entspannungsfaktor ✱✱✱✱✱
Genussfaktor ✱✱✱✱✱
Romantikfaktor ✱✱✱✱✱

ÖPNV: ab Freiburg Hauptbahnhof mit der Breisgau S-Bahn S 1 bis Ihringen-Wasenweiler

ESSEN & ENTSPANNEN:
Gasthaus Sonne ❼ Hauptstraße 21, 79241 Ihringen-Wasenweiler, Tel. (0 76 68) 2 29, www.sonne-wasenweiler.de

ENTDECKEN & ERLEBEN:
Böselsberg ❶
Gagenhart ❷
Vogelsangpass ❸
Fuchsbuckhütte ❹
Kapelle St. Alban ❺
Buntehahlegasse ❻

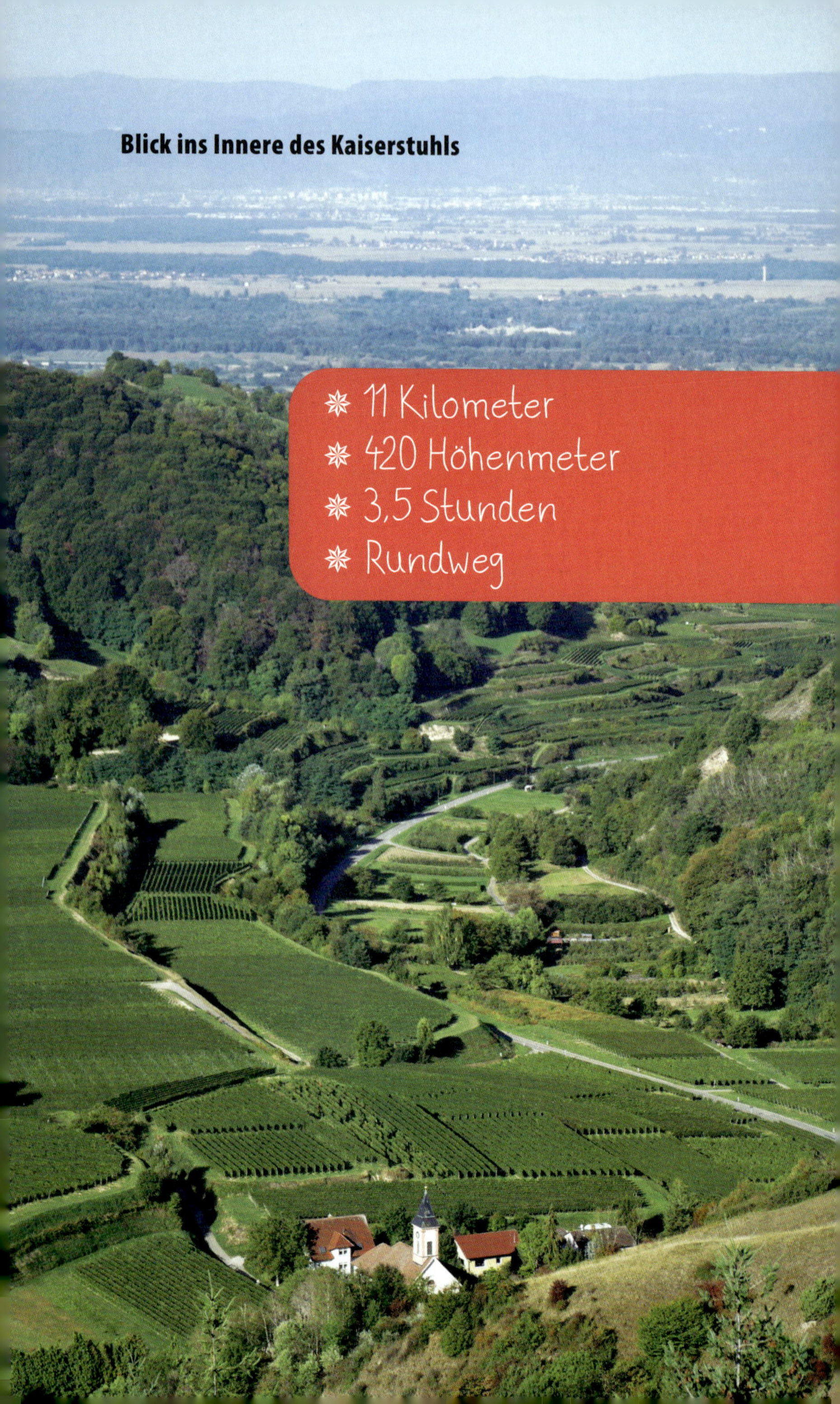

Blick ins Innere des Kaiserstuhls

Unsere Tour beginnt im kleinen Weiler **Altvogtsburg.** Wenn wir früh am Morgen starten, liegt das Dorf im Schatten, nur der Kirchturm streckt sich schon der Sonne entgegen, die sich noch hinter der Eichelspitze im Osten verbirgt. Den gleichnamigen Turm haben wir als erstes Ziel ausgewählt und wandern zunächst

Über allen Gipfeln

Eichelspitze und Totenkopf

die befestigte Straße hinauf, der Beschilderung Robert-Meier-Hütte folgend.

Während wir bergan wandern, blicken wir immer wieder zurück, wo im Tal die Kirchturmspitze zwischen den Weinbergen hervorguckt. Vorbei an einer Schafweide erreichen wir schließlich die Wiesen unterhalb des Eichelspitzturms, die **Öhmdsmatten am Haselschacher Buck** ❶. Öhmd – das ist das Gras des zweiten oder dritten Schnitts. Früher mähte man diese Wiesen zweimal im Jahr: Die erste Mahd im Frühsommer diente der Futtergewinnung, das im Herbst gemähte Öhmd wurde als Einstreu für den Winter genutzt. Diese Bewirtschaftung machte den **Haselschacher Buck,** auf dem wir uns befinden, zu dem was er heute ist: ein bedeutendes Naturschutzgebiet mit zum Teil vom Aussterben bedrohten Tier- und Pflanzenarten. Je nach Jahreszeit sprießen hier Orchideen wie die Hummel-Ragwurz, Kaiserstuhlanemonen, Küchenschelle oder Kartäusernelken. Wer Glück hat, kann Smaragdeidechsen oder die seltene Gottesanbeterin hier entdecken.

*Die **Kirche von Altvogtsburg** wird nur noch gelegentlich für Gottesdienste benutzt. Der schlichte Bau entstammt der klassizistischen Kirchenbautradition Badens und entstand in den Jahren 1835 bis 1837. Der Schlüssel ist im Haus Altvogtsburg 5 erhältlich.*

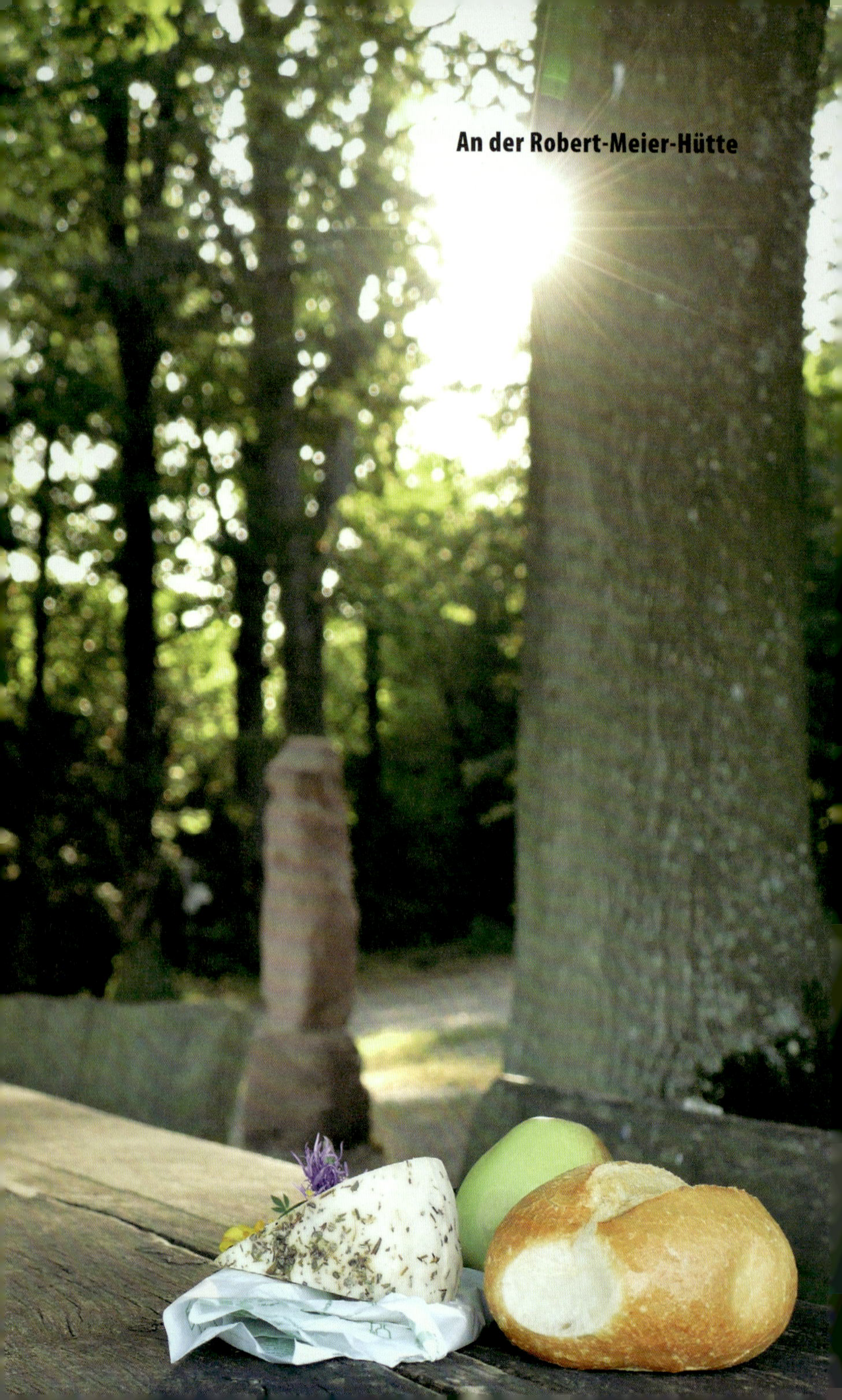

An der Robert-Meier-Hütte

Wir werden auf unserem Weg das Naturschutzgebiet noch einmal durchqueren, wandern nun aber hinauf zur **Robert-Meier-Hütte** ❷. Zwischen den hohen Stämmen der Bäume wirft die Sonne ihre Strahlen auf die gemütlichen Bänke. Wir nehmen uns die Zeit für eine kurze Rast und genießen den Blick hinein in den Kaiserstuhl, auf die Rebterrassen oberhalb von

Für die Seele

Die Zweitürmetour über Eichelspitze und Totenkopf belohnt uns mit wunderbaren Weitblicken.

Eichelspitzturm

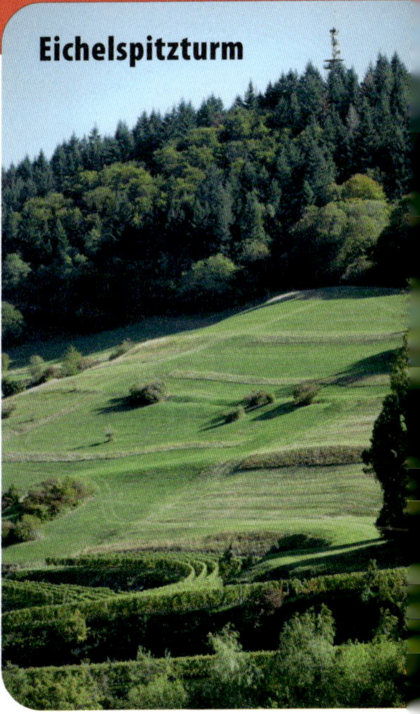

Oberbergen und hinüber in die Vogesen. Im Wald führt unser Weg nun auf dem **Geopfad** zum Eichelspitzturm. Unterwegs erfahren wir an einer Infotafel, dass hier 1999 der Orkan Lothar wütete und eine immense Schneise in den Wald schlug. Inzwischen ist sie wieder zugewachsen. Ein weniger sturmanfälliger Mischwald ist entstanden: Douglasien wechseln sich mit Buchen und Ahornbäumen ab. Wir genießen die Ruhe des Waldes, der Weg geht gemächlich bergauf, nur die letzten Meter hinauf sind steil, aber schon stehen wir zu Füßen des **Eichelspitzturms** ❸ neben den Mauerresten des **Bruderhäusles,** einer ehemaligen Einsiedelei auf der Eichelspitze.

Nun heißt es Zähne zusammenbeißen und die Stufen des Turmes in Angriff nehmen. 42,5 Meter ragt er in die Höhe, wir müssen bis zur Aussichtsplattform nur 28 Meter überwinden. Abwechslung beim schweißtreibenden Aufstieg bieten die vielen kleinen Schilder an den Treppenstufen, auf denen die einheimischen Bürger genannt werden, die

Am höchsten Punkt der Eichelspitze lag einst das Bruderhäusle, eine Einsiedelei mit einer Kapelle. Das Kirchlein wurde im 14. Jahrhundert erstmals erwähnt. Da Eichstetten früh reformiert wurde, wurde die Einsiedelei schon zu Beginn des 16. Jahrhunderts aufgelöst.

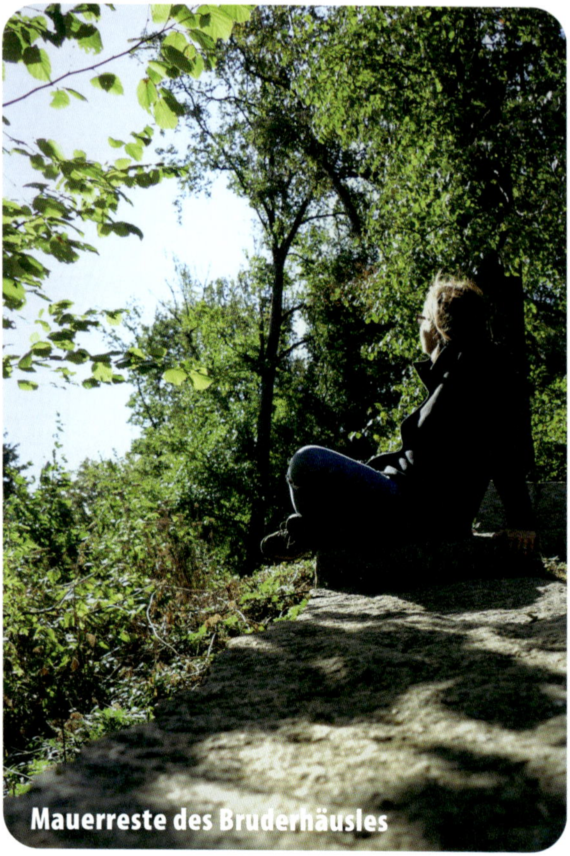
Mauerreste des Bruderhäusles

einen Beitrag zum Bau des Turms geleistet haben. Der Aussichtsturm entstand nämlich aus der Initiative einiger Bürgerinnen und Bürger, die der Allgemeinheit diesen herrlichen Rundumblick ermöglichen wollten. Und der ist wirklich unvergleichlich. Er reicht an klaren Tagen von den Schwarzwaldgipfeln Belchen, Feldberg, Kandel und Hornisgrinde bis zum Münster von Straßburg und zur Hohkönigsburg am Rande der Vogesen. Während wir einen Gipfel nach dem anderen entdecken, erholen wir uns langsam vom beschwerlichen Aufstieg. Und auch wenn wir schon längst hinuntersteigen, tragen wir den erhebenden Anblick noch mit uns mit.

Unten angelangt orientieren wir uns in Richtung Vogelsangpass und Neunlindenturm. Obwohl es nun abwärts geht, ist das folgende Wegstück sehr kräftezehrend. Wir müssen die Fersen fest in den Boden stemmen, um auf dem steinigen und zuweilen rutschigen Weg nicht den Halt zu verlieren.

Belohnt werden wir danach mit einem wohltuend flachen Marsch durch die Wiesenlandschaft des **Haselschacher Bucks** und mit einem erneuten Blick in das Tal des inneren Kaiserstuhls. Auch der **Totenkopf –** mit 556,6 Metern die höchste Anhöhe des Kaiserstuhls – mit dem Fernmeldeturm weist uns die Richtung. Seinen Namen soll der Totenkopf übrigens von den dort durchgeführten Hinrichtungen haben, die König Otto III. im Jahr 994 während eines Gerichtstags in Leiselheim verhängte. Ebendieser König ist auch Namensgeber des gesamten Mittelgebirges. Seit diesem Gerichtstag soll das ganze Gebirge als „Königsstuhl" bezeichnet worden sein. Nachdem Otto III. im Mai 996 zum Kaiser gekrönt worden war, wurde aus dem „Königsstuhl" der „Kaiserstuhl" (siehe auch Tour 15).

Am Fuße des Haselschacher Bucks überqueren wir die Straße von Bötzingen nach Oberbergen und

*Die blendend weiße **Kaiserstuhl-Anemone** gehört zur Gattung der Windröschen. Diese Pflanzenart war früher häufig vertreten, ihr Bestand ist in den vergangenen Jahrzehnten in manchen Gebieten sehr zurückgegangen. Im Kaiserstuhl bevorzugt sie die Böschungskronen.*

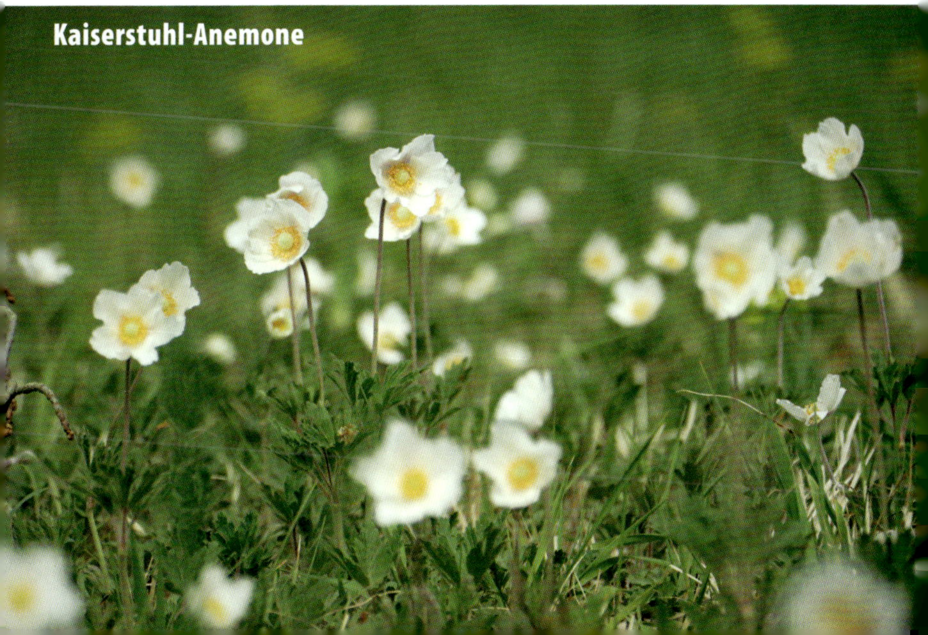

Kaiserstuhl-Anemone

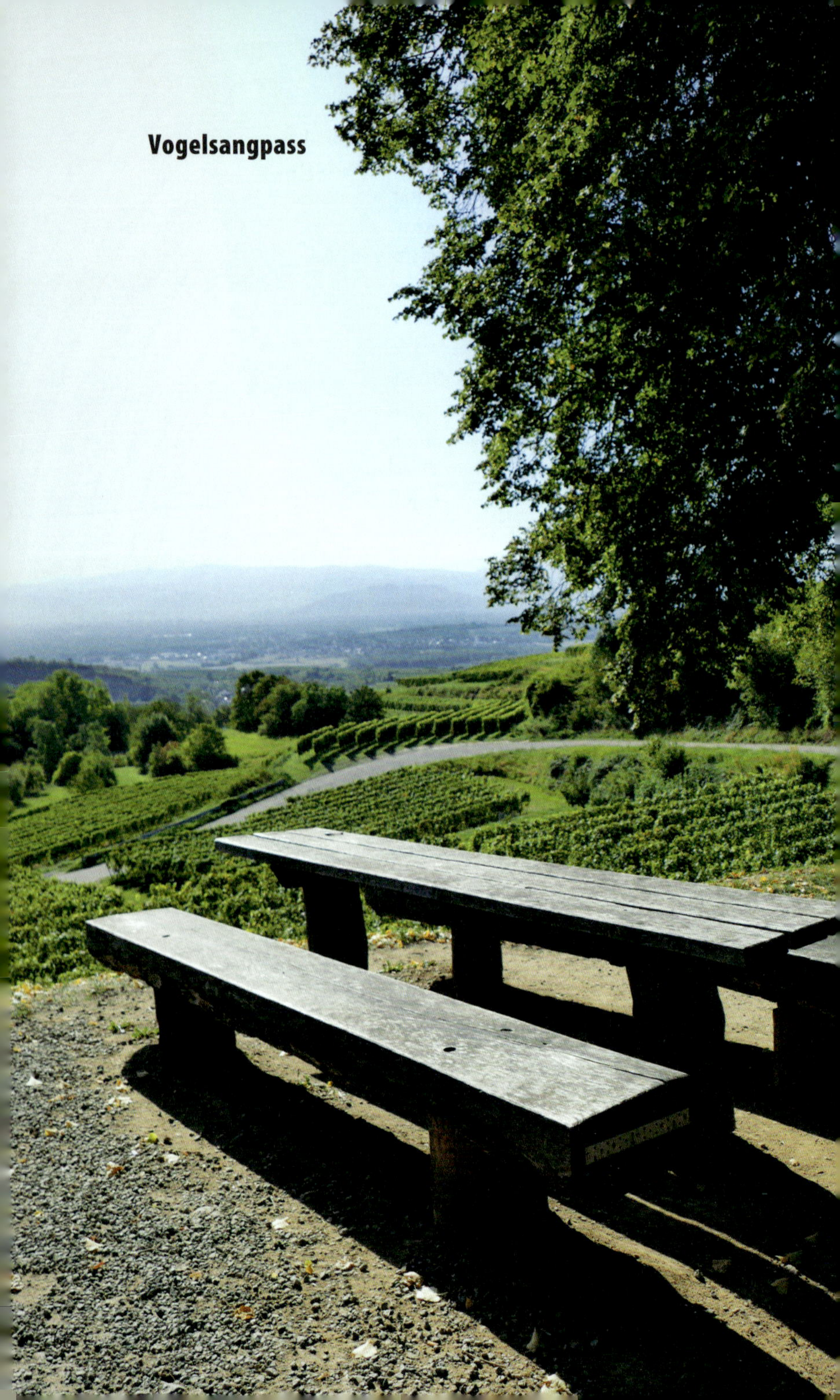

Vogelsangpass

erreichen erneut einen Ort mit wunderbarem Weitblick: den **Vogelsangpass** ④, die östliche Eintrittspforte des Kaiserstuhls. Zwischen Weinreben wandern wir dem Wald entgegen, dort führt unser Pfad steil und wurzelbewachsen hinauf zum **Neunlindenturm** ⑤.

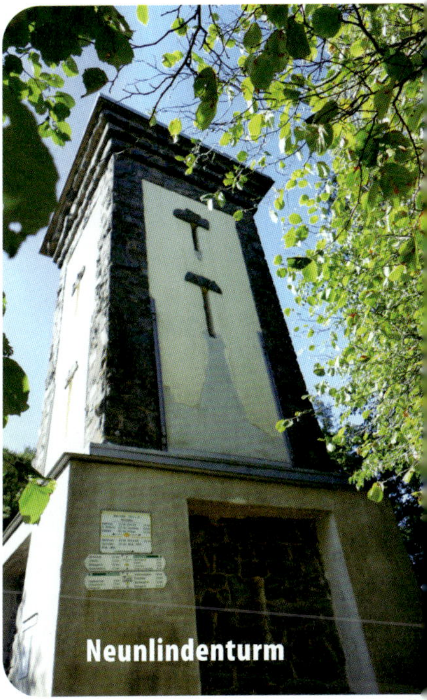

Wir müssen auf dem Rastplatz vor dem Turm ein bisschen verschnaufen, bevor wir bereit sind, die Treppen im Innern zu erklimmen. Ein wahrlich beeindruckender Rundblick, der sich uns bietet, diesmal dicht über den Baumkronen der ehemals neun Linden. Insbesondere der Breisgau und der Tuniberg sind von hier aus gut zu überblicken. Der Neunlindenturm thront auf der östlichen der beiden Erhebungen des Totenkopfs, die Westkuppe mit dem Sendeturm streifen wir nun beim Abstieg Richtung Oberbergen. Der Weg führt uns einige Meter auf einer geteerten Straße hinunter, in der Kurve verlassen wir sie schon wieder, um auf einen schmalen Pfad zu wechseln, der uns bald nach links in Serpentinen bergab führt. Beim **Dreieckigen Bannstein** orientieren wir uns Richtung Winzergenossenschaft Oberbergen, verlassen wenig später den Wald und wandern hinein in die Rebhänge. Auch hier macht die Tour ihrem Namen wieder alle Ehre: Ein wunderbares Panorama tut sich vor uns auf – diesmal bis hinunter nach **Oberrotweil,** wo sich der Kirchturm deutlich sichtbar emporreckt. Wir sind nun auf dem Reblehrpfad unterwegs, Infotafeln erläutern die unterschiedlichen Weinsorten des Kaiserstuhls.

Am Holzweg wenden wir uns nach rechts in Richtung der Schule von Oberbergen, wandern zunächst zwischen den Reben hindurch und dann in den Ort hinein. Wir überqueren die Straße und wenden uns rechter Hand wieder Altvogtsburg zu. Am Ortsende verlassen wir die Straße und finden linker

*Der **Neunlindenturm** wurde im Jahr 1900 von der Sektion Kaiserstuhl des Schwarzwaldvereins erbaut, auf einem Grundstück der Gemeinde Ihringen. In den beiden Weltkriegen diente der Turm als Beobachtungsstand.*

Panoramatour 7

Die **Burgundersorten** sind die dominierenden Weine am Kaiserstuhl. Eine Besonderheit unter ihnen ist der Ruländer. Diese typisch badische Spezialität zeichnet sich durch einen kräftigen, dichten Geschmack mit großer Restsüße aus.

Hand zurück auf den Wanderweg, der uns am Fuße des **Badbergs** entlang zum **Badloch** ❻ führt. Schon die Römer sollen die als heilkräftig geltende Quelle genutzt haben. Die kleine Thermalquelle erinnert an die 15 Millionen Jahre zurückliegende, vulkanische Entstehungsgeschichte des Kaiserstuhls. Ob heilkräftig oder nicht: Nach einem langen Marsch ist es eine Wohltat, die Füße in der Wassertretstelle zu erfrischen – die übrigens ganzjährig eine Temperatur von 21 Grad haben soll – oder an einem der gemütlichen Tische auszuruhen.

Nun ist es nicht mehr weit zurück nach Altvogtsburg, an Gärten entlang schlendern wir zurück und lassen unsere Gipfeltour bei einem feinen Essen im **Gasthof Rössle** ❼ Revue passieren.

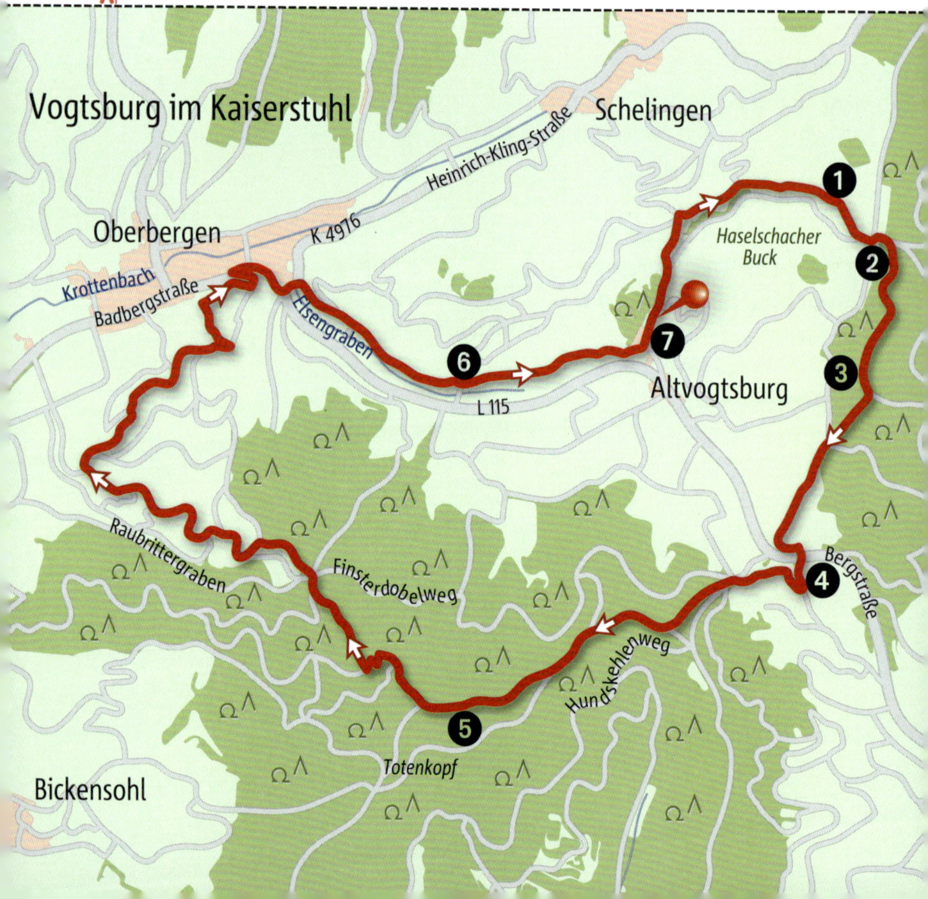

WIE & WANN:
Mittelschwere Wanderung auf größtenteils gut begehbaren Wegen; zum Teil sehr steile Abstiege, die Trittsicherheit erfordern; beste Wanderzeit von April bis Oktober.

Entspannungsfaktor ★★☆☆☆
Genussfaktor ★★★★★
Romantikfaktor ★★★★☆

HIN & WEG:
Auto: Öffentlicher Parkplatz, Altvogtsburg 9, 79235 Vogtsburg im Kaiserstuhl (GPS: 48.093983, 7.683655)

ÖPNV: Buslinie 104 von Achkarren Bahnhof bis Altvogtsburg Rössle

ESSEN & ENTSPANNEN:
Gasthof Rössle ❼ Altvogtsburg 9, 79235 Vogtsburg im Kaiserstuhl, Tel. (0 76 62) 90 90 90, www.roessle-vogtsburg.de

ENTDECKEN & ERLEBEN:
Öhmdsmatten am Haselschacher Buck ❶
Robert-Meier-Hütte ❷
Eichelspitzturm ❸
Vogelsangpass ❹
Neunlindenturm ❺
Badloch ❻

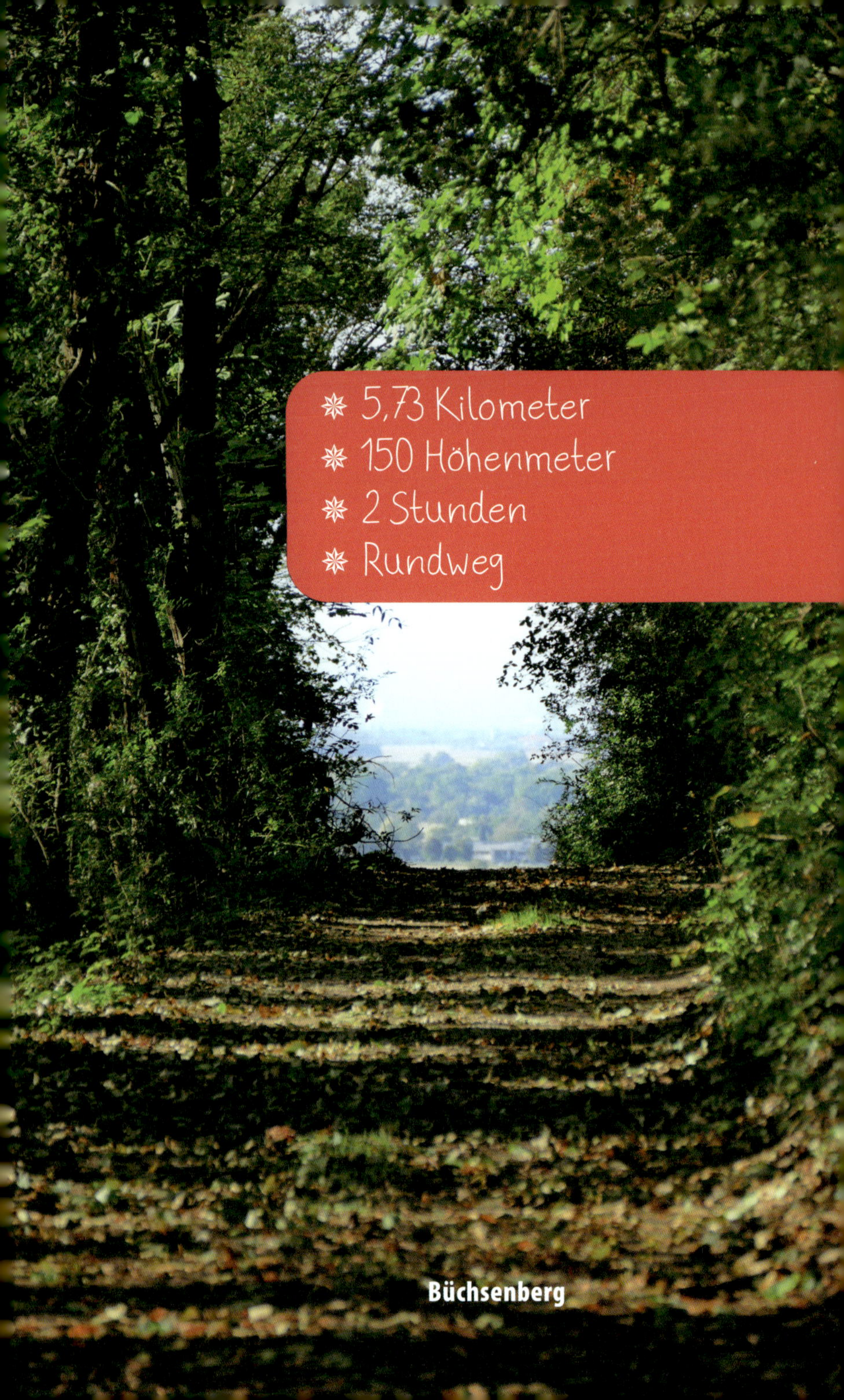

- 5,73 Kilometer
- 150 Höhenmeter
- 2 Stunden
- Rundweg

Büchsenberg

Wir beginnen unsere kleine Tour am Wanderparkplatz zu Füßen des Steinbruchs **Büchsenberg** und folgen den Schildern zum Achkarrer Schlossberg. Hier geht es direkt sehr steil und kräftezehrend bergauf. Davon lassen wir uns aber nicht aufhalten, denn der Weg durch den Wald ist so schön, dass wir einfach immer

Im Flaumeichenwald

Am Büchsenberg bei Achkarren

wieder pausieren, um Atem zu schöpfen und den Blick durchs Grün schweifen zu lassen. Breitet sich doch um uns herum ein Wald aus, den es in Deutschland kaum noch gibt: ein **Flaumeichenwald** 1, der hier an den felsigen und trockenen Hängen von Büchsen- und Schlossberg besonders gut gedeiht.

Der dichte Flaum an der Blattunterseite verhindert nämlich, dass der Baum zu stark austrocknet – so ist er besonders gut gegen sommerlichen Wassermangel gerüstet. Aber die Flaumeiche besitzt noch weitere Vorzüge, gibt sie doch einer außergewöhnlichen und seltenen Vegetation eine Heimat: Im lichten Gehölz zu Füßen der knorrigen Laubbäume wächst unter anderem der prächtige **Diptam.** Auch er ist in Mitteleuropa eine Seltenheit und steht schon seit 1936 unter Naturschutz. Wer im Mai oder Juni am Büchsenberg unterwegs ist, den umgibt bald der zitronige Duft der kunstvollen rosa-weißen Blüten. Aber Vorsicht, auf keinen Fall berühren, der Diptam ist hochgiftig.

Sobald wir den Wegpunkt Flaumeichenwald erreichen, öffnet sich das Blätterdach über uns, und wir

Eigentlich im Mittelmeerraum zu Hause ist die ***Flaumeiche*** *in Mitteleuropa eine seltene Art mit nur wenigen kleinen und isolierten Vorkommen in besonders wärmebegünstigten Lagen. Diese Baumart könnte eine Nutznießerin des sich erwärmenden Klimas werden.*

*„Brennender Busch" wird der **Diptam** auch genannt. Der Gehalt an ätherischen Ölen in den Blüten ist nämlich so groß, dass sie sich an heißen Tagen selbst entzünden können. Der Diptam ist stark gefährdet und genießt deshalb den Status „streng geschützt".*

genießen die Aussicht ins Tal. Der gelben Raute folgend steigen wir weiter hinauf. Nach zwei Serpentinen wandern wir auf einem Wiesenweg ein Stück den Weinberg entlang. Malven säumen unseren Weg, und der Blick reicht nun bis hinüber zum Breisacher Stephansmünster. Sobald wir um die Kuppe des Büchsenbergs herumgegangen sind, zeigt sich auch der Schlossberg vor uns. An dessen Fuß sind die ersten Häuser von Achkarren zu sehen. Wir tauchen wieder in den Wald ein, erreichen bald den Wegpunkt Büchsenberg, wo wir rechts abbiegen und bergab schlendern. An der Weggabelung kurze Zeit später bleiben wir auf dem linken Weg im Wald, erreichen bald darauf den Waldsaum, an dem wir gemütlich entlangspazieren.

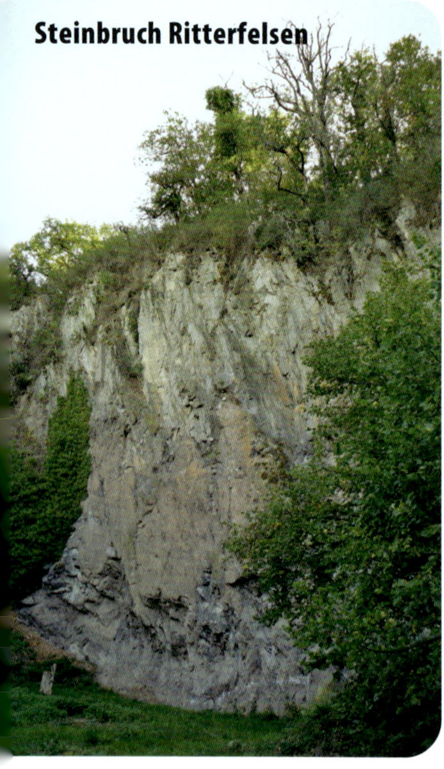
Steinbruch Ritterfelsen

Im Sommertal wenden wir uns nach links und sind nun auf dem **Wiedehopfpfad,** der uns kurz darauf rechts in Richtung des Schlossberggipfels führt, hier ist auch der Ritterfelsen ausgeschildert – unser nächstes Zwischenziel. Noch bevor wir den Wald wieder verlassen würden, biegen wir scharf links ab. Wegweisend ist ein Aufschluss von Vulkangestein gegenüber, hier entlang wandern wir nun hinauf – so steil, dass wir immer wieder anhalten, durchatmen und den Blick schweifen lassen. Bald aber erreichen wir den **Steinbruch Ritterfelsen ❷,** der gewaltig vor uns in die Höhe ragt. Am Fuße des Felsens lassen wir uns zunächst zu einer kleinen Rast nieder. Aus den Steinbrüchen am Schlossberg brachen die Menschen schon in früher Zeit Steine – unter anderem auch zum Bau der Burg Höhingen auf dem Gipfel des Schlossbergs. Ein paar Meter weiter südlich finden wir eine Stelle, an der man die Spuren jüngster Steinbruchar-

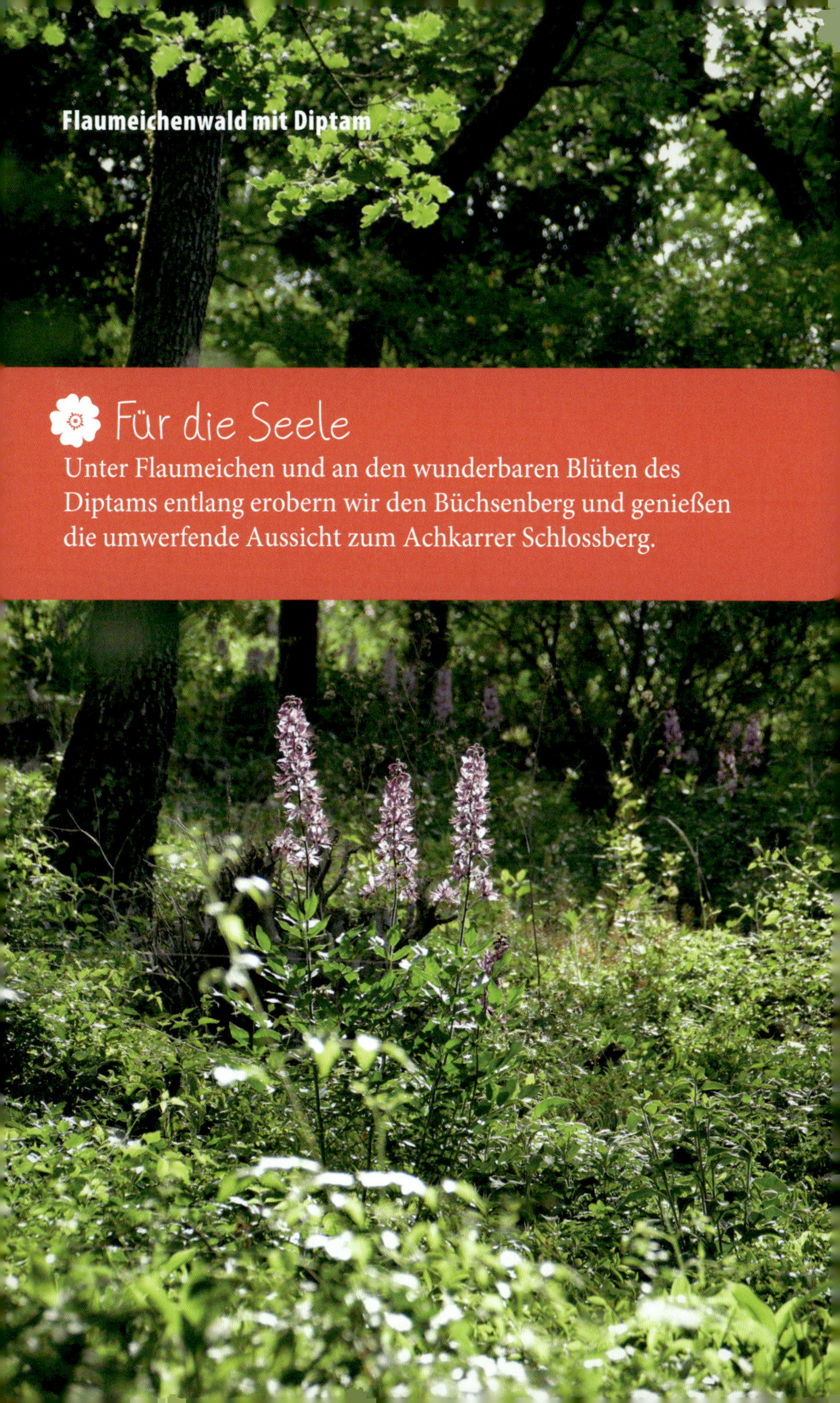

Flaumeichenwald mit Diptam

Für die Seele

Unter Flaumeichen und an den wunderbaren Blüten des Diptams entlang erobern wir den Büchsenberg und genießen die umwerfende Aussicht zum Achkarrer Schlossberg.

Von den Anhöhen dieser Tour erblickt man immer wieder das ***Breisacher Stephansmünster.*** *Die romanisch-gotische Kirche fällt durch ihre beiden unterschiedlichen Kirchtürme auf. Auch das Gotteshaus steht auf einer Felsscholle vulkanischen Ursprungs.*

beit sehr genau erkennen kann. Als eine Renovierung des stark angegriffenen Breisacher Stephansmünsters anstand, sollte möglichst die originale Bausubstanz gewählt werden: Tephrit-Pyroklastit, auch Tuffstein genannt. Fündig wurden die Geowissenschaftler am Achkarrer Schlossberg. Die hier gesägten Blöcke lassen nun die Südfassade des Breisacher Münsters wieder in alter Schönheit erstrahlen.

Wir wandern vom Steinbruch in südlicher Richtung weiter und erreichen erneut eine Kehre, an der unser Weg scharf links abzweigt. Wieder führt er uns zwischen Wald und Weinberg sehr steil bergauf. Während wir rasch an Höhe gewinnen, genießen wir das beeindruckende Panorama: Unter uns zeichnen die Reben ihre Linien in den Weinberg, vor uns erhebt sich der Schlossberg, auf dessen Spitze der Pavillon thront.

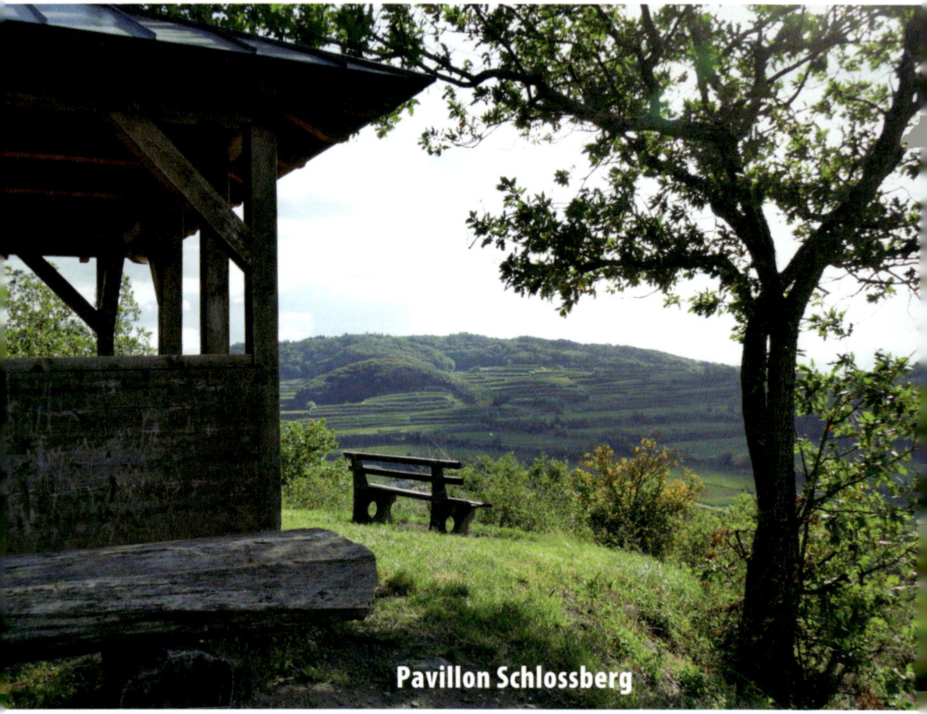

Pavillon Schlossberg

Reben am Schlossberg

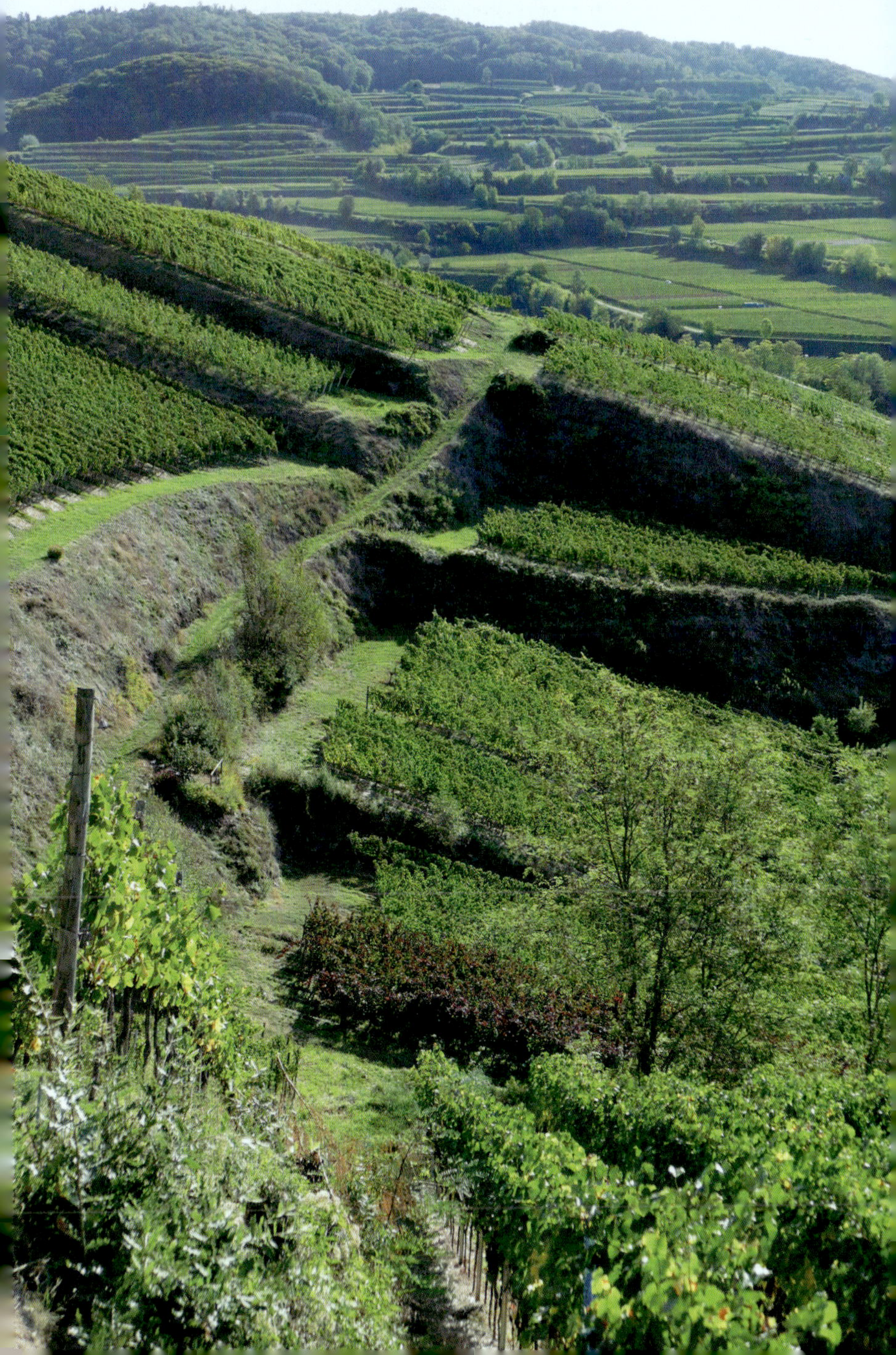

*Die **Burg Höhingen** wurde im 13. Jahrhundert erstmals urkundlich erwähnt. Sie war im Besitz der Üsenberger, eines der mächtigen Adelsgeschlechter im Breisgau und besonders am Kaiserstuhl. Deren Stammburg, die Üsenburg, lag auf einer Rheininsel unweit von Breisach.*

Am Rittersprung biegt der Wiedehopfpfad links ab. Wir aber gehen weiter geradeaus, schließlich wollen wir unbedingt den **Schlossberggipfel 3** erklimmen. In Serpentinen zieht sich der Weg hinauf zur ehemaligen **Burg Höhingen.** Die Infotafel gibt Auskunft über die wechselvolle Geschichte der Burg, von der heute nur noch wenige Mauerreste erhalten sind.

Wir setzen uns auf die Bank vor dem Pavillon, lassen die Anstrengung des Aufstiegs von uns abfallen, schauen hinunter nach Achkarren und weit hinüber in den Schwarzwald und die Vogesen. Östlich der Burgreste führt uns ein kleiner Weg hinab zur **Lourdes-Grotte 4,** einer skurillen Einhausung mit Marienstatuette. Das Bänkchen davor aber bietet erneut eine wunderschöne Sitzgelegenheit. Gleich links davon führt unser Pfad in den Wald hinein. Von diesem Weglein biegen wir anschließend wieder rechts auf den Wiedehopfpfad ab. Die Schilder finden wir allerdings erst am unteren Waldrand wieder. Wir wandern wenige Meter auf dem Wiedehopfpfad weiter in Richtung Schneckenberg. Diese Erhebung sparen wir aber aus, da der Schneckenberg durch gravierende Eingriffe bei der Flurbereinigung seinen Charme leider weitgehend verloren hat. Ein weites Panorama öffnet sich vor uns, sogar bis zur Mondhalde oberhalb von Oberrotweil können wir schauen. An der nächsten Weggabelung wenden wir uns dem Pfaffenlochberg zu. Bei guter Sicht haben wir nun sogar die Hohkönigsburg im Blick, die in weiter Ferne auf dem Vogesenkamm thront.

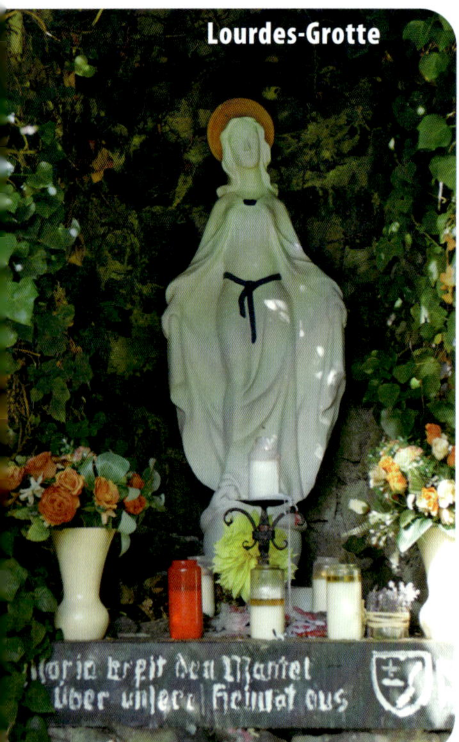

Lourdes-Grotte

Ein kleines Schild weist uns den Weg Richtung Bahnhof Achkarren, hier ist die Beschilderung nicht opti-

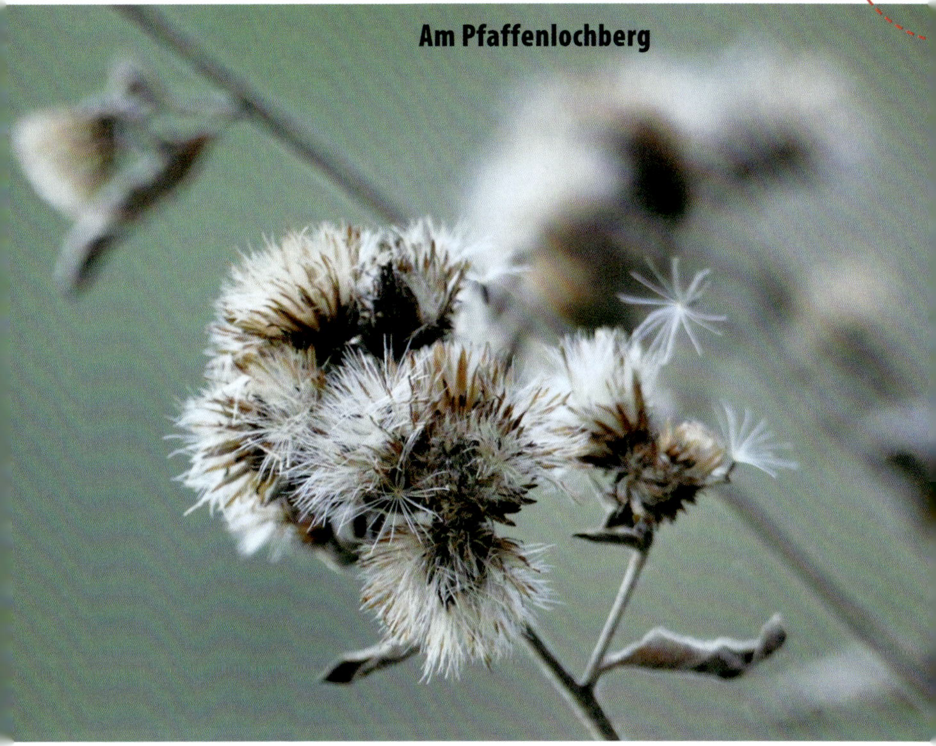

mal. Wo wir keine Schilder finden können, wenden wir uns der Erhebung hinter dem Schlossberg zu: dem **Pfaffenlochberg** 5, unserem nächsten Zwischenziel. Schließlich erreichen wir wieder das Sommertal und finden einen Wegweiser zum Büchsenberg. Bald biegen wir rechts am Waldrand auf einen schmalen Pfad ein, wo schon unser Ausgangspunkt, der Büchsenberg, ausgeschildert ist. Wir wandern entlang der Eichen und biegen schließlich links auf den **Waldlehrpfad** ab, der uns wieder unter das Blätterdach führt. Das Klopfen eines Spechts heißt uns schon willkommen. Wir streifen durch den Wald und werden durch Tafeln auf die besondere Vegetation hingewiesen: Zweigriffliger Weißdorn, Schwarzer Holunder, spezielle Birkenarten – ein wunderbares Wäldchen voller Entdeckungen am Wegesrand.

Panoramatour 8

Wir gelangen wieder an den Wegpunkt Büchsenberg und nehmen nun die nördliche Runde um die Anhöhe herum und folgen dabei der Beschilderung Steinbruch Büchsenberg. Sobald sich der Weg teilt – Schilder fehlen hier leider –, wählen wir den unteren Pfad, erreichen bald einen Punkt, den wir schon vom Aufstieg kennen. Wir genießen noch einmal die Schönheit des lichten Flaumeichenwaldes und machen uns nun am Westhang des Büchsenbergs an den Abstieg zum Parkplatz. Von hier aus machen wir uns mit dem Auto auf den Weg nach Achkarren, wo wir am Fuß des Schlossbergs im **Restaurant Achkarrener Krone** **6** ein feines Kaiserstühler Schneckensüppchen genießen oder uns im Gewölbekeller durch die Vielfalt der Achkarrer Weine probieren können.

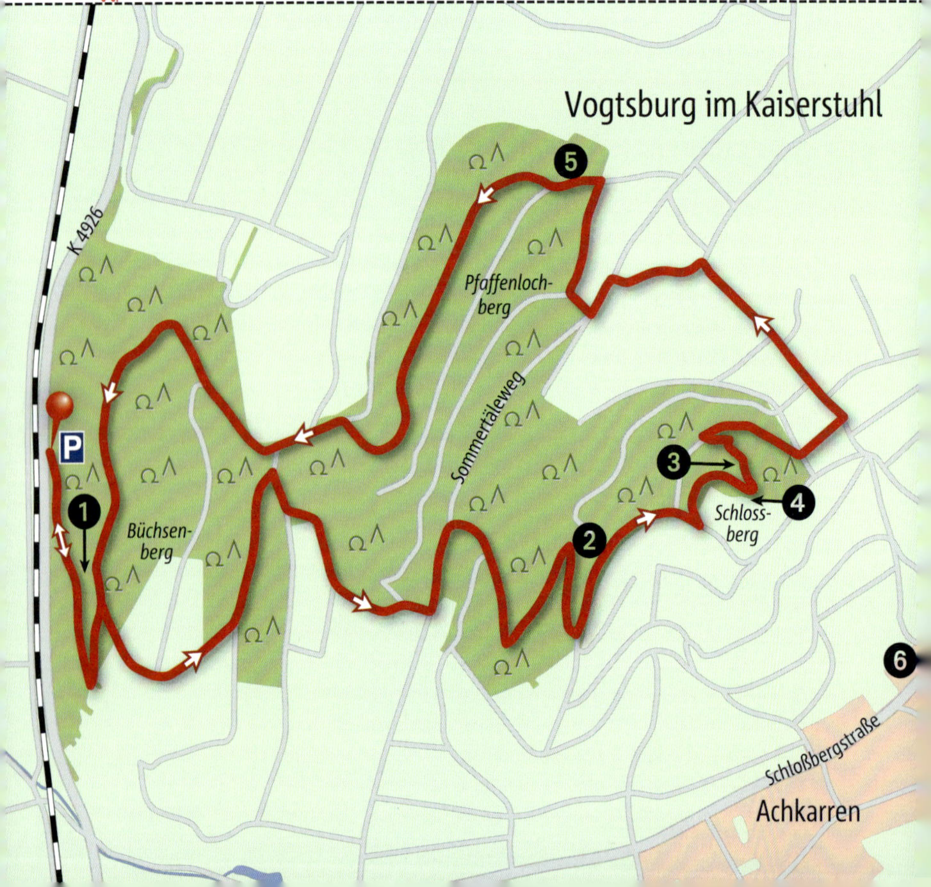

Alles auf einen Blick

WIE & WANN:
Leicht begehbare Wege, teils steilere Abschnitte, beste Wanderzeit von März bis Oktober, besonders schön in Frühjahr, wenn der Diptam blüht.

HIN & WEG:
Auto: Wanderparkplatz unterhalb des Büchsenbergs, an der Straße zwischen Achkarren und Niederrotweil (GPS: 48.071316, 7.606763)

Entspannungsfaktor ★★★★☆
Genussfaktor ★★★★★
Romantikfaktor ★★★★☆

ÖPNV: nicht direkt erreichbar mit ÖPNV

ESSEN & ENTSPANNEN:
Restaurant Achkarrer Krone ❻ Schloßbergstraße 15–17, 79235 Vogtsburg-Achkarren, Tel. (0 76 62) 9 31 30, hotel-krone-achkarren.de

ENTDECKEN & ERLEBEN:
Flaumeichenwald ❶
Steinbruch Ritterfelsen ❷
Schlossberggipfel ❸
Lourdes-Grotte ❹
Pfaffenlochberg ❺

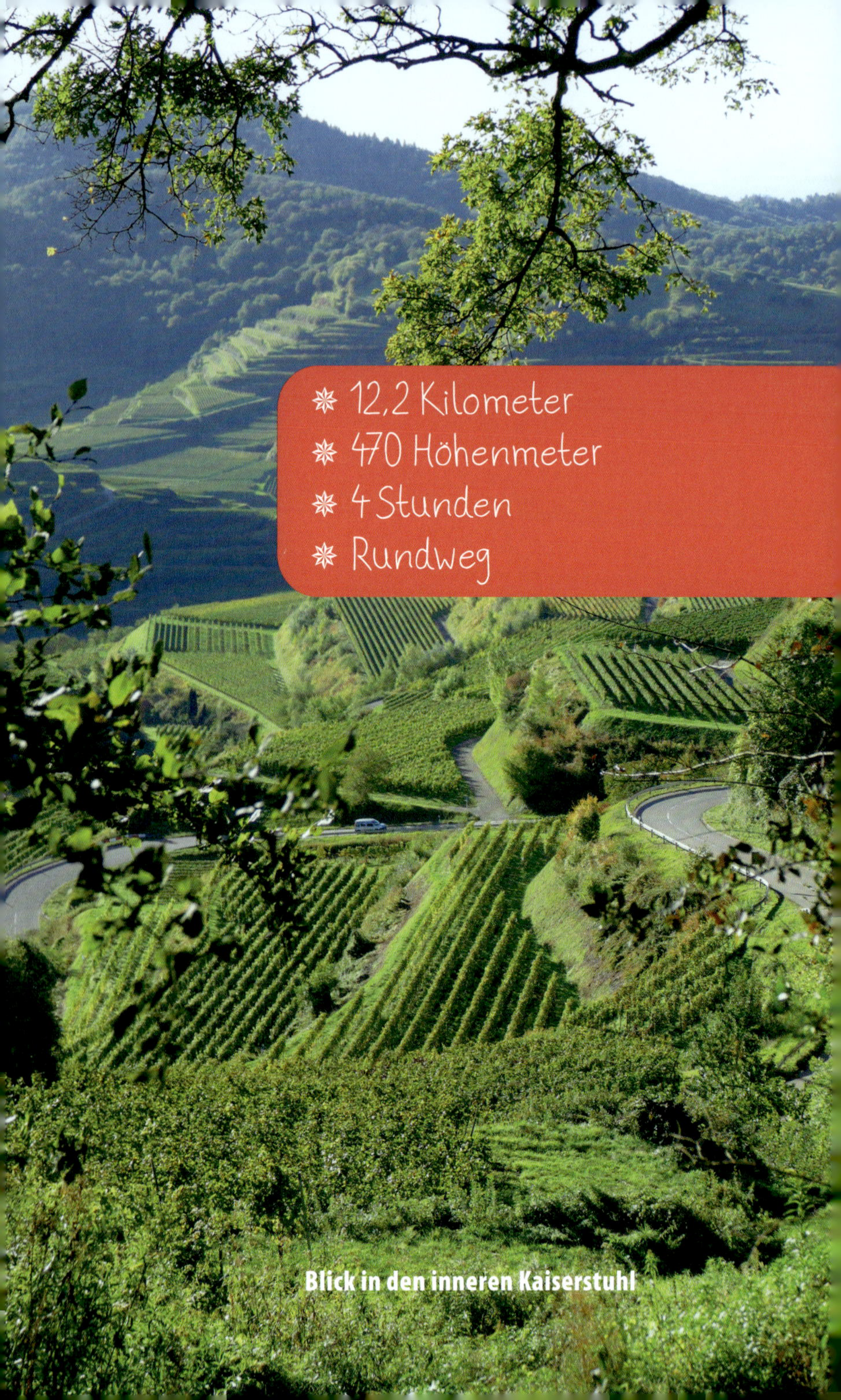

Blick in den inneren Kaiserstuhl

Wir starten unsere Wanderung an der Turn- und Festhalle in der **Schulstraße** in **Oberbergen.** Hier finden wir schon die ersten Wegweiser in Richtung Schelinger Viehweide, die unser erstes Zwischenziel sein wird. Wir gehen in westlicher Richtung, folgen dem **Ruländerweg,** bis wir auf den **Hessentalweg** stoßen. Von

Auf dem Kamm

Große Runde über Oberbergen

nun an geht es durch ebendieses Tal links hinauf. Zunächst wandern wir auf einer eher tristen Straße bergan, dann aber verraten die ersten kleinen Apfelbäumchen am Wegesrand, dass wir uns dem kleinen Paradies nähern, das am Ende des Tales auf uns wartet: die **Schelinger Viehweide ①.** Ein kleiner Hof mit wunderbarem Bauerngarten und einer großen Weidefläche. Bald laufen uns die ersten Pfauen über den Weg, und ein Marktstand präsentiert die Angebote der Saison: Apfelsaft und Honig, Obst und Walnüsse, daneben Nandu-Eier und Kerzen. Wenn die Bauersleute zu Hause sind, bedienen sie die Wanderer gern, ansonsten wirft man das Geld einfach in die Kasse. Mit ein paar Äpfeln als Proviant im Gepäck setzen wir unseren Weg fort. Jetzt geht es steil bergauf, am Waldrand entlang. Schließlich gelangen wir an ein hölzernes Tor, das wir passieren und somit mitten durch eine Weide weiterspazieren. Langbeinige Nandus laufen vorüber, am steilen Hang weiden Pferde und Schafe. Unterwegs klären uns Informationstafeln über die Geschichte der Viehweide auf. Heute betreiben ein Verein und die beiden Bewirtschafter hier wieder eine Landwirtschaft, die nachhaltig ist. Sorgsam wird mit dem Boden umgegangen. Nur wenige Tiere sind auf einer weitläufigen Alm zu Hause. Es wird weder gedüngt, noch gesät. Dadurch entsteht ein Magerrasen, der vielen Tieren und Pflanzen eine Heimat bietet. Eine unglaubliche Artenvielfalt, die es sonst selten gibt: Die Italienische Schönschrecke lebt hier und die Braunfleckige Beißschrecke, Mondhornkäfer und Stierkäfer, außerdem gedeihen seltene Pflanzen wie Filzkraut und Feldmannstreu. Arten, die ausgerottet schienen, als die Flächen durch Beweidung und Futtergewinnung intensiv genutzt und gedüngt wurde. Durch diese ursprüngliche Art der Bewirtschaftung ist hier ein Ort entstanden, der einem kleinen Garten Eden gleicht. Und das macht auch etwas mit uns. So nah sind wir der Natur hier – und so fern dem oft stressigen Alltag.

*Die **Italienische Schönschrecke** gehört zu den Feldheuschrecken. Obwohl die sehr wärmeliebende Art in Deutschland besonders Anfang der 1930er- und 1950er-Jahre noch so zahlreich vorkam, dass sie fast als Plage galt, ist sie heute hierzulande vom Aussterben bedroht.*

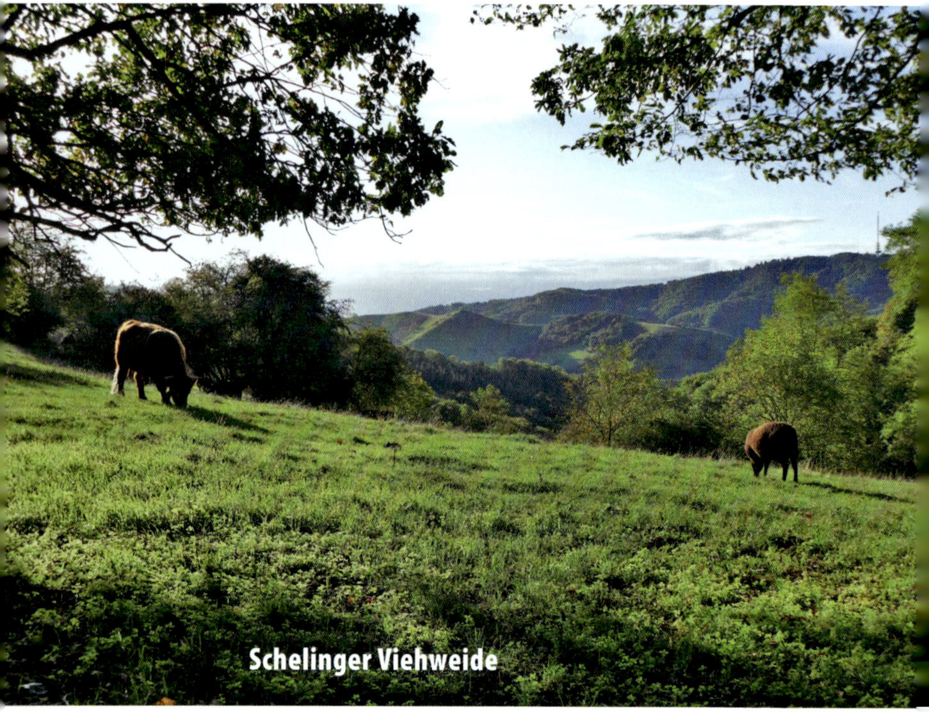

Schelinger Viehweide

Mit vielen frischen Eindrücken und neuem Wissen im Gepäck erreichen wir schließlich den Kamm, der sich in westöstliche Richtung durch den Kaiserstuhl zieht und dem wir nun folgen wollen. Auf dem **Katharinenpfad** geht es zum Kiechlinsberger Eck – zunächst entlang des Weidezaunes. Und das ist ein echter Traumpfad. Die Bäume strecken ihre knorrigen

Für die Seele

Sonnenverwöhnte Rebhänge, kühle Wälder, eine einzigartige Tier- und Pflanzenwelt und atemberaubende Ausblicke: Auf dieser Runde erleben wir den Kaiserstuhl in seiner ganzen Vielfalt.

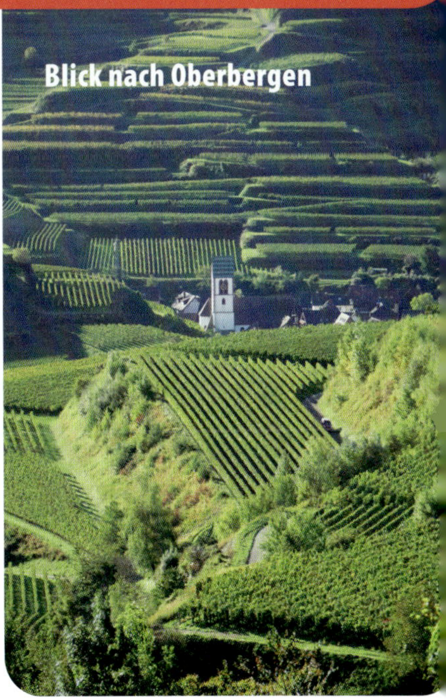
Blick nach Oberbergen

Äste über den Weg, Wurzeln winden sich über den Waldboden. Zu unserer Linken breitet sich das Hessental aus, und unter den Streuobstbäumen weiden Hochlandrinder und Wiltshire-Horn-Schafe. Dieser Pfad ist wahrlich einer der wunderbarsten im ganzen Kaiserstuhl.

Nachdem wir eine ganze Weile am Waldrand unterwegs waren, führt unser Pfad nun weiter in den Wald hinein und bald darauf sehr steil bergab. Vorsicht, hier besteht Rutschgefahr, insbesondere, wenn der Boden vom Regen feucht geworden ist. Auf ebenem Weg geht es dann weiter zum **Kiechlinsberger Eck** 2. Und hier ist eine Pause angesagt: So herrlich blickt man von der Bank am Waldrand in das Herz des Kaiserstuhls. Rebterrassen zeichnen ihre Linien in die Hänge. Gegenüber erhebt sich der Totenkopf und vom Tal her leuchtet das grünschimmernde Dach der Pfarrkirche St. Mauritius in Oberbergen herauf.

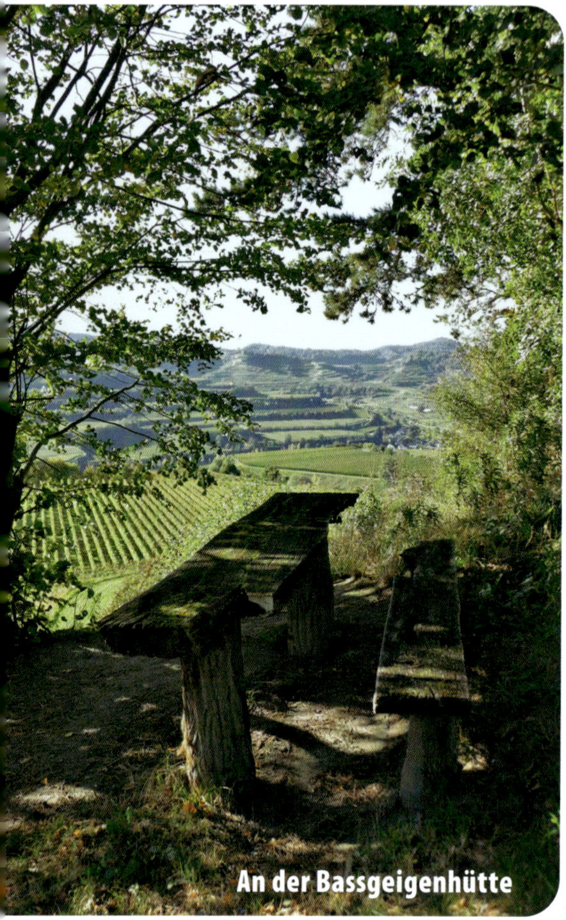

An der Bassgeigenhütte

Nach unserer Rast überqueren wir die Straße zwischen Oberbergen und Kiechlinsbergen und wandern weiter am Kamm entlang, wieder mit herrlichem Blick nach Süden. Wie eine riesenhafte Schlange windet sich die Straße den Berg hinauf. Kein Wunder, dass die Einheimischen diesen Anstieg **Texaspass** nennen. Schließlich verlassen wir den Katharinenpfad für einen Abstecher zur **Bassgeigenhütte** ③ und genießen vor dem Panorama des Inneren Kaiserstuhls unser Vesper, um dann gestärkt weiter und hinüber zur Mondhalde zu wandern.

Zunächst aber passieren wir den Geißensee – wenn er denn da ist. Obwohl auf dem Kamm gelegen, bildet sich hier ab und an ein Tümpel aus Druckwasser. Warum, weiß man bis heute nicht genau. Sicher aber ist, dass das Wasser einmal als Ziegentränke genutzt wurde.

Wir wandern weiter am Waldrand entlang, zu unserer Linken haben wir nun die sanfte Rundkuppe des Badbergs im Blick. Bald führen uns einige Stufen hinunter zur äußersten Spitze dieses Kaiserstuhlhauptkamms: zum Pavillon auf der **Mondhalde** ④. Ein hinreißendes Panorama breitet sich zu unseren Füßen aus – man blickt über die westlichen Kaiserstuhlorte bis hinüber zu den Vogesen. Bei klarem Wetter kann man im Süden sogar den Schweizer Jura erkennen. Die Aus-

Weil eines der Rebstücke von oben betrachtet die Form einer ***Bassgeige*** *hat, erhielt das Weinbaugebiet von Oberbergen diesen Namen. Die wunderbar vielfältigen Weine der Winzergenossenschaft Oberbergen kann man bei einer Verkostung probieren.*

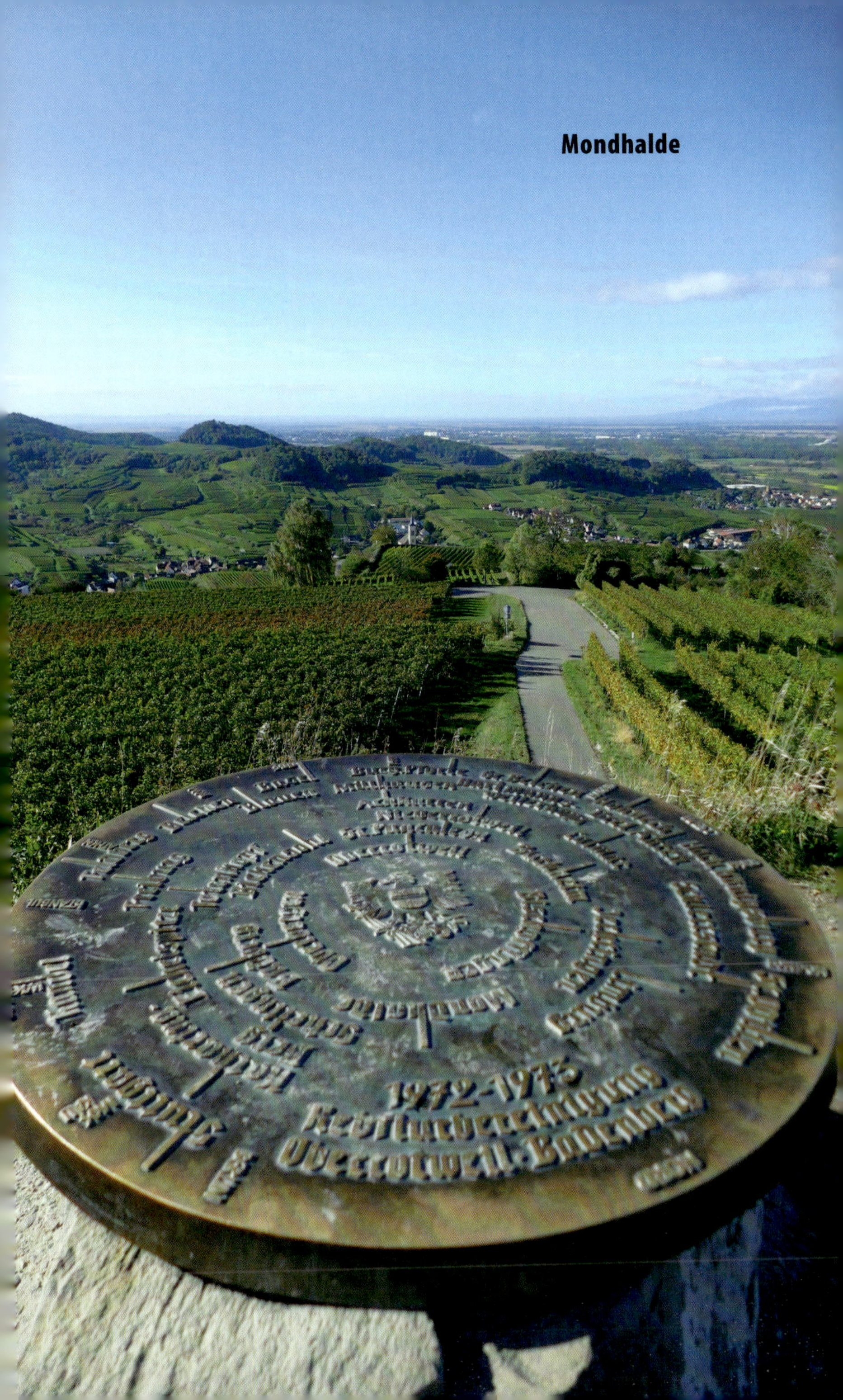
Mondhalde
1972-1973

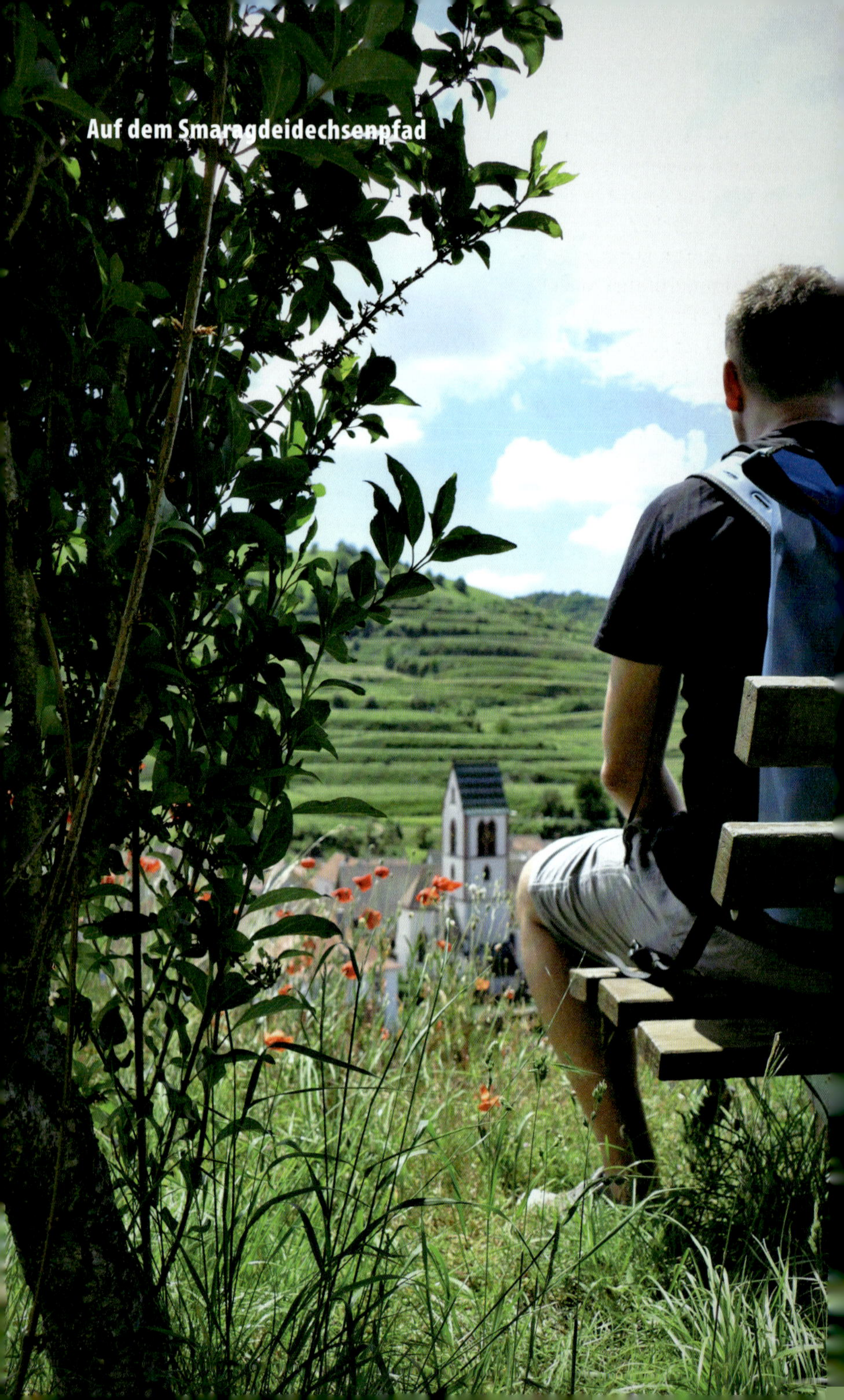
Auf dem Smaragdeidechsenpfad

sicht ist so schön, dass man diesen Ort selten für sich allein hat. Tagsüber finden sich Wanderer und Ausflügler mit dem Auto ein, abends genießt man hier bei einem Fläschchen Wein den wunderbaren Moment, wenn die Sonne hinter den Vogesen versinkt und sich der Himmel orangerot färbt.

Vom Pavillon aus treten wir nun unseren Rückweg an und wandern zunächst den gleichen Weg bis zum Wegpunkt Mondhalde zurück. Dort verlassen wir den Katharinenpfad und steigen die geteerte Straße nach Oberbergen hinunter, wieder die weiche Wiesenkuppe des Badbergs im Blick. Wir wählen den Weg über die **Kiechlinsberger Straße.** Sobald wir sie überquert haben, erreichen wir am Dreschschopf den **Smaragdeidechsenpfad** ❺. Dieser wunderbare Weg soll uns nun zurück zu unserem Ausgangspunkt führen. Während es auf dem schattigen Kaiserstuhlkamm über uns noch relativ kühl war, können wir an diesem Südhang den Sommer spüren. Die Sonne brennt, das frisch gemähte Gras verströmt schon den Duft von Heu. Auf diesem aufgeheizten Boden fühlt sich ein Tier besonders wohl: die wunderschöne türkisgrün schimmernde Smaragdeidechse. Wir setzen unsere Schritte vorsichtig, treten behutsam auf, um nur niemanden zu erschrecken und lassen unsere Augen über die Böschungen wandern. Und tatsächlich entdecken wir sie! Ein blau-grünes Köpfchen lugt plötzlich zwischen trockenen Grashalmen hervor. Für die wärmeliebenden Tiere bietet ein Weinberg wie dieser in Oberbergen beste Bedingungen. Er ist trocken und sonnenverwöhnt und hält im Bewuchs der Böschungen genügend Verstecke bereit. Kein Wunder, dass sich die Smaragdeidechse hier wohlfühlt. Die Wärme des Weinbergs nutzen die Smaragdeidechsen übrigens nicht nur, um sich selbst zu sonnen. Sie lassen

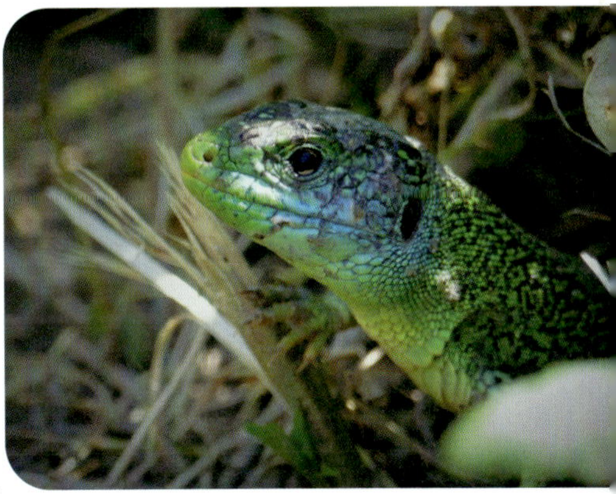

*Der **Smaragdeidechsenpfad** Oberbergen ist ein Lehrpfad mit einer Länge von gut 2 Kilometern, der selbstverständlich auch separat begangen werden kann und sich gut für eine Wanderung mit Kindern eignet. Der Startpunkt befindet sich am Ruländerweg.*

sich hier sogar von der Sonne beim Ausbrüten der Eier helfen. Der Kaiserstuhl ist eines von ganz wenigen Gebieten in Deutschland, wo diese größte Eidechsenart zu Hause ist.

Voller Freude, dass wir eines dieser seltenen Tierchen entdeckt haben, wandern wir auf dem Smaragdeidechsenpfad zurück in den Ort und kommen direkt am Schulhaus wieder heraus. Mit vielfältigen Eindrücken im Gepäck lassen wir nun in der **Vogelstrauße 6** unsere Wanderung Revue passieren, verwöhnen uns mit einem deftigen Flammkuchen und machen anschließend einen Abstecher zum **Weingut Franz Keller 7**, wo wir nicht nur etwas über die Weinherstellung erfahren, sondern auch einen der ausgezeichneten Tropfen erstehen können.

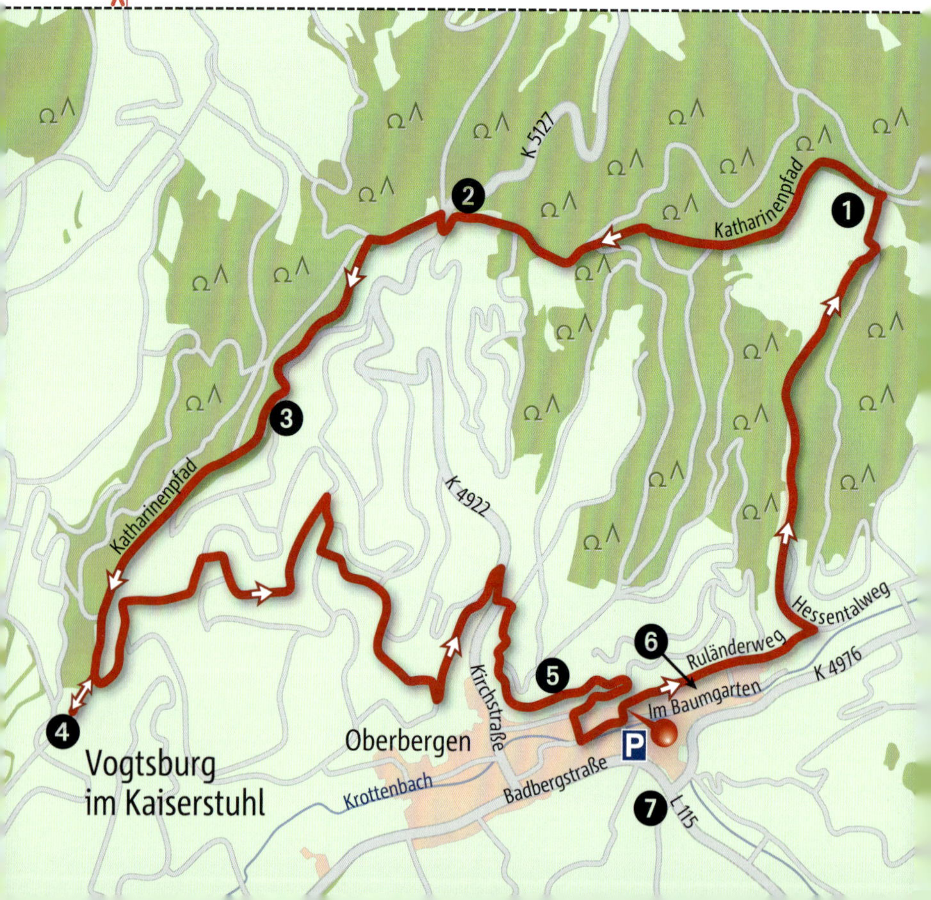

Alles auf einen Blick

WIE & WANN:
Breite Wanderwege und schmalere Pfade wechseln sich ab, teils steile Abschnitte. Ideale Wanderzeit von April bis November. Wer Smaragdeidechsen entdecken möchte, macht sich am besten im Mai oder Juni auf den Weg.

Entspannungsfaktor ✱✱✱✱☆
Genussfaktor ✱✱✱✱✱
Romantikfaktor ✱✱✱✱✱

HIN & WEG:
Auto: Parkplatz an der Turn- und Festhalle, Schulstraße 28,
79235 Vogtsburg-Oberbergen (GPS: 48.097001, 7.660247)
ÖPNV: Buslinie104 von Breisach Bahnhof bir Oberbergen Badherbergstraße

ESSEN & ENTSPANNEN:
Vogelstrauße ❻ Ruländerweg 7 a, 79235 Vogtsburg-Oberbergen,
Tel. (0 76 62) 8 02 71, weingut-vogel.com
Weingut Franz Keller ❼ Badbergstraße 44, 79235 Vogtsburg-Oberbergen,
Tel. (0 76 62) 93 30-0, www.franz-keller.de

ENTDECKEN & ERLEBEN:
Schelinger Viehweide ❶
Kiechlinsberger Eck ❷
Bassgeigenhütte ❸
Mondhalde ❹
Smaragdeidechsenpfad ❺

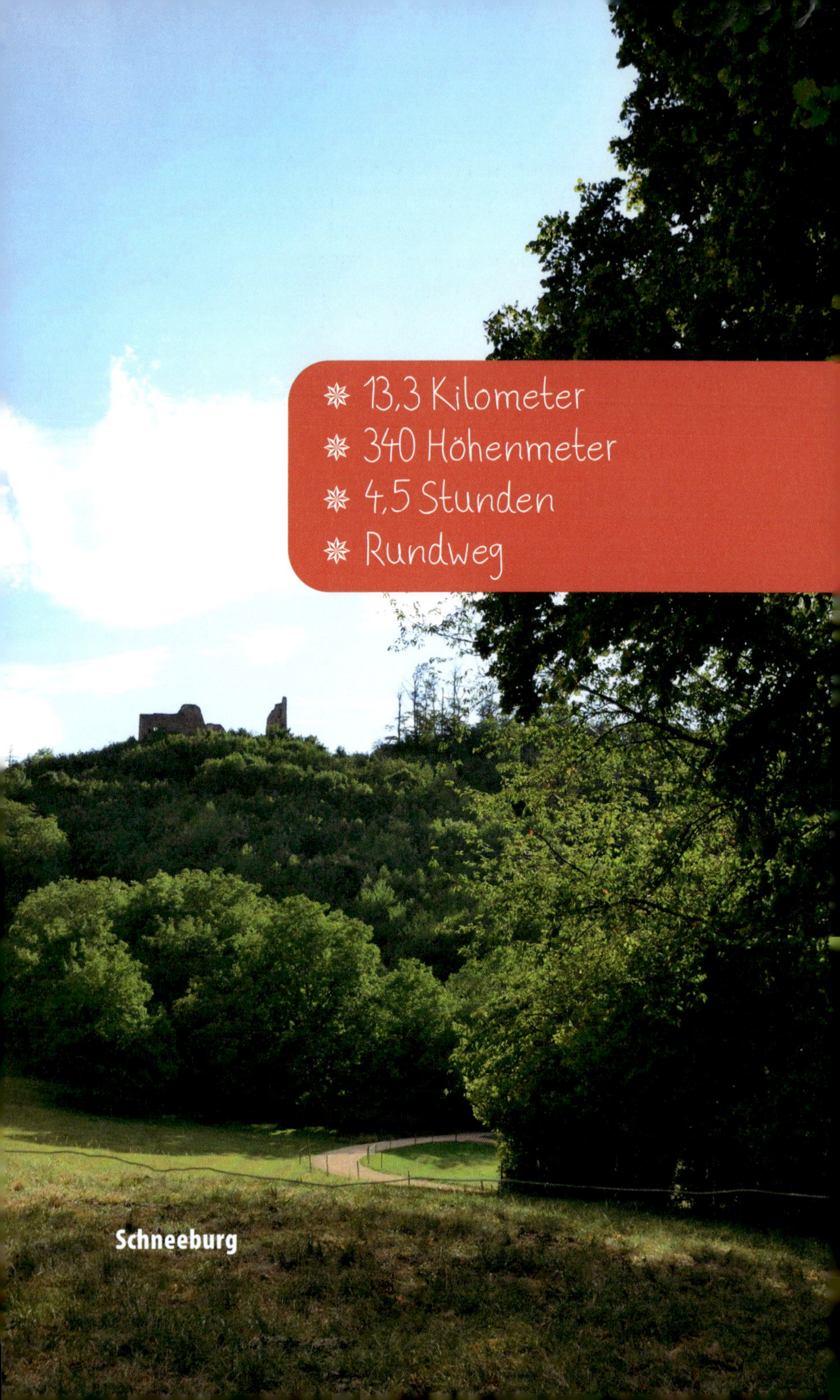

13,3 Kilometer
340 Höhenmeter
4,5 Stunden
Rundweg
Schneeburg

Wir beginnen unsere Tour im Freiburger Stadtteil **Vauban,** genauer: an der Endhaltestelle der Straßenbahnlinie 3, der **Innsbrucker Straße.** Es bietet sich an, mit der Straßenbahn anzureisen, Parkplätze sind schwer zu finden. Und das ist so gewollt: Der Stadtteil gilt als der innovativste und grünste von Freiburg. Er

Hoch über Freiburg

Schneeburg und Berghauser Matten

ist teilweise autofrei und beherbergt zahlreiche Plusenergiehäuser, darunter das Heliotrop, ein Solargebäude, das sich mithilfe eines Drehmechanismus immer der Sonne zuwendet.

Von der Tramstation gehen wir die Innsbrucker Straße hinauf bis zur Ecke **Zwiegerackerweg** und dann links in einen Weg hinein, der uns zwischen Streuobstwiesen hinauf auf den **Schönberg** führt. Der Schönberg ist ein grünes Paradies direkt in Stadtnähe. Als Vogelschutzgebiet beherbergt er selten gewordene Vögel wie Zaunammer und Grauspecht, die sich auf den ökologisch bewirtschafteten Streuobstwiesen wohlfühlen. Im Schutz der Bäume gedeihen Kartäusernelken und Wiesenpippau, Ehrenpreis und Orchideen.

Unseren Weg säumen nun Schlehensträucher, Mirabellen-, Quitten- und Zwetschgenbäume. Im Frühling verzaubern sie mit zarten weißen und rosa Blüten, im Herbst verlocken sie mit prallen Früchten und bunten Blättern. Zunächst wandern wir in Richtung **Jesuitenschloss 1,** das wir bald in südlicher Richtung am Hang erblicken. Wo der Weg eine Links-

Der Freiburger Stadtteil Vauban entstand auf dem Gelände einer ehemaligen Wehrmachtskaserne, die ab 1937 hier errichtet wurde. Nach Kriegsende zog die französische Armee ein und benannte die Kaserne nach dem französischen Festungsbaumeister Vauban.

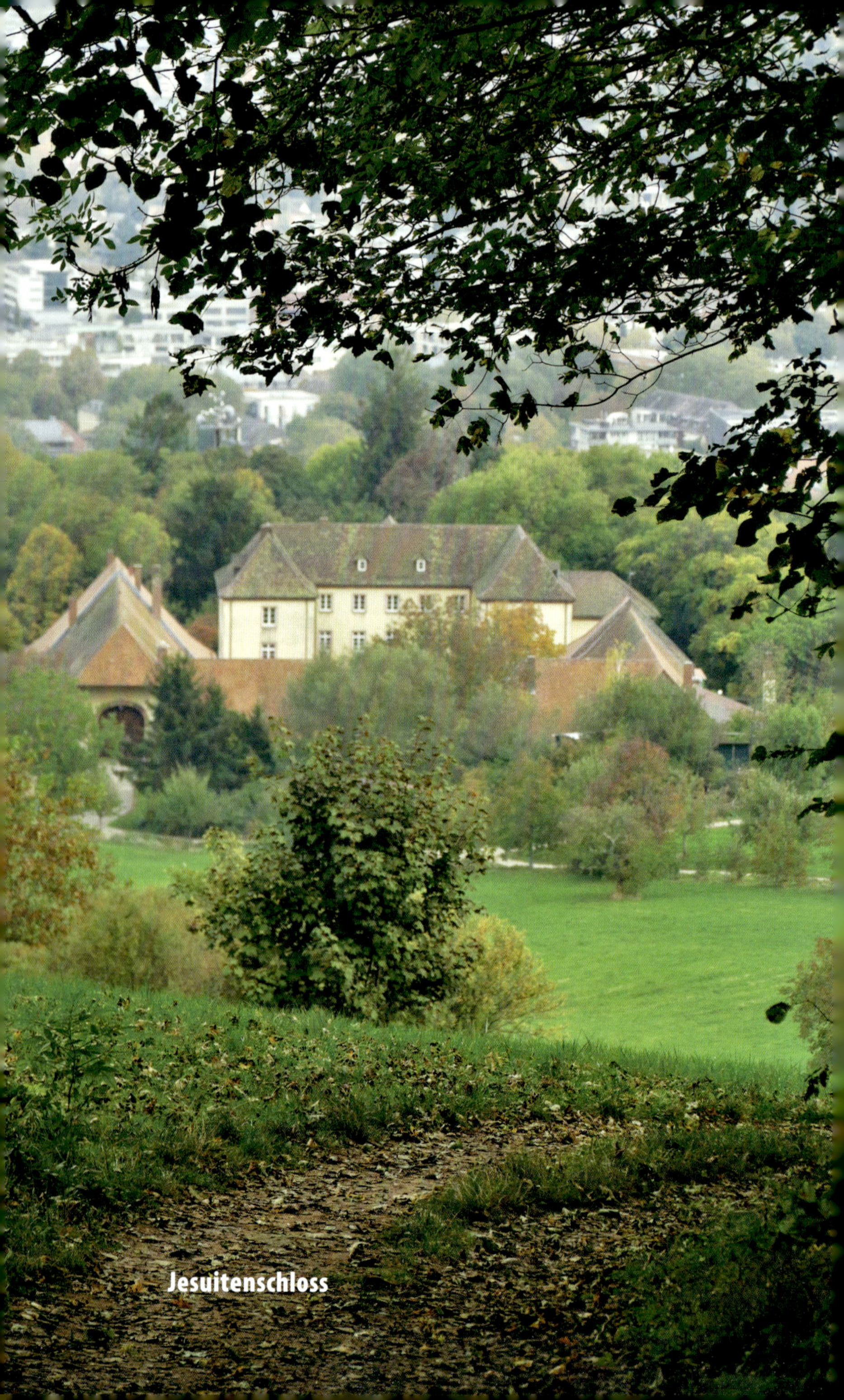

Jesuitenschloss

kurve hinauf zum Schloss macht, wenden wir uns noch einmal nach rechts und wandern auf einem schmalen Pfad über die wunderbaren Blütenwiesen des Schönbergs. Bald führt uns dieser Pfad hinauf an den Waldrand, und wir erreichen auf gleicher Höhe das Jesuitenschloss. Einst war das Anwesen Heimat der Jesuiten, heute ist das Stiftungsweingut Freiburg

Für die Seele

Knorrige Obstbäume, weite Wiesen und eine bunte Blütenvielfalt säumen unseren Weg um den Schönberg, und von der Schneeburg genießen wir einen fantastischen Blick in die Rheinebene.

hier zu Hause. Oberhalb des Schlosses führt unser Weg weiter nach Süden. An der Wegmarke **Dreschkopf** biegen wir rechts ab und folgen von nun an den Schildern zur Berghauser Kapelle. Gezwitscher und Geraschel umgeben uns in den Hecken am Wegesrand. Unser Pfad führt stetig bergauf, da kommt das Bänkchen, schattig im Schutz der Hecke gelegen, gerade recht. Während wir ausruhen, genießen wir die Aussicht hinunter ins **Hexental** und auf die gegenüberliegenden Wiesen, wo ein Schäfer seine Schafherde weiden lässt. Ein wahrer Ort, um die Seele baumeln zu lassen. Während wir den Aufstieg wieder in Angriff nehmen, zeigen sich einige der fleißigsten Bewohner des Schönbergs: Unzählige Eichelhäher fliegen vorüber und verschwinden im Geäst der Bäume.

Das Hexental trennt den Schönberg vom Schwarzwald. Die Tallandschaft wurde durch die Hauptbruchzone des Oberrheingrabens gebildet. Hexen sind übrigens nicht anzutreffen. Der Name des Tals leitet sich von Hagstal ab; Hag ist ein mit Hecken eingefriedetes Gelände.

Im Wald am **Gaisberg** führt uns der Weg nach links. Bald erreichen wir den Kopfacker, gegenüber erblicken wir die Höhen des Schwarzwalds. Rechts könnten wir schon zum Schönberger Hof und zum Schönberggipfel abbiegen; das Gasthaus aber wollen wir erst später aufsuchen, und den bewaldeten Schönberggipfel lassen wir rechts liegen. Wir wandern stattdessen weiter südwärts zum Naturschutzgebiet **Berghauser Matten** 2 und zur gleichnamigen Kapelle. Zunächst führt unser Weg durch den Wald, öffnet sich dann aber, und ein wunderbares Wiesenidyll tut sich vor uns auf. Im hohen Gras gedeihen Kartäusernelken und Wiesensalbei, bisweilen ragen langstielige Orchideen wie der Ohnsporn oder das Rote Waldvöglein hervor. Neuntöter und Dorngrasmücke sind hier zu Hause. Wildbienen und Fledermäusen dienen die Stämme der alten Obstbäume als Nistplatz, mitunter wohnt sogar ein Steinkauz darin. Das war nicht immer so. Wo heute unzählige Blüten um die Wette leuchten, sind bis in die 1990er-Jahre französische Soldaten marschiert. Hier lag der Truppenübungsplatz der Kaserne Vauban.

*Als Heckenbrüter findet der **Neuntöter** am Schönberg ideale Bedingungen. Seinen skurrilen Namen verdankt er der Tatsache, dass er erbeutete Insekten gerne auf Dornen oder spitze Zweige spießt.*

Auf einem sanften Wiesenweg erreichen wir den Südhang des Schönbergs, unser Blick reicht nun von den Schwarzwaldbergen bis weit ins Rheintal hinein. Wir gelangen auf einen breiten Fahrweg, auf dem wir zu einem kleinen Abstecher hinunter zur **Berghauser Kapelle** 3 wandern. Sie liegt als wunderhübsches Kleinod in dieser Senke oberhalb von Ebringen. Dabei sollte das Kirchlein mehrfach abgerissen werden. Unter anderem war die Kapelle im Jahr 1940 im Weg, als hier ein Truppenübungsplatz der Wehrmacht angelegt werden sollte. Der Ebringer Pfarrer Ludwig Schenkel aber kämpfte so unermüdlich bei den Behörden um den Erhalt, dass er letztlich Erfolg hatte. Heutzutage können sich Brautpaare in dieser wunderbaren Kulisse das Jawort geben. Nach einer kurzen Rast an der Kapelle steigen wir den gleichen Weg wieder hinauf und wandern nun dem **Schönberger Hof** 4 entgegen. Ein anstrengender Aufstieg auf steinigem Weg. Dafür aber können wir uns mit einem feinen Essen im Gasthaus belohnen. Auf der Gartenterrasse genießen wir nicht nur ein herzhaftes Vesper, sondern auch einen großartigen Ausblick.

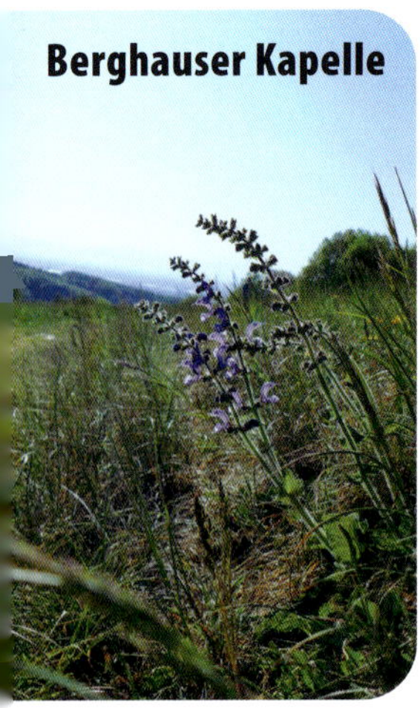

Noch weiter wollen wir nun hinauf und gehen dazu ein Stück des Weges zurück. Inmitten der Kuhweiden führt der Pfad hinüber zur **Ruine Schneeburg** 5. Ein

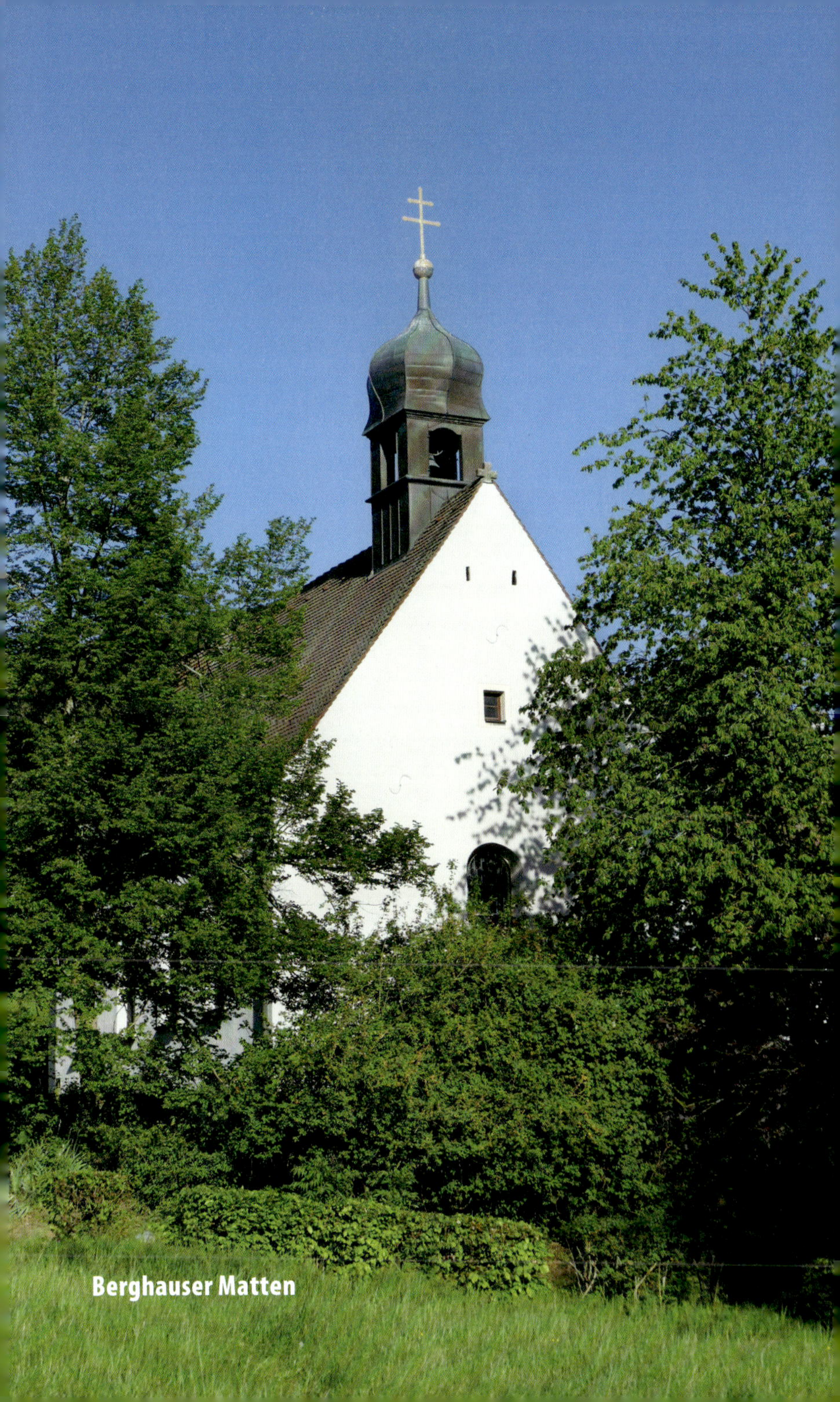
Berghauser Matten

steiler, teils rutschiger Steig führt die letzten Meter hinauf; da heißt es, jeden Schritt mit Bedacht setzen. Dann aber stehen wir mitten in den Resten des Bergfriedes und genießen einen noch weiteren, noch erhabeneren Blick: Nach Norden hin öffnet sich das Panorama weit ins Rheintal und bis hinüber in die Vogesen. Unter uns wirken die mächtigen Freiburger Kirchtürme wie kleine Streichhölzlein. Auf 515 Metern über dem Meer liegt die Burg, die wohl von den Herren von Hornberg im 13. Jahrhundert hier erbaut wurde.

Nachdem wir die Ruine verlassen, ist es nicht ganz einfach, den Wanderweg Richtung Leutersberg und **Naturschutzgebiet Vogelsang** ⑥ zu finden. Zunächst fehlen die Schilder. Der urige Pfad liegt nördlich der Ruine und führt zwischen den Bäumen langsam bergab. Bald öffnet sich das Blätterdach, und wir können immer wieder einen Blick hinunter nach Freiburg werfen. Wir überqueren einen Forstweg und tauchen direkt gegenüber wieder in den Wald ein. Die gelbe Raute auf der Beschilderung führt uns westwärts. Sobald wir wieder eine breite Fahrstraße erreichen, wenden wir uns ganz kurz nach links, bevor wir in westlicher Richtung erneut in den Wald eintauchen. Der Weg zieht sich in einer Linkskurve bergab. Achtung! Nicht den ganz schmalen rechten Pfad wählen. Etwas spät kommt auch das Schild, dass dies der Weg nach Leutersberg ist.

Der Grauspecht ist ein naher Verwandter des Grünspechts und sieht ihm sehr ähnlich. Er ist aber matter gefärbt und hält sich meist verborgen. Während die Population des Grünspechts hierzulande kontinuierlich zunimmt, geht der Grauspechtbestand zurück.

Sobald wir den unteren Waldrand erreichen, wenden wir uns nach rechts dem Freiburger Stadtteil St. Georgen zu und wandern oberhalb des Weinbergs entlang. In der Ferne erhebt sich der Kaiserstuhl, unter uns breitet sich die Stadt aus. Zunächst sind die Gewerbegebiete zu sehen, doch bald kommt schon die hübsche Kirche von St. Georgen ins Blickfeld. Irgendwann gehen die Weinberge wieder in die typischen Streuobstwiesen des Schönbergs über. Der Weg führt auf einem kurzen Stück zurück in den Wald. An der T-Kreuzung biegen wir links ab und wandern hinunter nach **St. Georgen.** Vor uns ragt bald die Kirche

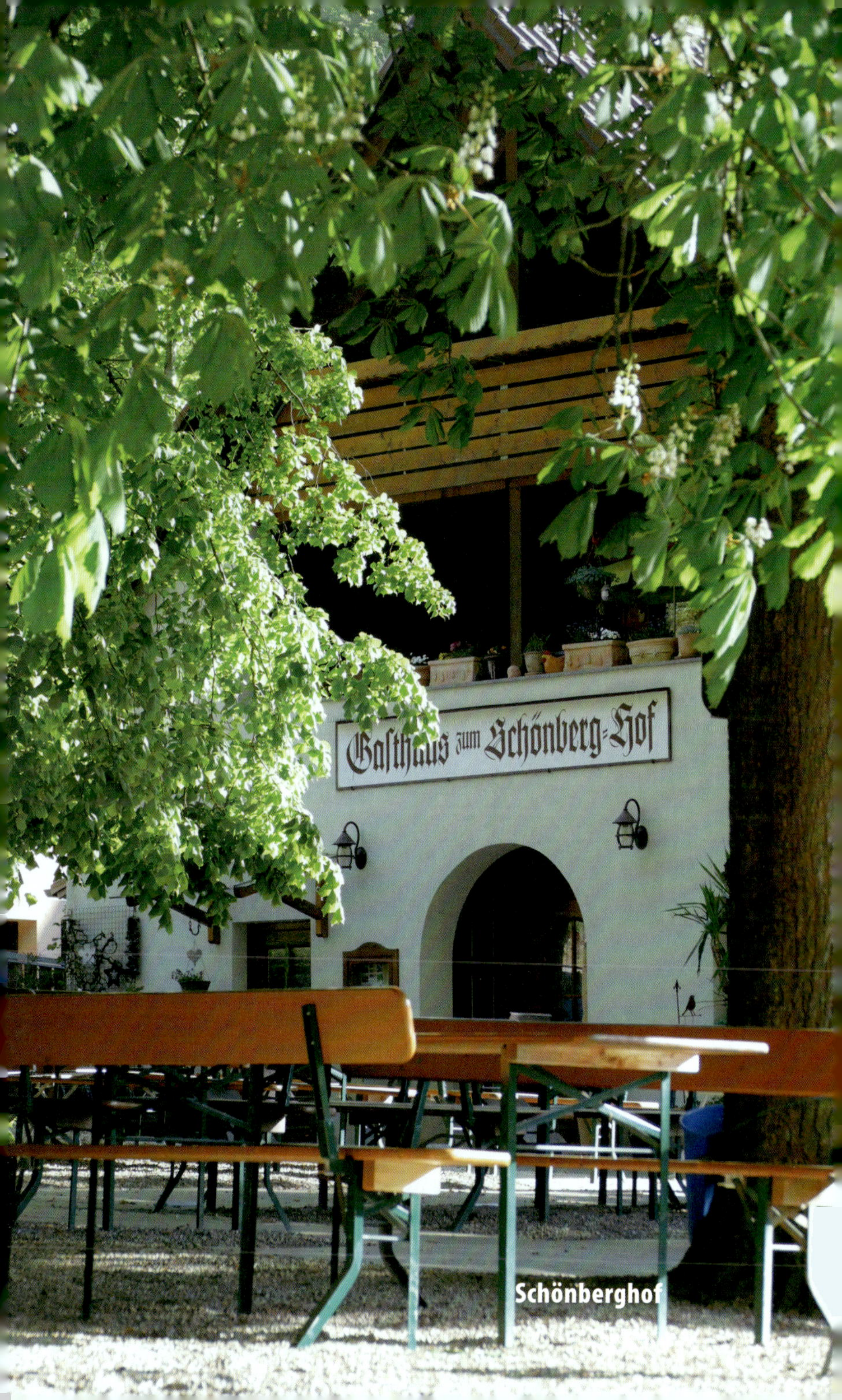

Schönberghof

St. Michael in Freiburg-Haslach auf. Weiter rechts erblicken wir das Münster, den Schlossberg, dahinter den Rosskopf und den Kandel. Aber auch der Blick nach rechts und links lohnt sich: Gar nicht so selten kann man hier den Grauspecht mit seinem gelb-grünen Gefieder entdecken.

Der Weg führt weiter bergab vorbei am Totengedenkstein. Sobald wir den **Zwiegerackerweg** erreichen, folgen wir ihm in westlicher Richtung und kehren zum Ausgangspunkt unserer Tour zurück. Wer noch Kraft und Lust hat, kann nun durch das Quartier Vauban spazieren, sich im **Eiscafé Limette** 7 eine der außergewöhnlichen Eissorten oder ein feines Stück Kuchen schmecken lassen und sich entspannt am Dorfbach niederlassen.

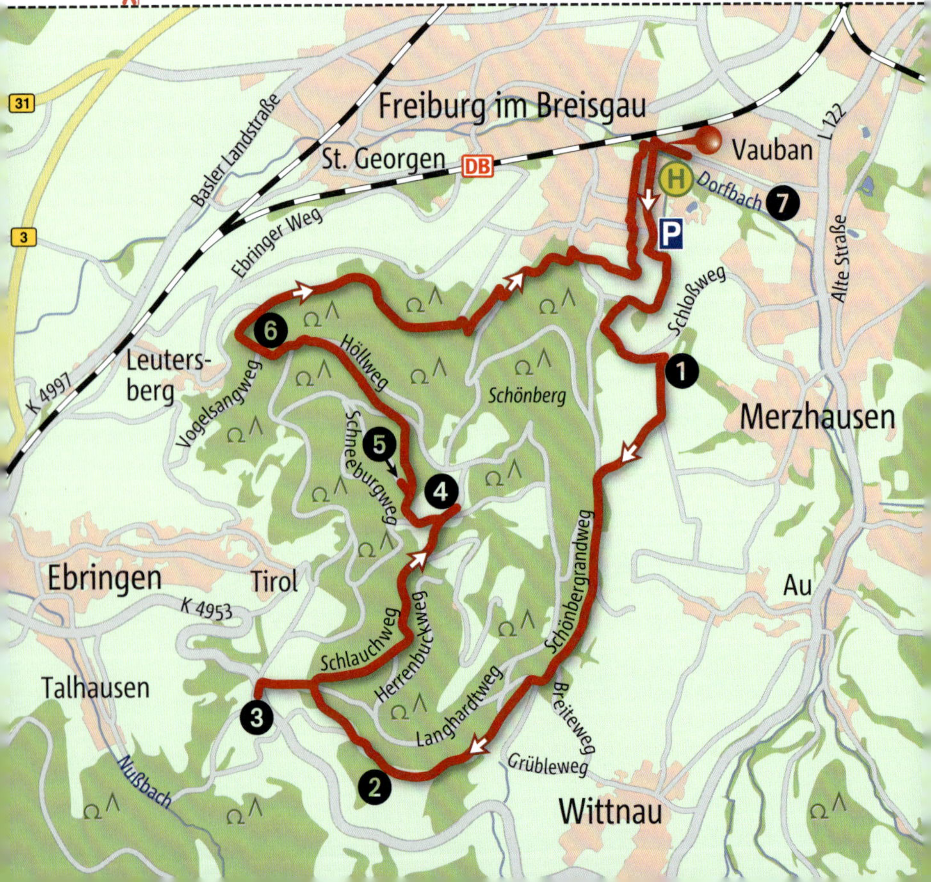

Alles auf einen Blick

WIE & WANN:
Überwiegend breite Wanderwege, beim Abstieg von der Schneeburg teils schmale Pfade; ganzjährig begehbar, besonders schön im Frühjahr zur Obst- und Orchideenblüte.

HIN & WEG:
Auto: Parkplätze entlang der Innsbrucker Straße oder dem Zwiegerackerweg, 79111 Freiburg (GPS: 47.971628, 7.815835)

Entspannungsfaktor ★★☆☆☆
Genussfaktor ★★★★★
Romantikfaktor ★★★☆☆

ÖPNV: Straßenbahn 3, Endhaltestelle Innsbrucker Straße

ESSEN & ENTSPANNEN:
Gasthaus Schönberghof ❹ Unterer Schönberghof 1, 79285 Ebringen, Tel. (0 76 64) 72 22, www.gasthaus-schoenberghof.de
Eiscafé Limette ❼ Vaubanallee 14, 79100 Freiburg im Breisgau, (07 61) 4 79 73 70, www.limette-freiburg.de

ENTDECKEN & ERLEBEN:
Jesuitenschloss ❶
Berghauser Matten ❷
Berghauser Kapelle ❸
Ruine Schneeburg ❺
Naturschutzgebiet Vogelsang ❻

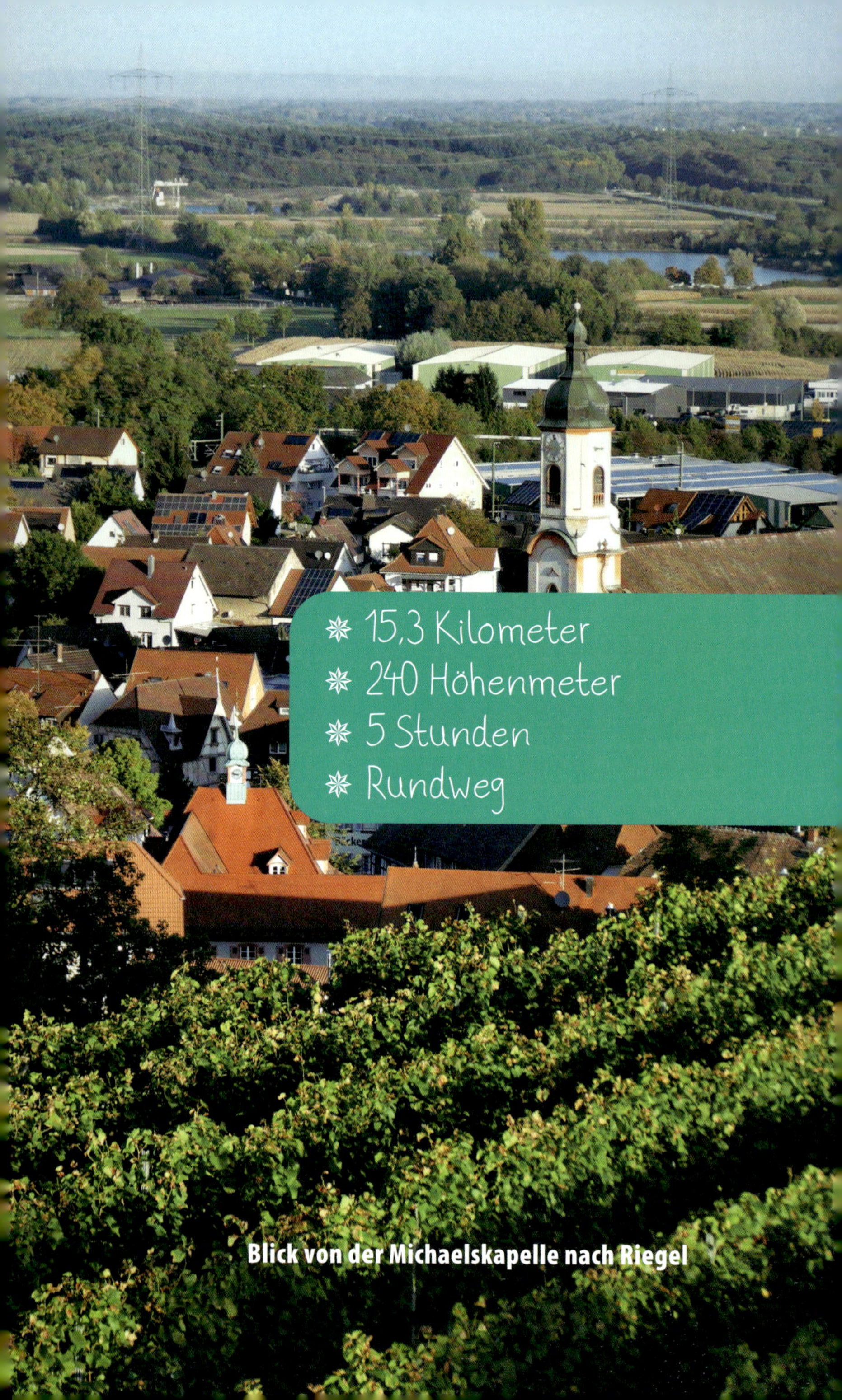

- 15,3 Kilometer
- 240 Höhenmeter
- 5 Stunden
- Rundweg

Blick von der Michaelskapelle nach Riegel

Wir beginnen unsere große Rundtour am **Bahnhof Riegel-Ort.** Hier beginnt der **Steinkauzpfad,** der an der östlichen Flanke des Kaiserstuhls verläuft und dem wir auf dieser Wanderung ein Stück weit folgen wollen. Wir gehen dazu auf der **Römerstraße** nach Osten, überqueren das Gleisbett auf der **Leopoldstraße** und nehmen direkt danach den Fußweg nach rechts zum **Elzdamm.**

Nun wandern wir unter Bäumen am Fluss entlang, Schwäne ziehen vorüber, ganz langsam schiebt sich das Riegeler **Brauereischloss** ① mit seinen Türmen und dem mächtigen Schlot ins Bild, bald erscheint oberhalb auch die Michaelskapelle. Ein wunderschöner Anblick. Wir gehen weiter bis zum Zusammenfluss

*Riegel hat eine Siedlungsgeschichte, die bis in die Jungsteinzeit zurückreicht. Bedeutung erlangte der Ort vor allem im 2. Jahrhundert, als er zu einem der wichtigsten rechtsrheinischen **Römerorte** wurde. Das Archäologische Museum Riegel zeigt Funde aus dieser Zeit.*

Genuss pur

Schlemmertour rund um Riegel

von Dreisam, Elz und Glotter, um das Ensemble von dort noch besser betrachten zu können. Hier braute ab 1875 die Brauereigesellschaft Meyer & Söhne das Riegeler Bier und entwickelte sich über die Jahre zur zweitgrößten Brauerei Badens. Heute gehört die Brauereigesellschaft zur Fürstlich-Fürstenbergischen Brauerei, das Riegeler Bier wird jetzt in Donaueschingen gebraut. Das Brauereischloss aber ist weiterhin ein Blickfang, inzwischen befinden sich Lofts und Geschäftsräume darin – und die **Kunsthalle Messmer.** Beeindruckende Skulpturen begrüßen uns schon vor dem Gebäude, im Innern wird Kunst des 20. und 21. Jahrhunderts gezeigt. Picasso und Dalí, Le Corbusier und Andy Warhol – Kunstsammler Jürgen A. Messmer

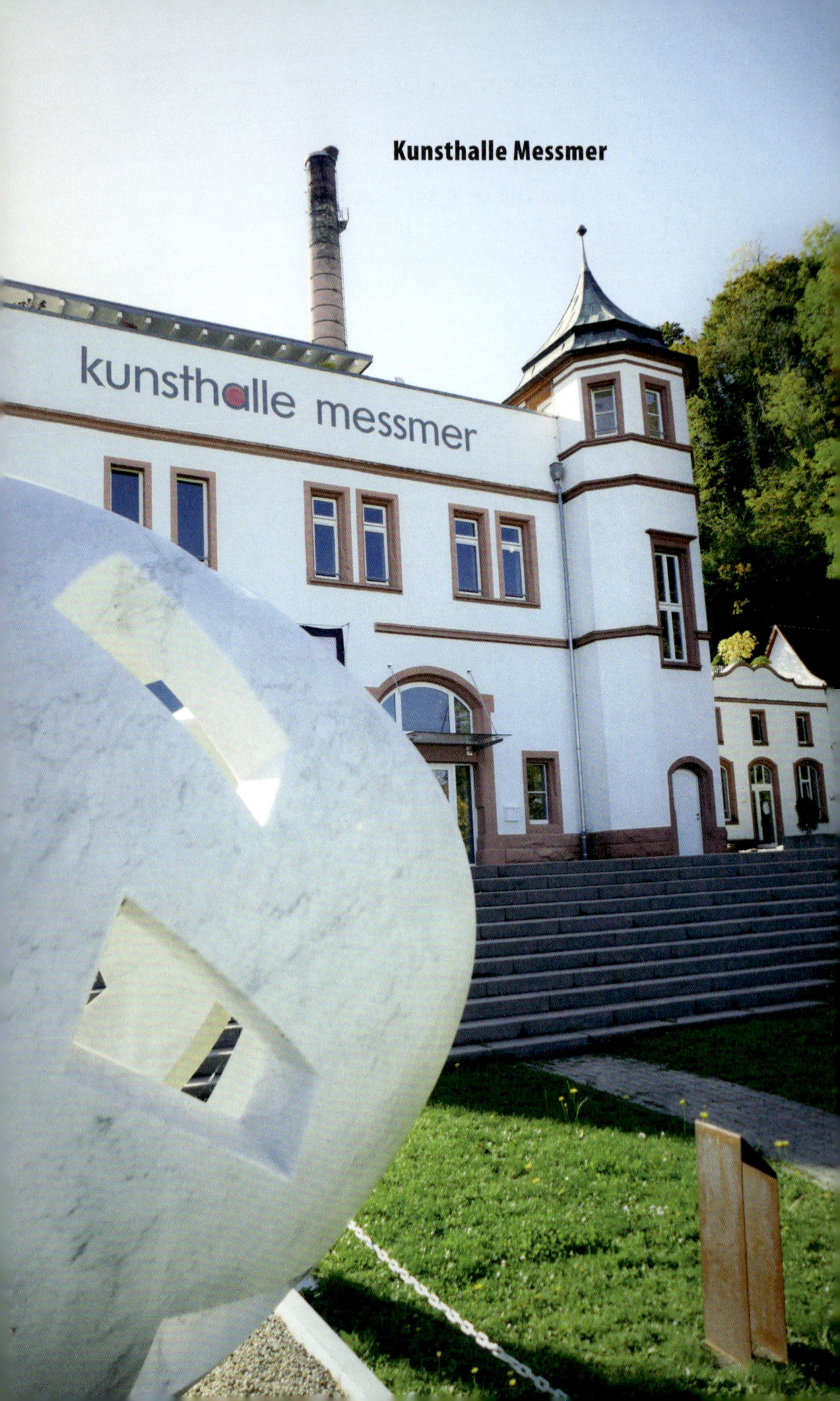

Kunsthalle Messmer

bringt in wechselnden Ausstellungen viele hochkarätige Kunstwerke nach Riegel.

Wir steigen nun westlich der Kunsthalle hinauf zur Michaelskapelle. In Serpentinen führt uns ein schmaler Pfad den bewaldeten **Michaelsberg** hinauf. Mit jedem Höhenmeter gewinnen wir Abstand vom Gewimmel der Fahrzeuge unten im Ort, der Blick weitet sich: Gegenüber, auf der anderen Talseite, entdecken wir die Ruine der Burg Lichteneck, und durch die Bäume erhaschen wir immer wieder einen Blick auf das hübsche Türmchen des Brauereischlosses, gen Norden bietet sich ein wunderbarer Panoramablick auf Riegel mit der katholischen Pfarrkirche St. Martin. Schließlich erreichen wir den Platz vor der **Michaelskapelle ②,** die als Burgkapelle zur 1356 zerstörten Burg

Für die Seele

Den Ruf des Steinkauzes im Ohr, den Geschmack eines guten Weines auf der Zunge und einen traumhaften Weitblick: Die Runde um Riegel bietet Genuss für alle Sinne.

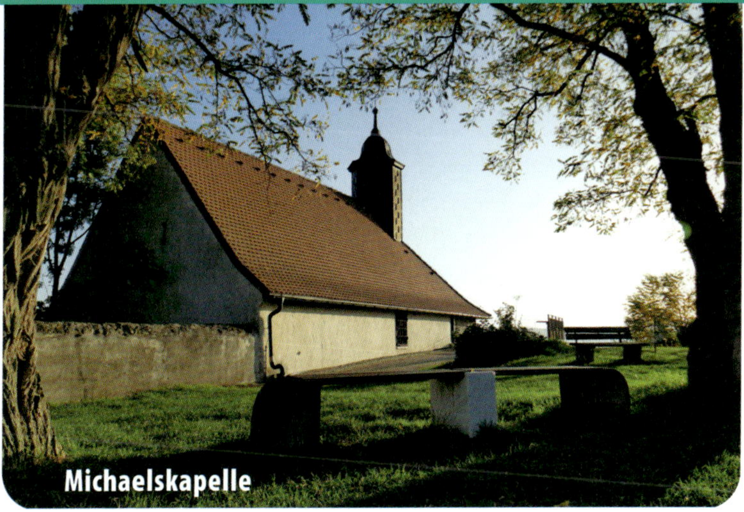

Michaelskapelle

Riegel gehörte, und genießen einen großartigen Rundblick vom Schwarzwald über die Rheinebene bis hin zu den Vogesen.

Von hier führt uns ein schmaler Weg in westliche Richtung hinunter in die Wolfsgrube. Auf diesem Sträßchen bleiben wir, bis wir auf die **Hauptstraße** treffen, in die wir links einbiegen. Sie führt uns geradewegs zu der **Erdskulptur Mutter Erde ③**. Die auf dem Boden liegende Skulptur aus Lehm bildet einen weiblichen Körper mit all seinen Rundungen nach. Künstlerin Jutta Stern und die Initiatoren wollten mit diesem „Denk-Mal“ zu einem feinfühligen Umgang mit Mutter Erde mahnen – durchaus angebracht am Kaiserstuhl, wo landwirtschaftliche Nutzung und der Erhalt der artenreichen Biotope immer wieder in Konflikt geraten.

Bahlingen

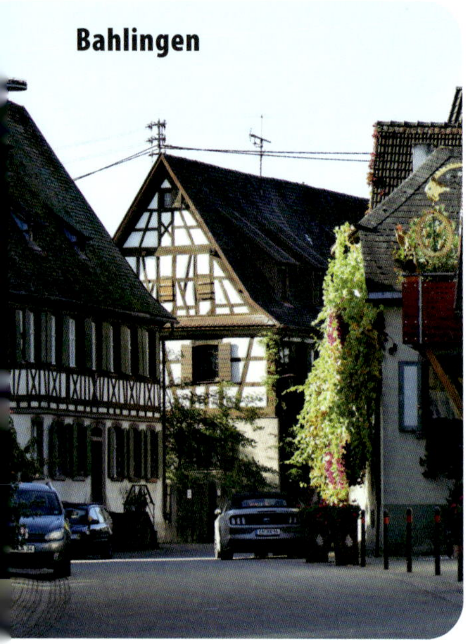

An der Kreuzung überqueren wir jetzt die Landesstraße **L116** und folgen dem Steinkauzpfad nach Süden. Bald schon tauchen wir mit ihm in den Hohlweg am **Dürleberg** ein, den der Mensch und die natürlichen Erosionskräfte über Jahrhunderte in den Boden gegraben haben. Bald erreichen wir eine Höhe, die uns bei guter Sicht erneut ein prächtiges Panorama von den Vogesen bis in den Schwarzwald bietet. Zu unserer Linken verläuft im Tal die Dreisam, schnurgerade und von Dämmen flankiert. Wie schön muss dieser Blick gewesen sein, als sich der Fluss vor der Begradigung hier ein verzweigtes Bett schuf, das sich ständig veränderte! Von der ursprünglichen Auenlandschaft ist leider nichts erhalten geblieben. Während wir auf Bahlingen zuwandern, informieren viele Tafeln über die Eingriffe in die Landschaft.

Kurz vor Bahlingen biegen wir auf dem Steinkauzpfad links ab und gelangen in eine Straße mit besonders beeindruckenden Lösswänden. Senkrecht ragen sie neben uns auf. Inmitten dieser hohlen Gasse biegen wir links ab und erreichen die **Straußenwirtschaft Uf'm Buck ④**, die einen traumhaften Blick über Bahlingen bis hinüber zu den Schwarzwaldhöhen für uns bereithält. Weil es hier so schön ist, genehmigen wir uns nach gut 5 Kilometern Wegstrecke eine kleine Rast und genießen in dem blumengeschmückten Garten den hofeigenen Traubensaft und ein kleines Vesper. An der Schule vorbei führt unser Weg zu einem kleinen Abstecher in den alten Dorfkern von Bahlingen. Es geht am **Rathaus** vorbei und an den typischen **Kaiserstühler Winzerhäusern** mit ihren steinernen Keller- und Erdgeschossen und den Obergeschossen aus Fachwerk.

*Zu den seltenen Tierarten, die im Kaiserstuhl heimisch sind, gehört der **Steinkauz.** In Mitteleuropa ist er selten geworden, weil alte Obstbäume, in denen er eine Bruthöhle findet, rar werden. Im Kaiserstuhl wurden Nistkästen für ihn aufgehängt. Mit Erfolg: Die Bestände steigen wieder.*

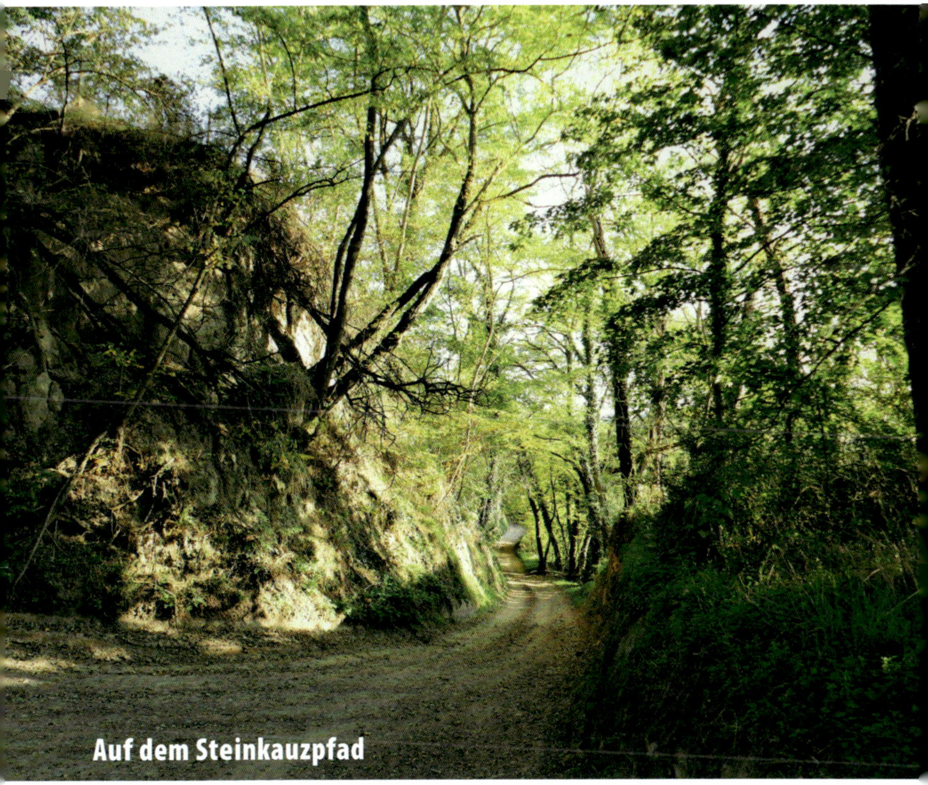

Auf dem Steinkauzpfad

Nun orientieren wir uns an den Schildern des **Katharinenpfads** und wandern in westliche Richtung die Endinger Straße hinauf und wieder hinein in eine mächtige Lösshohlgasse. Hübsche kleine Gärtchen drücken sich an den steilen Hang. Durch die Reben führt unser Weg hinauf zu einem kleinen Rastplatz. Wir können auf dem Bänkchen ausruhen und die Legende vom **Silberbrunnen** erfahren.

Von hier aus verläuft unser Weg nach Norden. Auch an der Weggabelung, an der der Katharinenpfad links zur Kapelle abzweigt, gehen wir weiter geradeaus. Bald erreichen wir wieder eine Kreuzung, an der wir geradeaus in einen Wiesenweg hineinwandern und damit einem Mountainbike-Trail folgen. Aber warum sollen die schönen Wiesenwege den Radfahrern vorbehalten sein? Auch Wanderer freuen sich über den weichen Boden unter den Füßen. Der grasbewachsene Pfad führt uns in einigen Schlingen durch die Reben. Zu unserer Linken tut sich ein herrliches Vogesenpanorama auf. Schließlich erreichen wir den Wanderweg mit der gelben Raute und folgen diesem zwischen wunderbar knorrigen alten Streuobstbäumen entlang und eine kleine Anhöhe hinauf. Dort, wo sich der Weg teilt, nehmen wir den Schotterweg geradeaus und erreichen den Schlimberg und damit den **Kirschbaumpfad.** Hier könnte man rechts abbiegen und nach 4 Kilometern Riegel erreichen. Wir aber wollen noch einen Abstecher machen, um uns mit Kaiserstühler Köstlichkeiten verwöhnen zu lassen. Dazu wandern wir auf dem Kirschbaumpfad in Richtung Endingen, erreichen bald den Schambachhof, wo uns die Schilder nach rechts führen. Und da liegt **Mathilde – Kaffee und Wein** ⑤, eine perfekte Mi-

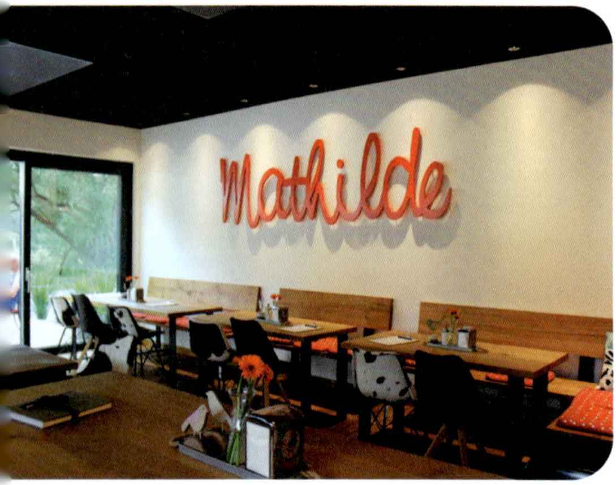

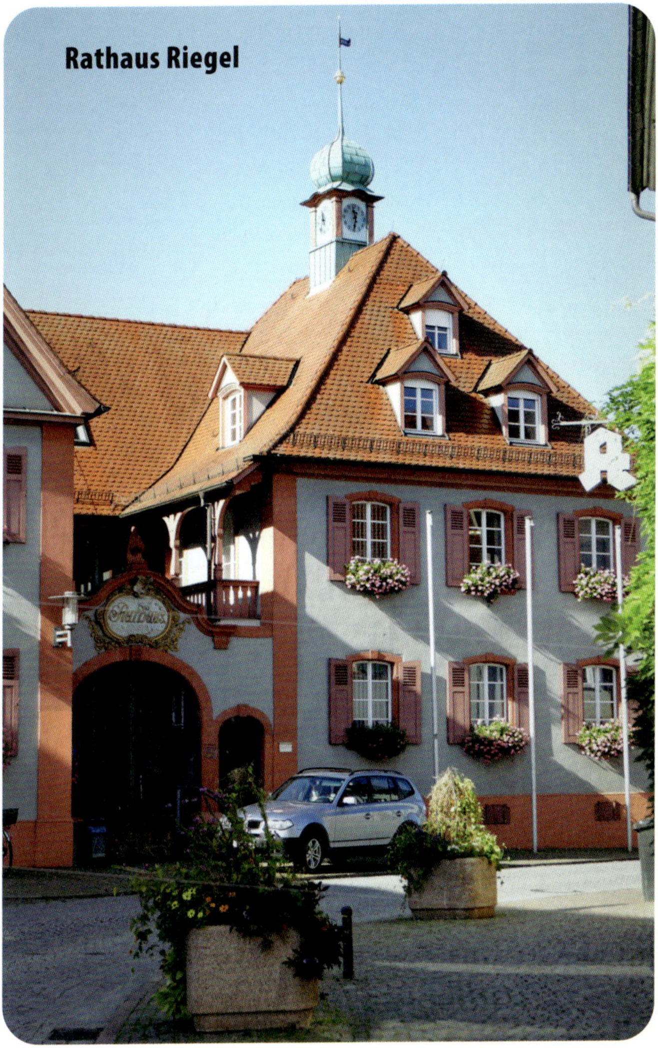

schung aus Straußenwirtschaft und Café. Hier können wir im modernen Gastraum sitzen oder auf der herrlichen Terrasse Platz nehmen. Während ringsum der Lavendel seinen Duft verbreitet, genießen wir eine hausgemachte Quiche mit einem Grauen Burgunder und – weil sie allzu verführerisch aussieht – zum Dessert ein feinstes Stückchen Schokoladentorte.

Verwöhntour 11

Auch wenn der Abschied von diesem schönen Fleckchen schwerfällt: Wir haben noch ein gutes Stück Weg vor uns. Auf dem Kirschbaumpfad wandern wir Riegel entgegen, der Weg verläuft zunächst auf einem Höhenzug, der ebenfalls wunderbare Weitblicke ermöglicht. Wer hier zur Zeit der Kirschblüte (je nach Witterung von März bis April) unterwegs ist, entdeckt zwischen den Reben immer wieder die hochstämmigen Kirschbäume in strahlend weißem Blütenkleid. Nach 14 Kilometern Wegstrecke erreichen wir die schon bekannte Kreuzung mit der Erdskulptur Mutter Erde, schlendern durch die Hauptstraße zurück in den Ort und lassen den eindrucksvollen Tag im Biergarten des **Riegeler Stammhauses** 6 ausklingen.

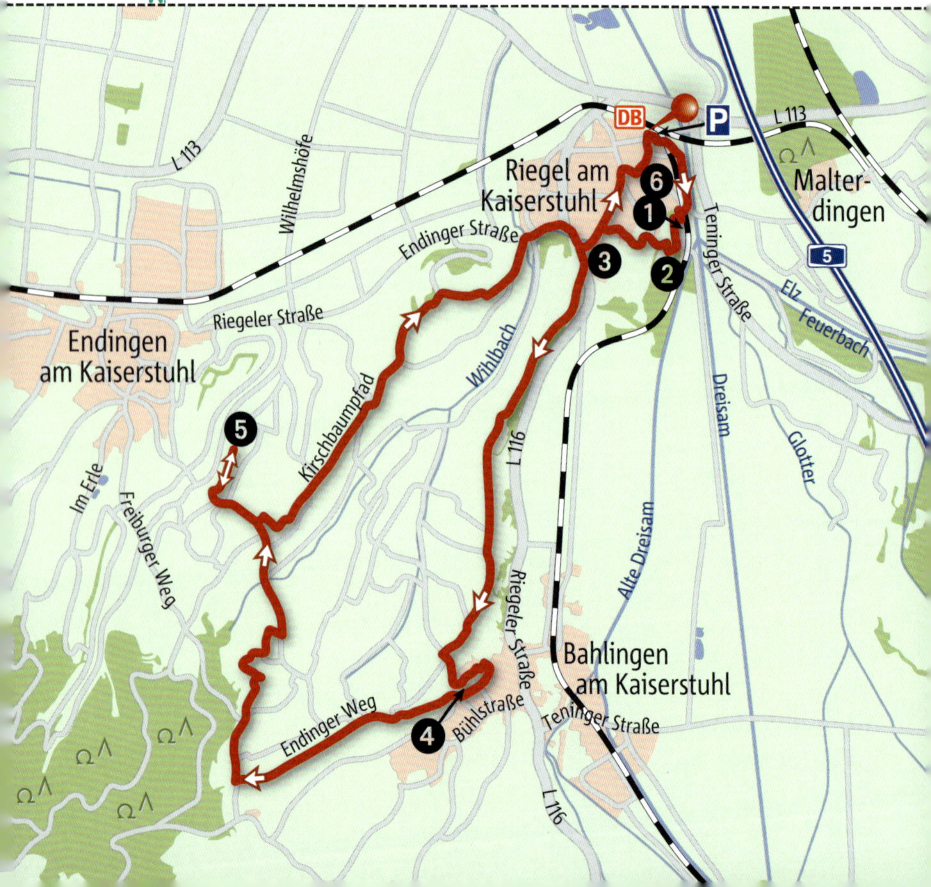

Alles auf einen Blick

WIE & WANN:
Meist breite Wanderwege, beste Wanderzeit von März bis Oktober

HIN & WEG:
Auto: Parkplatz am Bahnhof Riegel-Ort, Römerstraße 5, 79359 Riegel am Kaiserstuhl (GPS: 48.153521, 7.751089)
ÖPNV: S-Bahn S 1 von Freiburg Hauptbahnhof bis Gottenheim, dann S 12 nach Riegel-Ort

ESSEN & ENTSPANNEN:
Straußе Uf'm Buck ❹ Hohleimen 6, 79353 Bahlingen am Kaiserstuhl, Tel. (0 76 63) 18 12, www.weingut-schumacher.de
Mathilde – Kaffee und Wein ❺ Schambachhof 3, 79346 Endingen, Tel. (0 76 42) 9 21 73 12, www.mathilde-kaffee-wein.de

Entspannungsfaktor ✱✱✱✱✱
Genussfaktor ✱✱✱✱✱
Romantikfaktor ✱✱✱✱✱

Riegeler Stammhaus ❻ Hauptstraße 29, 79359 Riegel am Kaiserstuhl, Tel. (0 76 42) 93 05 60, www.riegeler-stammhaus.de

ENTDECKEN & ERLEBEN:
Brauereischloss ❶ und Kunsthalle Messmer Großherzog-Leopold-Platz 1, 79359 Riegel am Kaiserstuhl, Tel. (0 76 42) 9 20 16 20, www.kunsthallemessmer.de
Michaelskapelle ❷ Drollberg 5, 79359 Riegel am Kaiserstuhl
Erdskulptur Mutter Erde ❸

Griestalstrauße

- 11 Kilometer
- 80 Höhenmeter
- 3 Stunden
- Rundweg

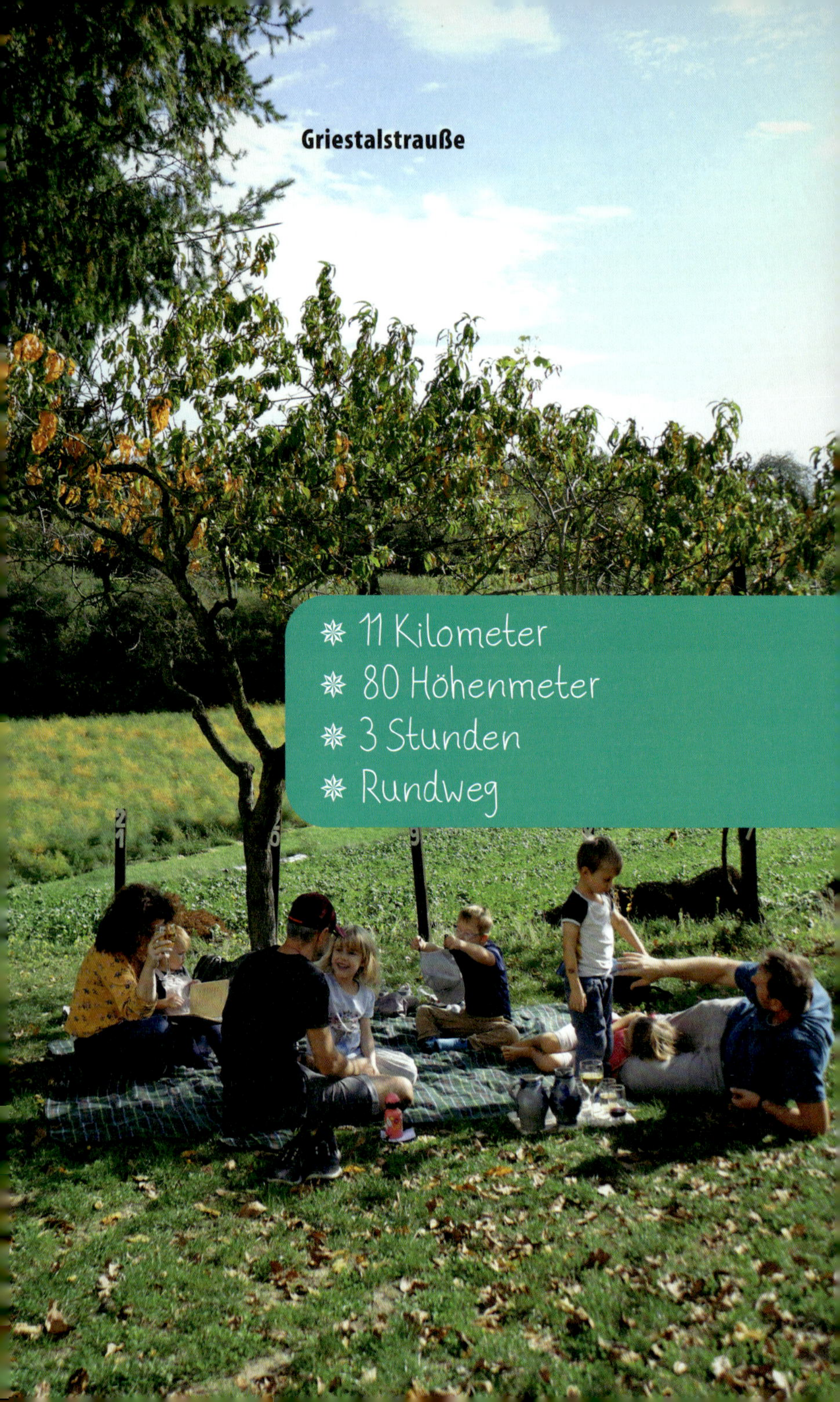

Wir starten unsere Wanderung im schönen Ortskern von **Niederrimsingen.** Am Rathaus finden wir die ersten Schilder in Richtung Rotgrund und Erentrudiskapelle. Wir gehen die Steige entlang und werden bereits mit einem großartigen Blick auf Rebhänge und steile Lösswände empfangen. Der **Tuniberg** gilt gemeinhin als kleiner Bruder des Kaiserstuhls, blickt aber auf eine ganz andere – sogar ältere – Entstehungsgeschichte zurück. Er ist nicht vulkanischen Ursprungs, sondern eine Kalksteinerhebung aus der erdgeschichtlichen Zeit des Juras, die von einem mächtigen Lössmantel umhüllt wurde. Beides, Löss und Kalk, ergeben eine wunderbare Grundlage für den Weinbau, der am Tuniberg schon von den Rö-

Attila und Erentrudis

Genusstour auf dem Tuniberg

mern betrieben worden sein soll. Die älteste Urkunde über den Weinbau hier stammt aus dem Jahre 888 nach Christi. Also: Hinauf auf den Tuniberg und hinein in mehr als tausend Jahre Weinbaugeschichte!

Wo die Steige eine Kehre macht, finden wir die Beschilderung zum Rotgrund wieder und steigen oberhalb des Kindergartens einen hübschen Pfad bergauf, der gelben Raute folgend. Während wir an efeuberankten Trockenmauern entlangwandern, begleitet uns das Glockengeläut der St. Laurentiuskirche. Immer wieder erhaschen wir einen schönen Blick zurück ins Dorf und auf den Kirchturm aus dem 11. Jahrhundert. Er ist einer der ältesten der Oberrheinlandschaft. Wir erreichen schließlich die Anhöhe, wo unser Blick

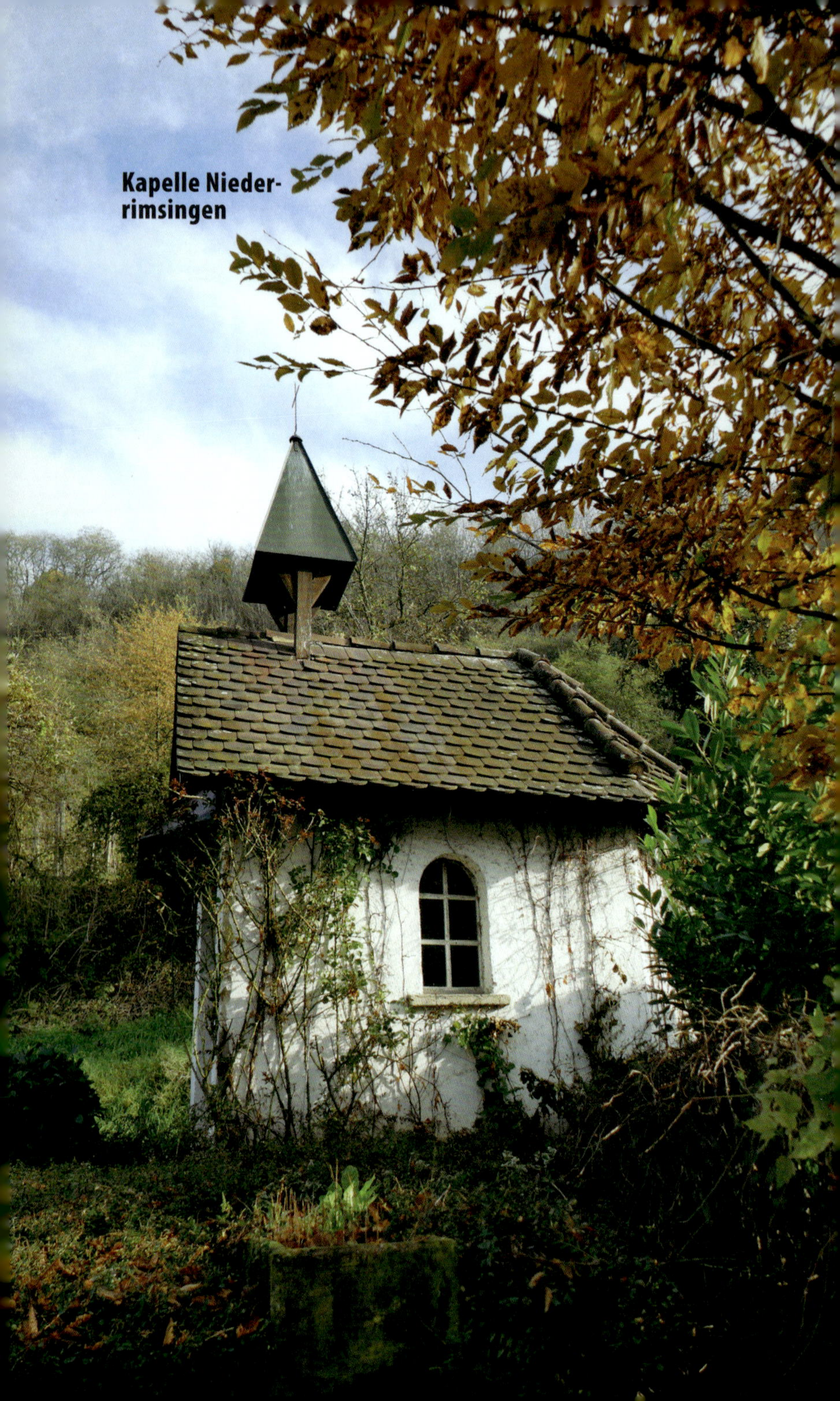

Kapelle Nieder-
rimsingen

bis nach Breisach und in die Vogesen reicht. Über uns leuchtet eine Lösswand goldgelb im Sonnenschein. Wir kommen am Rotgrund heraus und wandern nun auf dem **Burgunderpfad** über die **Maiblumengasse** weiter zur Kapelle. Burgunder, das ist die Rebsorte am Tuniberg: Der Spätburgunder aus den hiesigen Weinbergen zählt bei Kennern zu den besten Rotweinen der Welt, weißer Burgunder gedeiht hier ebenso wie Grauburgunder.

Nachdem wir den ersten Aufstieg geschafft haben, wandern wir nun gemütlich eine große Kehre um die südliche Flanke des Tunibergs herum, weit reicht unser Blick ins Rheintal. Am Wegpunkt **Franziskaner** wählen wir nicht die geteerte Straße bergauf, sondern wandern unterhalb zwischen den artenreichen Böschungen und Reben entlang. Auf dem weiteren Weg zeigt sich die besondere Flora des Tunibergs in ihrer ganzen Pracht: Lila Blüten des Majorans wechseln sich mit gelben Farbtupfern des Sonnenröschens ab, Kartäusernelken strecken ihre Köpfchen hervor. An diesen südlichen sonnenbeschienenen Böschungen fühlen sich auch zwei Südeuropäerinnen sehr wohl: die Gottesanbeterin mit ihren furchterregenden Fangarmen und die Westliche Smaragdeidechse, die eigentlich in Frankreich und Spanien zu Hause ist. Wer ein wenig Glück hat, kann beide Tiere, die zu den gefährdeten Arten gehören, entdecken.

Sobald wir die Fahrstraße erreichen, geht es rechts hinunter, unter uns liegt nun der Golfplatz Tuniberg.

*Am Tuniberg zwischen Nieder- und Oberrimsingen finden **Nachtigallen** viele Brutmöglichkeiten. Wenn wir Glück haben, hören wir auf unserer Tour entlang der Südflanke ihren unvergleichlichen Gesang – insbesondere an Maiabenden stehen die Chancen dafür gut.*

Für die Seele

Durch Burgunderreben und blühende Böschungen erobern wir die Erentrudiskapelle und genießen in der Griestal-Strauße all das, was der Tuniberg so wunderbar gedeihen lässt.

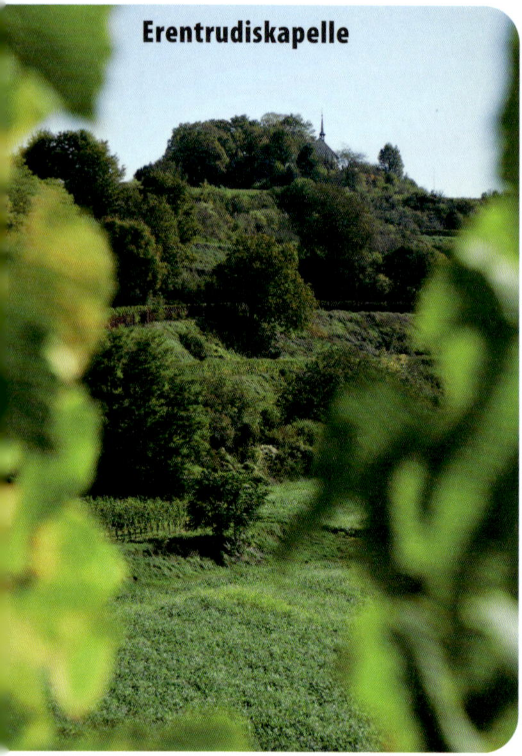

Wir wandern an den Reben des Weingutes Landmann aus Freiburg-Waltershofen entlang, das hier hervorragenden Wein nach Bioland-Kriterien anbaut. Während wir in Richtung Straße hinabsteigen, ragen zu unserer Linken mächtige Lösswände auf. Wir erreichen den tiefsten Punkt der Wanderung am Wegpunkt **Weingärten.** Nun ist es nicht mehr weit zur **Erentrudiskapelle** **1**, deren Türmchen wir schon bald zwischen den Bäumen erkennen können. Auf der südöstlichen Spitze des Tunibergs kommen wir schließlich an diesen wunderbaren Ort der Ruhe. Unser Blick schweift über die Schwarzwaldhöhen: von Kandel und Rosskopf im Norden über Schönberg und Schauinsland bis zu Belchen und Blauen im Süden.

Nördlich der Kapelle geht es nun weiter an den mächtigen Walnussbäumen entlang und schräg links in einen Wiesenweg hinein. Am Wegpunkt Kapellenberg gehen wir einen Wiesenweg durch die Munzinger Reben in Richtung Attilafelsen. Wir passieren eine große Weggabelung. Hier wählen wir erneut den Wiesenweg, der oberhalb der geteerten Straße geradeaus führt. Am klobigen **Flurbereinigungsdenkmal** wandern wir auf einem Schotterweg weiter. Weil auf dem Tuniberg viele Wanderwege für den Autoverkehr freigegeben sind, suchen wir uns lieber Pfade abseits dieser Fahrstraßen. Auch wenn es nicht immer leicht ist, auf Anhieb den richtigen Einstieg zu erkennen, ist es doch viel erholsamer, auf den weichen Wiesenwegen durchs Grün zu stapfen. Wir wandern nun entlang einer besonders markanten Böschung. Wo sich der Weg teilt, gehen wir auf gleicher

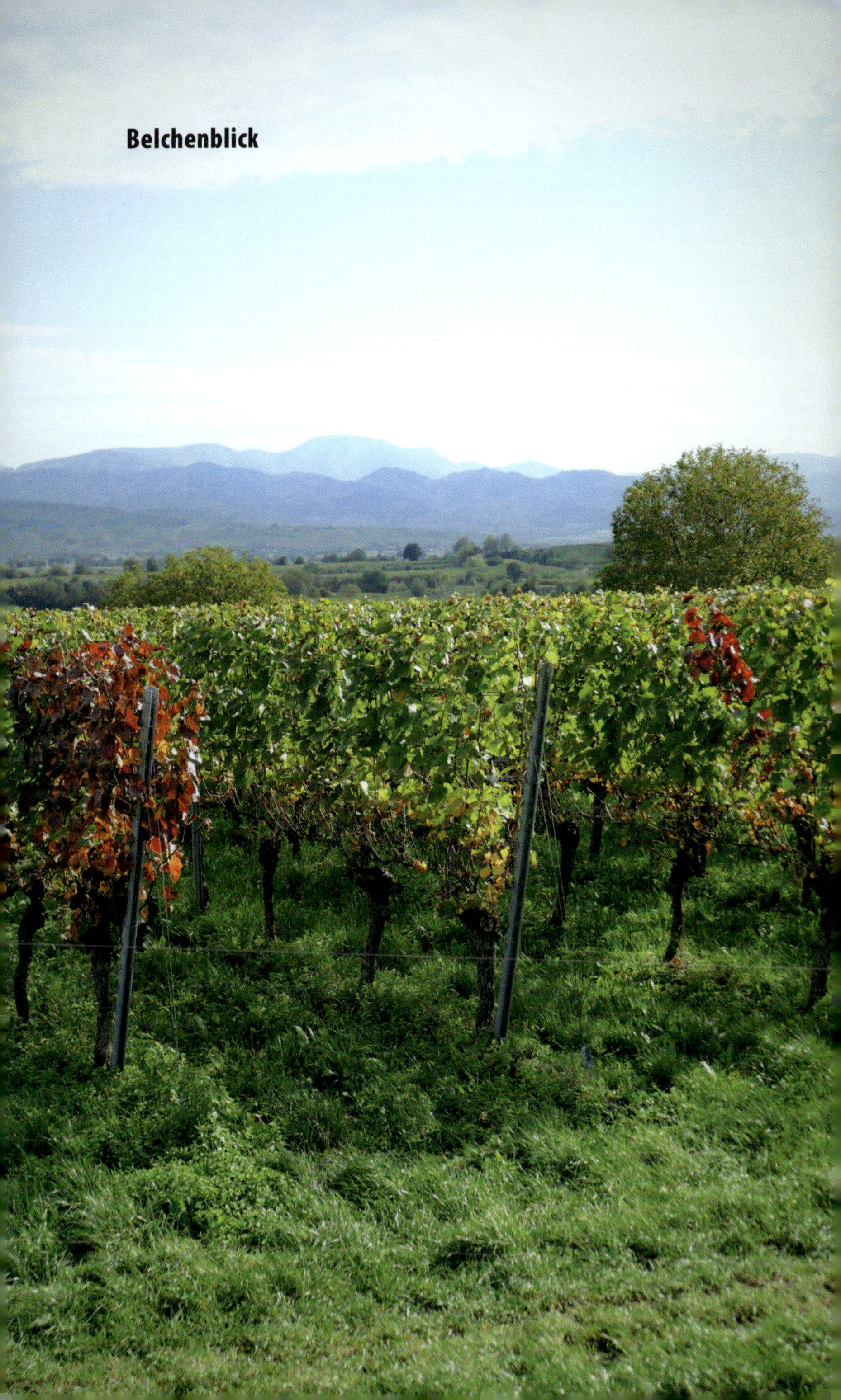
Belchenblick

Höhe geradeaus weiter. Sobald wir eine Spitzkehre umrundet haben, macht unser Weg einen großen Bogen in südliche Richtung. Am Ende dieser weiten Runde gehen wir ein kleines Stück nach rechts, bis uns eine schmale Treppe auf einen Grasweg hinunterführt, den wir wiederum zwischen Böschung und Reben entlangschlendern. Wir erreichen einen geteerten Weg, biegen zunächst nach links ab, dann rechts und gleich darauf wieder links. Nun sind wir auf einem mit der gelben Raute ausgeschilderten Wanderweg, dem wir folgen. Hier die Wegmarkierungen zu entdecken, gelingt nicht immer auf Anhieb. Schließlich erreichen wir einen beeindruckenden Walnussbaum am **Rebtal Schwarzwaldblick**

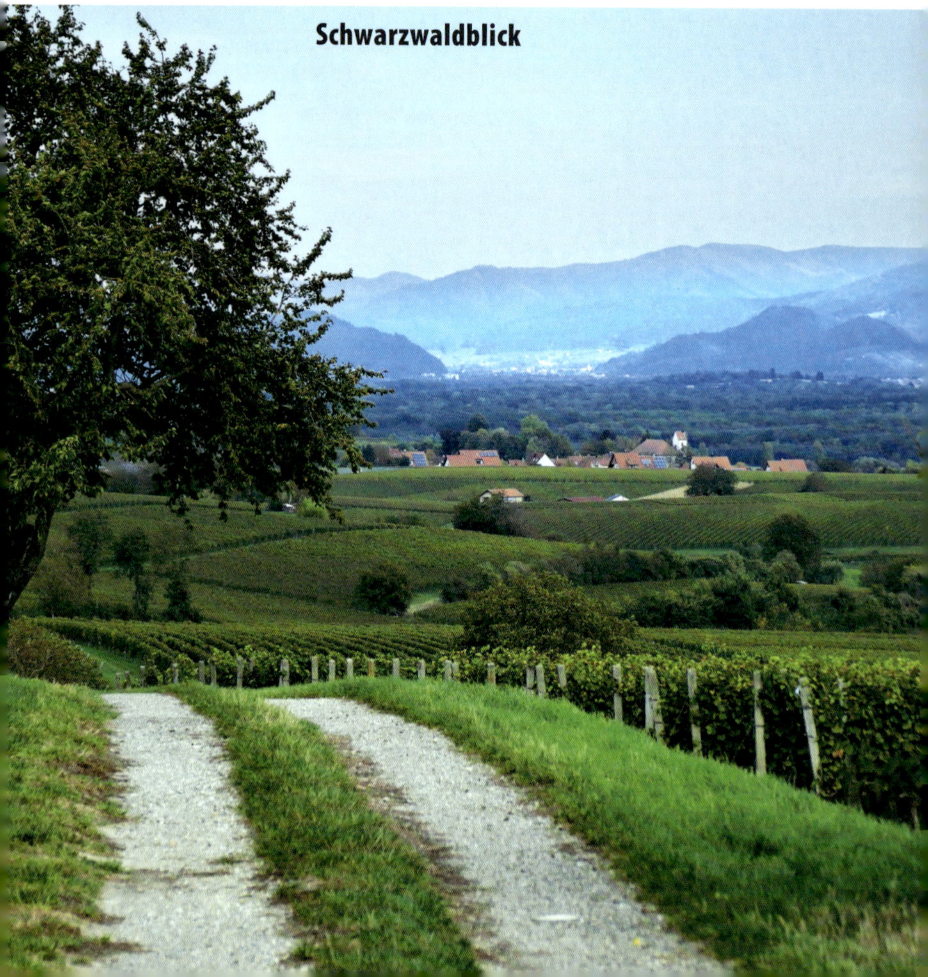

2, einen der wunderbarsten Orte am Tuniberg, um unter dem Blätterdach auf der Bank eine kleine Rast zu machen, sich im Herbst ein paar Nüsse zu knacken und den Ausblick zu genießen.

Von hier aus wandern wir westwärts Richtung Griestal und Wäldele. Sobald wir aber die Markierung **Schwarzkehlchenpfad** erreichen, biegen wir rechts ab. Der Themenpfad führt uns auf einen geschwungenen Höhenweg und beschenkt uns mit einem fantastischen Blick hinüber in den Schwarzwald und hinein ins Elztal. An der Stelle, an der der Schwarzkehlchenpfad rechts eine Treppe hinabführt, wandern wir weiter geradeaus. Auf halber Strecke nehmen wir den oberen Wiesenweg (obwohl die Raute nach rechts zeigt) und umrunden einen kleinen Baumbestand. Danach führt der Weg nach links und direkt auf die großartige **Griestal-Strauße** 3 zu. Schon von Weitem ist das Stimmengewirr der Gäste zu hören. Hier findet jeder sein Glück: Ob er sich nun an einer der langen Holztafeln niederlässt oder auf der Wiese im Garten. Wir entscheiden uns fürs Picknickfeeling auf der Decke. Und dann schlemmen wir uns durch die Köstlichkeiten aus der Küche: Wir genießen das Badische Trio aus Wurstsalat, Bratkartoffeln und Bibiliskäs, können auch der Weincreme zum Dessert nicht widerstehen und toppen das Ganze mit einem vorzüglichen Tuniberger Gewürztraminer.

*Noch in den 1980er-Jahren gab es am Tuniberg fast keine **Schwarzkehlchen** mehr. Dass man den hübschen Singvogel heute wieder öfter antrifft, liegt an einem Wandel in der Landwirtschaft, die heute weitgehend auf chemisch-synthetische Insektizide verzichtet.*

Nachdem wir uns ausgiebig haben verwöhnen lassen, steigen wir nördlich der Straußenwirtschaft in Serpentinen eine Anhöhe hinauf – gar nicht so leicht mit all den Leckereien im Magen. Ein herrlicher Blick empfängt uns: Belchen, Blauen und Feldberg ragen aus dem Schwarzwaldhöhenzug auf. Von hier aus folgen wir der gelben Raute. Einen herrlichen Rundblick haben wir von hier oben. Rechts zeigen sich nun die Höhen des Kaiserstuhls: Eichelspitze, Totenkopf und Lenzenberg. Der Weg schlängelt sich zwischen den Reben entlang, dann durch eine Lösshohlgasse. Schließlich erreichen wir ein kleines Treppchen, das hinunter zum **Attilafelsen** ④ führt. Gegenüber erkennen wir nun schon den Schriftzug aus mannshohen Lettern. Wir werfen aber noch einen Blick ins Tal, wo der **Niederrimsinger Baggersee** in seinem unglaublichen Türkisblau aufleuchtet. Dann steigen wir die Treppe hinab und überqueren den Platz, der gerne für Feste genutzt wird. Unser letzter Wegabschnitt führt die Fahrstraße hinunter nach Niederrimsingen. Im Ort gehen wir auf eine hübsche kleine Kapelle zu, an deren Seite ein Pfad zum Ausgangspunkt unserer Tour führt. Wer nun ein bisschen Tuniberg mit nach Hause nehmen möchte, fährt auf die andere Seite des Höhenzuges in den Freiburger Ortsteil Waltershofen, wo das **Weingut Landmann** ⑤ seine feinen Bioland-Weine vom Tuniberg anbietet.

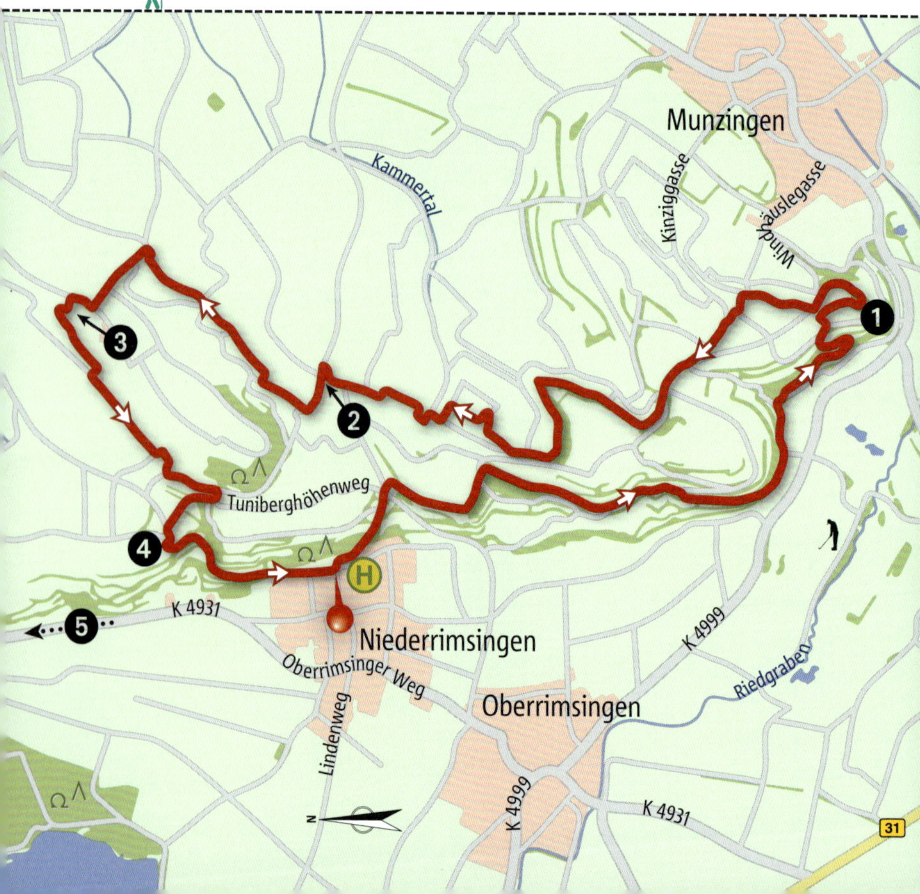

Alles auf einen Blick

WIE & WANN:
Gemütliche Tour über viele breite Wiesenwege, teils geteerte Abschnitte. Ganzjährig begehbar. Da wir auch abseits ausgeschilderter Wanderwege gehen, ist eine GPS-Unterstützung sinnvoll.

HIN & WEG:
Auto: Parkplätze im Ortskern von Niederrimsingen entlang der Merdinger und der Kirchstraße (GPS: 47.986425, 7.671320)
ÖPNV: Bus 31 von Freiburg-Paduaallee bis Rathaus Niederrimsingen

ESSEN & ENTSPANNEN:
Griestal-Strauße ❸ Griestal 2, 79112 Freiburg im Breisgau, Tel. (0 76 64) 40 06 75, www.griestal-strausse.de

Entspannungsfaktor ★★★☆☆
Genussfaktor ★★★★★
Romantikfaktor ★★★★☆

Weingut Landmann ❺ Umkircher Straße 29, 79112 Freiburg-Waltershofen, Tel. (0 76 65) 67 56, www.weingut-landmann.de

ENTDECKEN & ERLEBEN:
Erentrudiskapelle ❶
Rebtal ❷
Attilafelsen ❹

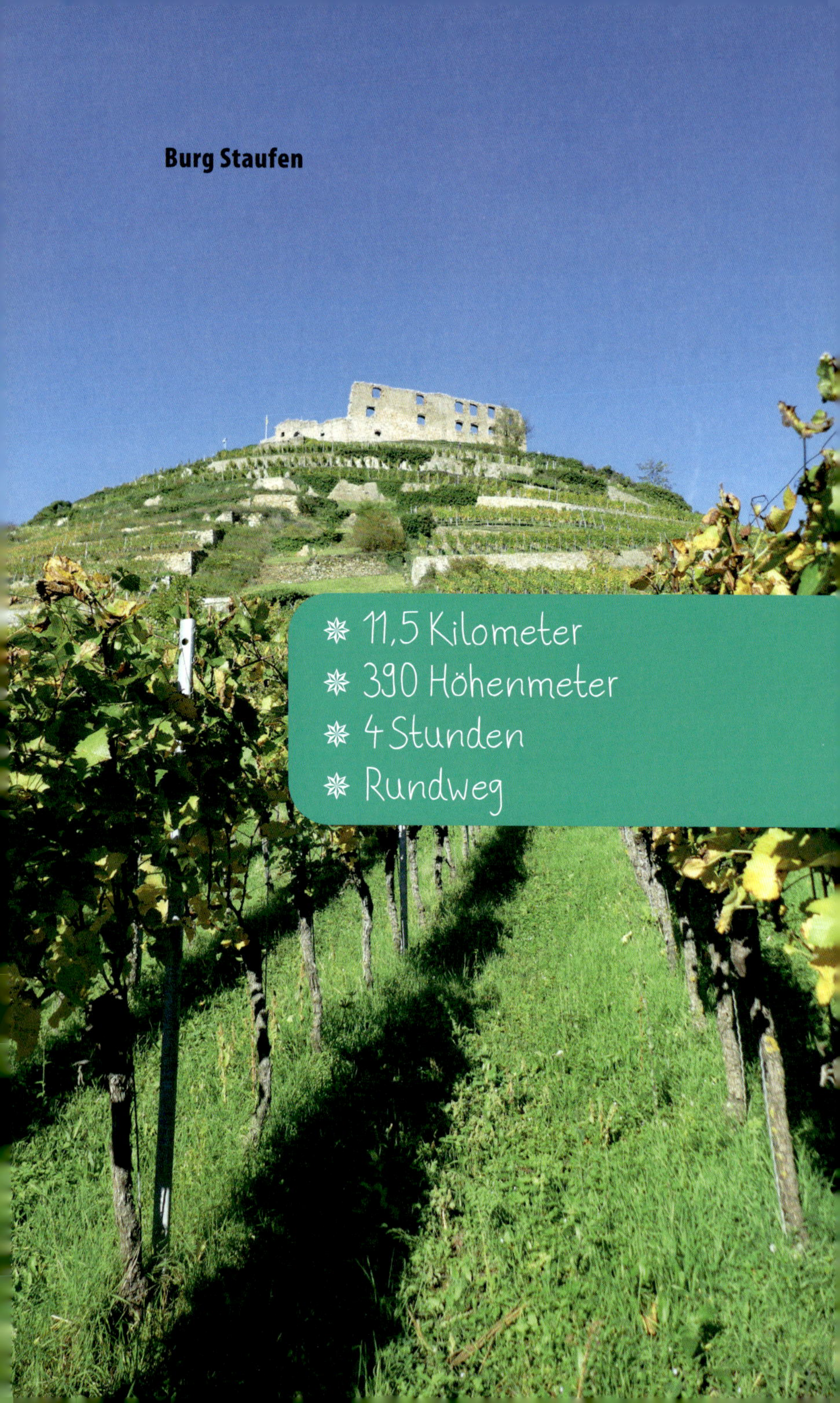
Burg Staufen
11,5 Kilometer
390 Höhenmeter
4 Stunden
Rundweg

Wir starten am Bahnhof von Staufen und wandern auf der Bahnhofstraße in östlicher Richtung. Über uns thront schon die Ruine der Burg Staufen auf dem mächtigen Burgberg; ihn aber wollen wir erst auf dem Rückweg bezwingen. Zunächst biegen wir rechts hinein in die **Hauptstraße,** die uns direkt ins Herz der **Altstadt** führt. Wunderbare kleine Läden säumen die Straßen. Schon jetzt können wir uns darauf freuen, nach unserer Tour durch die Gassen und Geschäfte zu bummeln und nach dem ein oder anderen Mitbringsel zu stöbern. Wir bewundern die denkmalgeschützten Altstadthäuser. Die durch Geothermie-Bohrungen entstandenen Risse in den Fassaden haben Staufen europaweit bekannt gemacht – dennoch hat der mittelalterliche Stadtkern nichts von seinem Charme verloren: Die historischen Gebäude, die urigen Innenhöfe und die engen Gassen sind einfach bezaubernd.

Als 2006 und 2007 das Staufener Rathaus aus dem 16. Jahrhundert saniert wurde, baute man auch eine Heizanlage ein, die mittels Geothermie funktionieren sollte. Die Bohrungen aber führten zu einer Anhebung der Altstadt, die Schäden an fast 300 Gebäuden verursachte.

Für Feinschmecker

Verwöhntour rund um Staufen

Am **Rathaus** ① biegen wir rechts ab und gleich darauf wieder links in die **Mühlegasse.** Wir folgen der Beschilderung zum Messerschmidtfelsen, die uns über die **Albert-Hugard-Straße** und die Straße **Im Süßtrunk** hinaus aus dem Ort und hinein in den Wald führt. Am Wegkreuz folgen wir nicht der gelben Raute nach links, sondern wandern geradeaus hinaus aus dem Ort und hinein in den Wald. Hier geht es zügig bergauf. Wir erreichen die Anhöhe am Hochbehälter und genießen einen herrlichen Blick zurück auf die Burgruine und hinunter in die Stadt. Nun gelangen

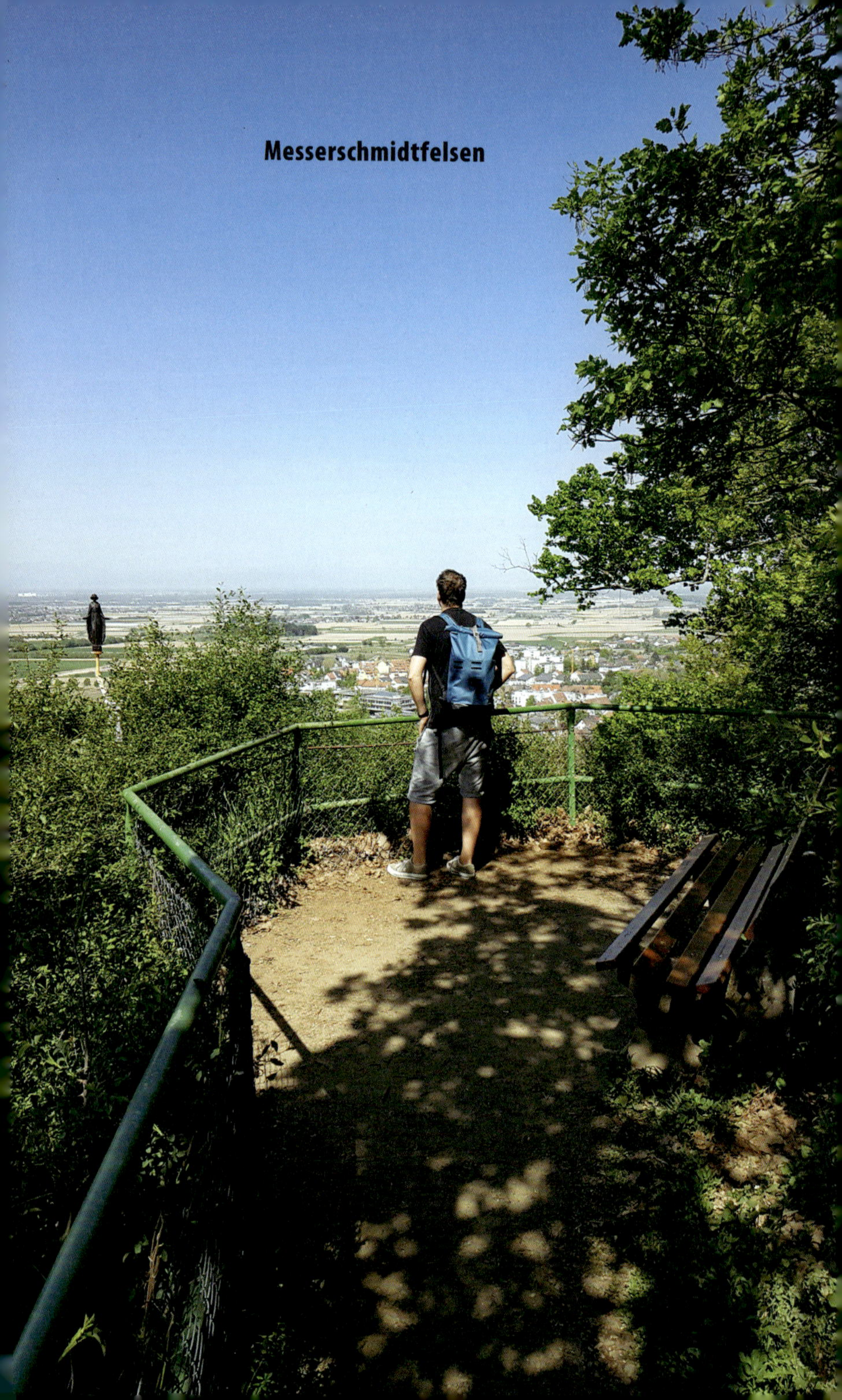

Messerschmidtfelsen

wir auf einen schmalen Wanderpfad, rechts und links gesäumt von verwachsenen alten Bäumen. Sobald sich der Weg teilt, halten wir uns links, wo sich unser Pfad den Berg hinaufschlängelt. Hier kann es je nach Witterung etwas rutschig sein, also: Vorsicht beim Aufstieg. Durch den Eichenwald stapfen wir bergauf immer in Richtung des **Messerschmidtfelsens ②**. Wer früh unterwegs ist, den begrüßt hier am Eingang des Münstertals die Morgensonne, die gerade über die Anhöhe des Belchens spickelt. Wir setzen uns zu einer kleinen Rast auf dem Felsen nieder, der wie eine Aussichtskanzel oberhalb der ehemaligen Messerschmiede in die Oberrheinebene ragt, und genießen das Sonnenbad und die Aussicht das Rheintal hinunter.

*In der Umgebung des Messerschmidtfelsens wächst das **Weiße Waldvögelein,** eine heimische Orchideenart. Die Blütezeit erstreckt sich von Mai bis Juli. Diese Orchideenart gibt es vergleichsweise noch recht häufig.*

Von hier aus orientieren wir uns Richtung

Für die Seele

Malerische Wälder, verwinkelte Altstadtgassen mit hübschen Läden, aber auch Gaumengenüsse in Hülle und Fülle: Diese Tour bietet alles, was Staufen zu bieten hat.

Boeckfelsen und wandern in östlicher Richtung auf einem wurzeligen Pfad zwischen knorrigen Eichen und moosbewachsenen Steinen hinunter. Der Weg wird immer schmaler, nähert sich einer Schlucht und schmiegt sich an der gegenüberliegenden Seite erneut an den felsigen Hang. Geröll auf dem Pfad macht ihn zuweilen schwer begehbar, sodass uns die Strecke länger vorkommt als sie tatsächlich ist. Wir erreichen den Boeckfelsen über einen kleinen Kamm, an dessen Flanke der Hochseilgarten von Staufen liegt. Auch wenn wir den gleichen Weg wieder zurückwandern, lohnt es sich unbedingt, ihn zu gehen, bietet der **Boeckfelsen ③** doch einen wunderbaren Blick hinein ins Münstertal und zum Belchen.

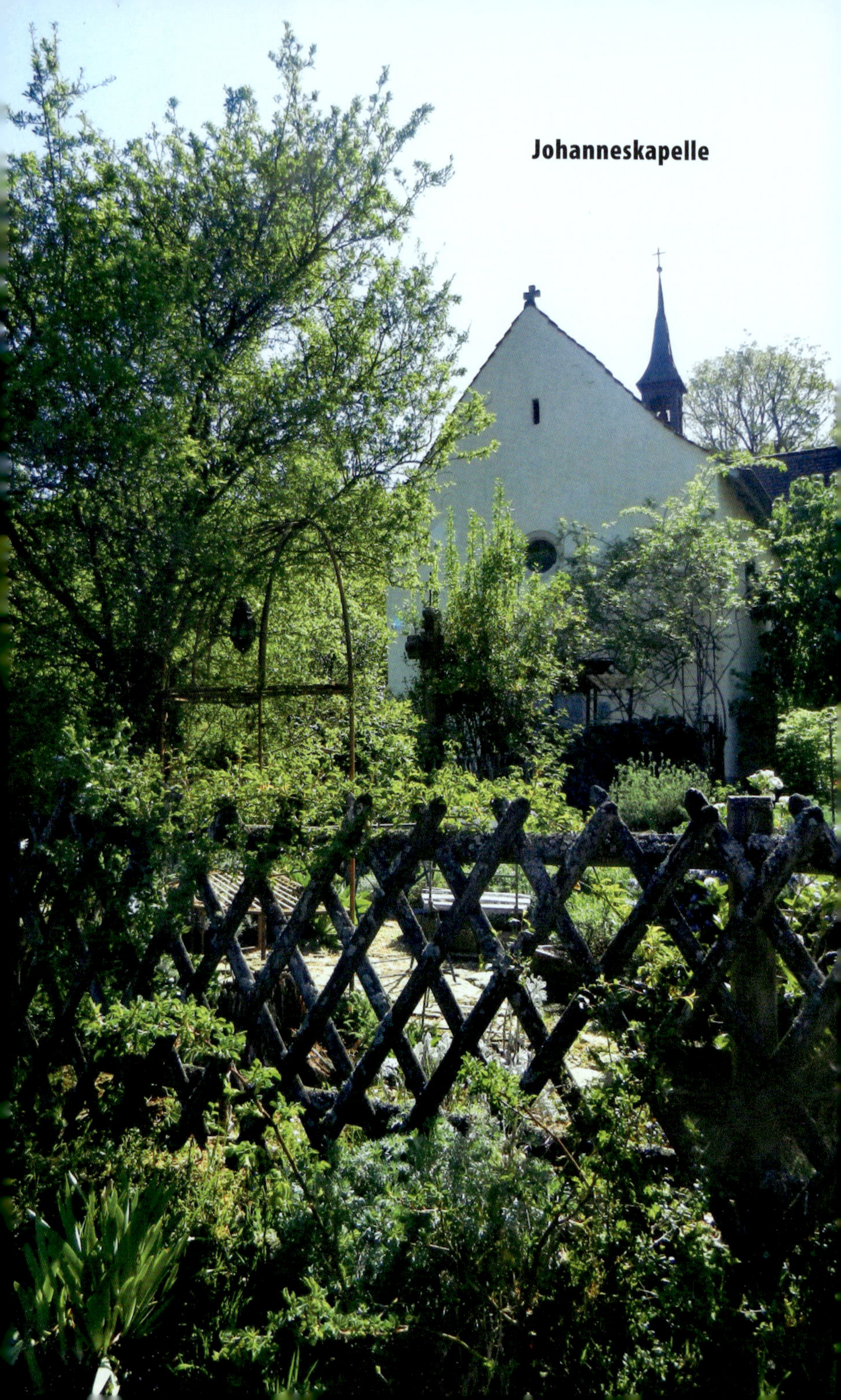

Johanneskapelle

Vom Felsvorsprung aus kehren wir auf dem gleichen Pfad zurück, spazieren nun aber geradeaus zum Wölfetal. Hier erreichen wir einen breiten Forstweg, dem wir links in Richtung Johanneskapelle folgen. Jetzt geht es oberhalb unseres Hinwegs durch einen hochstämmigen Mischwald. Nun, da wir uns nicht mehr auf einen steinigen Untergrund konzentrieren müssen, kommen wir deutlich zügiger voran, immer wieder geben die efeuberankten Bäume den Blick frei Richtung Belchen. Schließlich führt uns die Beschilderung erneut auf einen schmalen Pfad, und wir steigen durch den lichten Eichenwald wieder hinab zum Messerschmidtfelsen. Richtig urig ist es hier und wunderschön: Moos bedeckt den felsigen Hang und die Wurzeln der Bäume, knorrige Äste ragen in den Weg, und die schräg stehende Sonne wirft ein bizarres Schattenspiel auf den Waldboden.

Am Felsen biegen wir nun scharf rechts ab und erreichen die **Johanneskapelle** ❹ auf dem Dürenbuck. Das kleine Gotteshaus ist von einem wunderschönen privaten Garten umgeben. Wir umrunden die Kapelle Richtung **Waldbruderskopfle.** An der Kreuzung oberhalb nehmen wir nicht einen der breiten Wege, sondern einen schmalen Pfad, der in östlicher Richtung in den Wald hinein und auf den Kamm des Waldbruders-

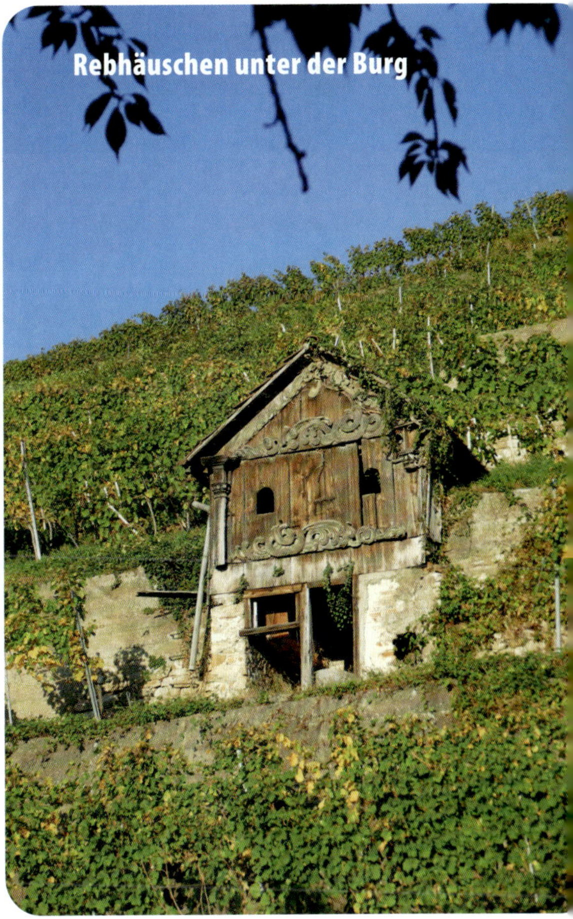
Rebhäuschen unter der Burg

> *Die Burg Staufen wurde im frühen 12. Jahrhundert von den Herren von Staufen errichtet. Ab 1607 war die Burg nicht mehr bewohnt. Im Dreißigjährigen Krieg nahmen schwedische Truppen sie ein, die sie beim Abzug wohl zerstörten.*

köpfle hinaufführt. An der höchsten Stelle wenden wir uns nach links, dem **Herrenwaldloch** zu, um von dort aus der Burgruine entgegenzuwandern. Nach wenigen Metern auf breitem Fahrweg führt uns die gelbe Raute auf schmalen Pfaden durch den Wald. Mehrmals überqueren wir breite Wege, tauchen dann aber wieder in den dichten Wald ein. Am **Schützenplatz** biegen wir rechts ab, schon lugt die Burg durch die Bäume. Nun bleiben wir auf dem geteerten Weg und orientieren uns an der Beschilderung Burgruine. Wir passieren ein Wohnviertel und kommen an der Rückseite der Ruine heraus. Dann folgen wir den Schildern, die uns an den Ort führen, an dem wir uns nach unserer weiten Wanderung stärken wollen: die **Straußenwirtschaft Auf der Breite** ⑤. An Pferdeweiden vorbei erreichen wir den herrlichen Garten der Wirtschaft, wo es sich im Schatten der hohen Bäume wunderbar sitzen

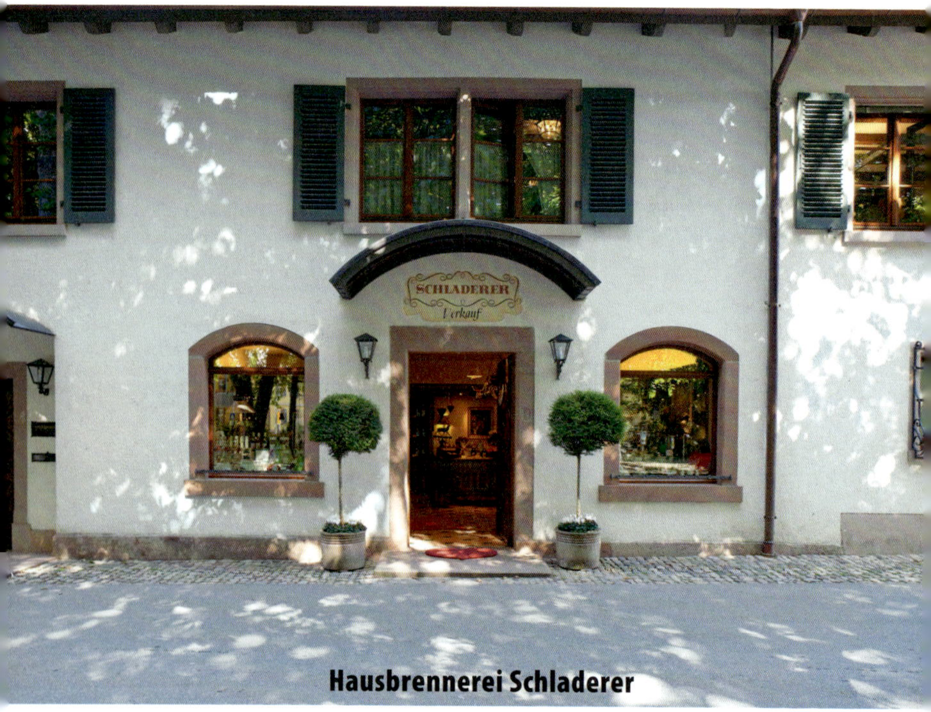

Hausbrennerei Schladerer

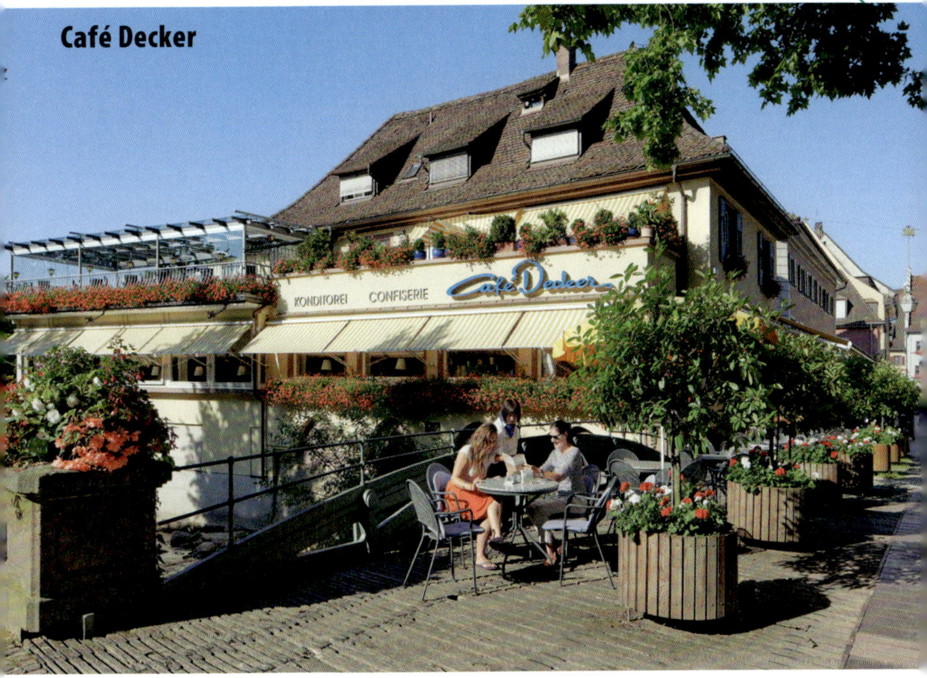

Café Decker

und genießen lässt. Eine leichte Lauchtorte oder ein deftiges Schäufele – natürlich mit Oma Fränzis legendärem Kartoffelsalat – einfach großartig. Wer dann noch kann, sollte unbedingt die gebackenen Grießschnitten mit Zwetschgenkompott probieren. Ein Genuss.

Gestärkt und ausgeruht machen wir uns anschließend an den Aufstieg zur **Burgruine** ❻. Dazu gehen wir von der Straußenwirtschaft aus nach Süden und treffen bald auf einen quer zum Hang verlaufenden Weg, der uns an der nördlichen Flanke des Berges hinauf auf den Gipfel bringt. Zugegeben, der Anstieg hat es noch mal in sich – besonders, wenn man den Gaumenfreuden in der Strauße nicht widerstehen konnte. Belohnt werden wir dafür allerdings mit einem Rundblick, der alle Strapazen vergessen lässt: hinunter in die Stadt, in die Weite des Rheintals und an klaren Tagen bis in die Vogesen.

Verwöhntour 13

Fauststadt Staufen: Burgherr Anton von Staufen soll den Alchemisten Johann Georg Faust, den Goethe in seiner Tragödie beschreibt, als Goldmacher angestellt haben. Laut Legende ist Faust bei einem Experiment um 1539 im Gasthaus Löwen ums Leben gekommen.

Nachdem wir uns in der Ruine umgesehen haben, steigen wir auf schmalen Treppen den Burgberg hinab und erreichen in wenigen Minuten den historischen **Stadtkern.** Dort können wir uns erneut den leiblichen Genüssen hingeben: In der außergewöhnliche **Confiserie Rims** 7 können wir feinste Pralinen erstehen, im **Café Decker** 8 wunderbare Torten probieren. Im **Käslädele** 9 können wir aus einer reichen Auswahl an heimischen und internationalen Käsevariationen wählen oder in der **Hausbrennerei** 10 der Familie Schladerer feine Spirituosen erwerben – vom klassischen Schwarzwälder Kirschwasser über den Schlehengeist bis zum Gretchen, einem original Staufener Gin. Der wird nach einem Hausrezept von 1947 hergestellt, das Alfred Schladerer einst seiner Frau Greta widmete.

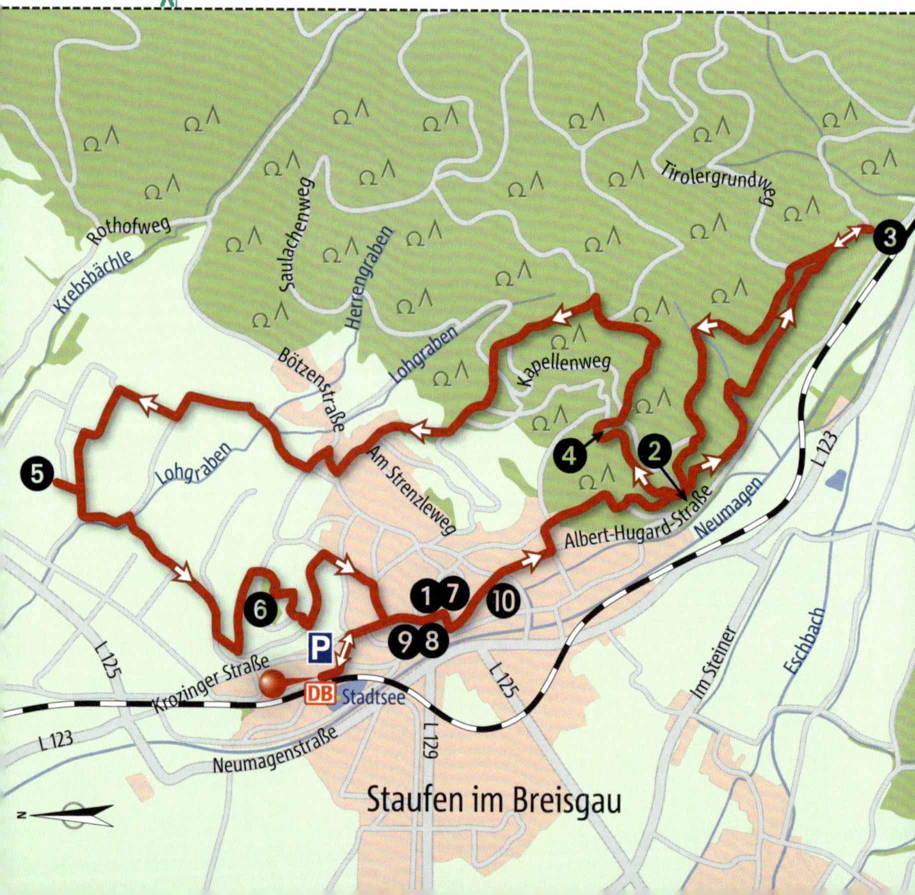

Alles auf einen Blick

WIE & WANN:
Mittelschwere Wanderung, meist auf schmalen Pfaden. Die Tour lohnt sich zu jeder Jahreszeit, auch im Winter, wenn die entlaubten Bäume den Blick in alle Richtungen freigeben.

HIN & WEG:
Auto: Parkplatz (kostenpflichtig) an der Ecke Krozinger/Bahnhofstraße, 79219 Staufen im Breisgau (GPS: 47.884786, 7.729795)
ÖPNV: RE von Freiburg nach Bad Krozingen, von dort mit S 3 nach Staufen

ESSEN & ENTSPANNEN:
Straußenwirtschaft Auf der Breite ❺ Aussiedler Breite 1, 79219 Staufen im Breisgau, Tel. (0 76 33) 57 05, www.aufderbreite.de

Entspannungsfaktor ✷✷✷✷✷
Genussfaktor ✷✷✷✷✷
Romantikfaktor ✷✷✷✷✷

Confiserie Rims ❼ Kirchstraße 6, 79219 Staufen im Breisgau, Tel. (0 76 33) 8 06 13 19, confiserie-rims.de
Café Decker ❽ Hauptstraße 70, 79219 Staufen im Breisgau, Tel. (0 76 33) 53 16, www.cafe-decker.de
Käslädele Staufen ❾ Im Grün 15A, 79219 Staufen im Breisgau, Tel. (0 76 33) 9 24 33 30, kaeslaedele.eu
Alfred Schladerer Alte Schwarzwälder Hausbrennerei ❿ Alfred-Schladerer-Platz 1, 79219 Staufen im Breisgau, Tel. (0 76 33) 8 32-0, www.schladerer.de

ENTDECKEN & ERLEBEN:
Rathaus ❶
Messerschmidtfelsen ❷
Boeckfelsen ❸
Johanneskapelle ❹
Burg Staufen ❻

Samengarten

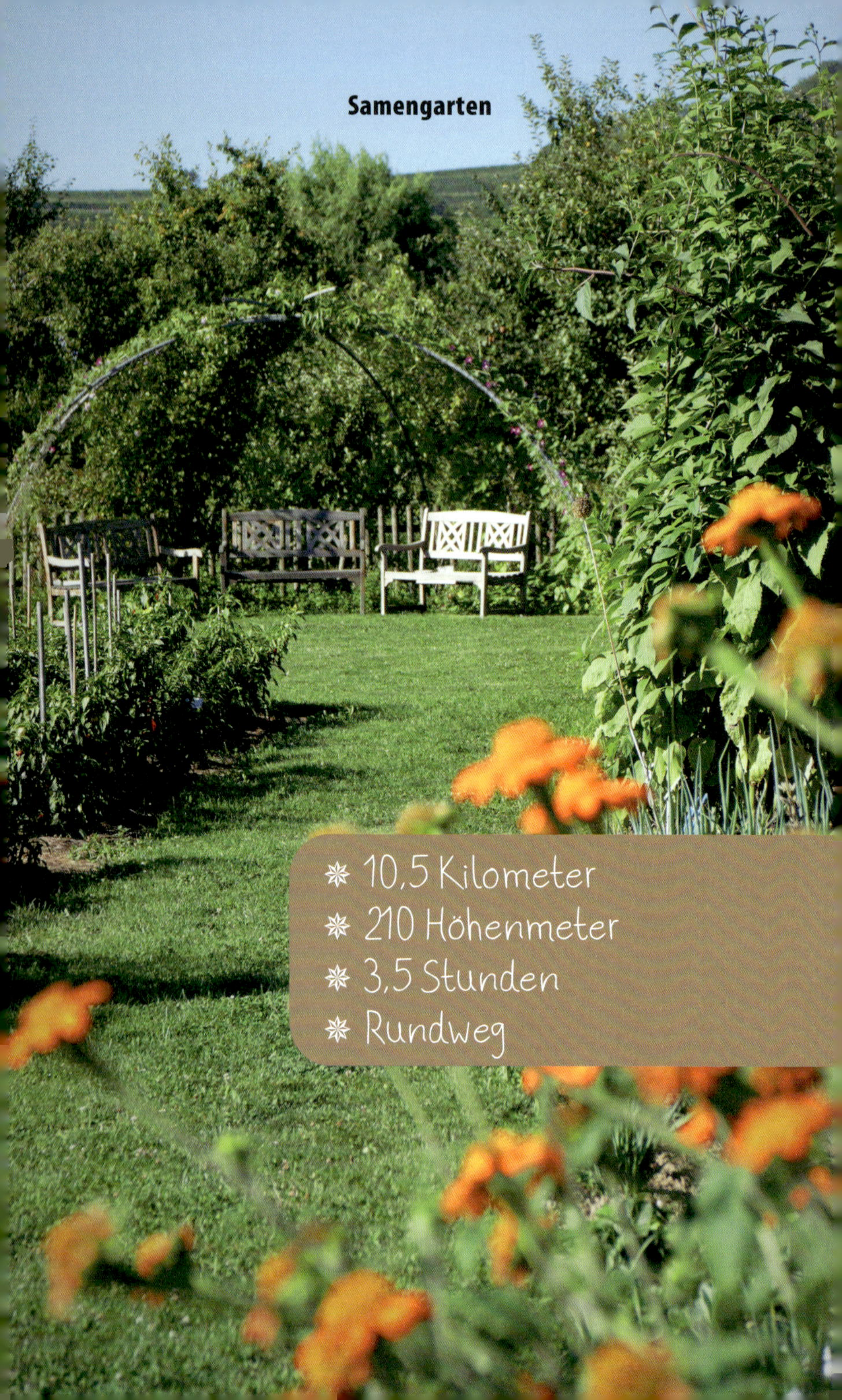

- 10,5 Kilometer
- 210 Höhenmeter
- 3,5 Stunden
- Rundweg

Pink strahlen die Dahlien im satten Grün, leuchtend gelbe Sonnenblumen strecken uns ihre Köpfe entgegen: Wir beginnen unsere Tour am **Samengarten** in Eichstetten. Dieses farbenprächtige Kleinod am Rande der Weinberge ist Ausgangs- und Endpunkt unseres Rundweges. Jetzt werfen wir nur ein paar bewundernde Blicke über den Gartenzaun, bei der Rückkehr wollen wir hier jedoch länger verweilen. Zunächst lassen wir uns vom **Eichstetter Geopfad** hinein in die Erdgeschichte des Kaiserstuhls führen. Wir folgen dazu dem Wegzeichen mit dem Blauen Enzian, das uns oberhalb des Samengartens hinein in den Weinberg bringt.

*Der **Geopfad Eichstetten** führt auf knapp 10 Kilometern vom Samengarten bis zum Eichelspitzturm. Auf 13 Stationen werden den Wanderern geologische und geografische Besonderheiten des Kaiserstuhls nähergebracht.*

Mit weitem Blick über die östlichen Ausläufer des Kaiserstuhls wandern wir einen weichen Wiesenweg entlang und erreichen bald die erste Station unserer Tour: einen **Lössstollen (1)**, 35 Meter tief in den Berg hineingegraben. Hier können wir erahnen, wie dick die Schicht aus Löss ist, die den vulkanischen Grundstock des Kaiserstuhls umhüllt. Und wie leicht sich in das flaumweiche Gestein ein Tunnel oder Keller schürfen

Fruchtbarer Osten

Rund um den Eichstetter Samengarten

ließ. Das macht die besonderen Eigenschaften des Lösses aus: weich und durchlässig, aber auch sehr standfest. 1920 von einem Winzer angelegt, führte der Stollen einst auf ein höher gelegenes Grundstück. Heute ist der obere Ausgang verschüttet.

Wir wandern an der sonnenverwöhnten Böschung weiter und erkennen schon, warum diese öst-

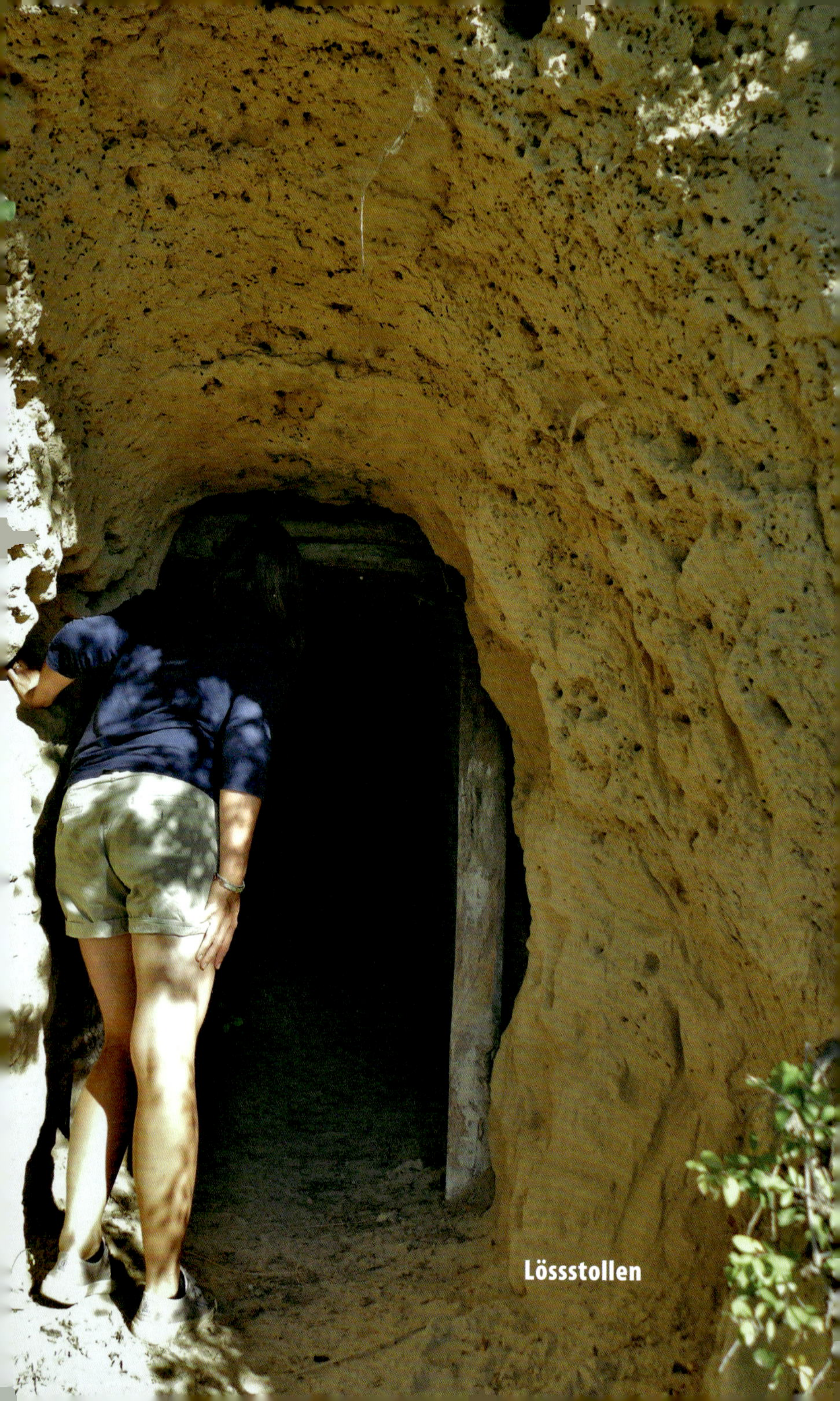
Lössstollen

liche Flanke gerne als Obstgarten des Kaiserstuhls bezeichnet wird. Gelbbackige Pfirsiche hängen am Baum über uns, später kommen wir an Feigen- und Quittenbäumen vorüber. Während wir den Eichelspitzturm über uns in der Sonne glänzen sehen, wandern wir hinein ins **Rusental 2**, eine Senke, die von der Flurbereinigung weitgehend verschont geblieben ist und noch ihre ursprüngliche kleinräumige Struktur besitzt. Kirschbäume wachsen hier ebenso wie Reben, hohe Bäume wechseln sich mit niederen Sträuchern ab, mit geübtem Auge lassen sich Mandelbäume aufspüren. Die hübschen Blüten der Kamille bedecken

*Als erste Frühlingsboten präsentieren sich alljährlich die **Mandelbäume** im Kaiserstuhl – so auch im Rusental. Manchmal schon Mitte Februar, spätestens aber im März kündigen sie mit ihrer rosa Blütenpracht das Ende des Winters an.*

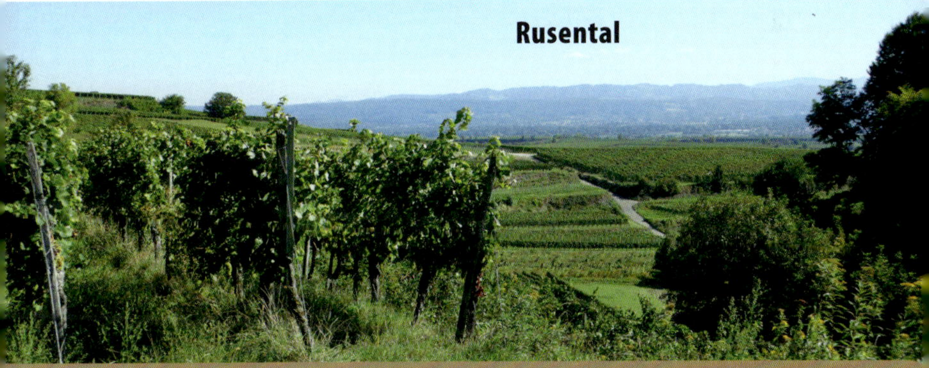
Rusental

Für die Seele

Zwischen alten Obstbäumen und leuchtenden Blumen wandern wir entlang der Ostflanke des Kaiserstuhls zum einmaligen Eichstetter Samengarten.

den Boden und die duftenden Dolden des Holunders die höheren Böschungen.

Wir entdecken am Wegesrand weitere Gesteinsarten, die für den Kaiserstuhl ganz typisch sind: Mergel und Phonolith. Ersterer – rund 30 Millionen Jahre alt – stammt aus der Zeit, als der Oberrheingraben noch ein Meeresarm war. Die Phonolithplatten dage-

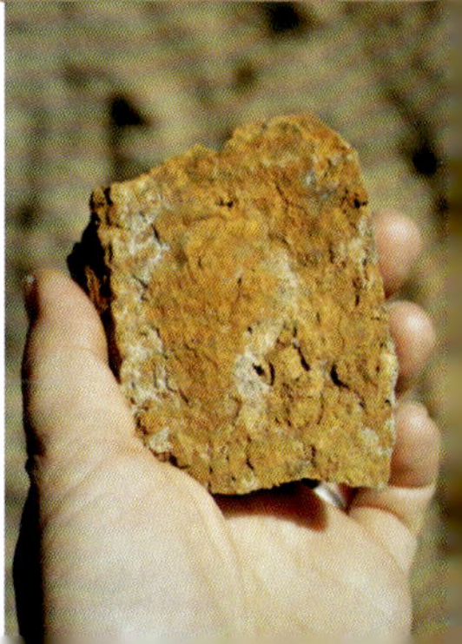

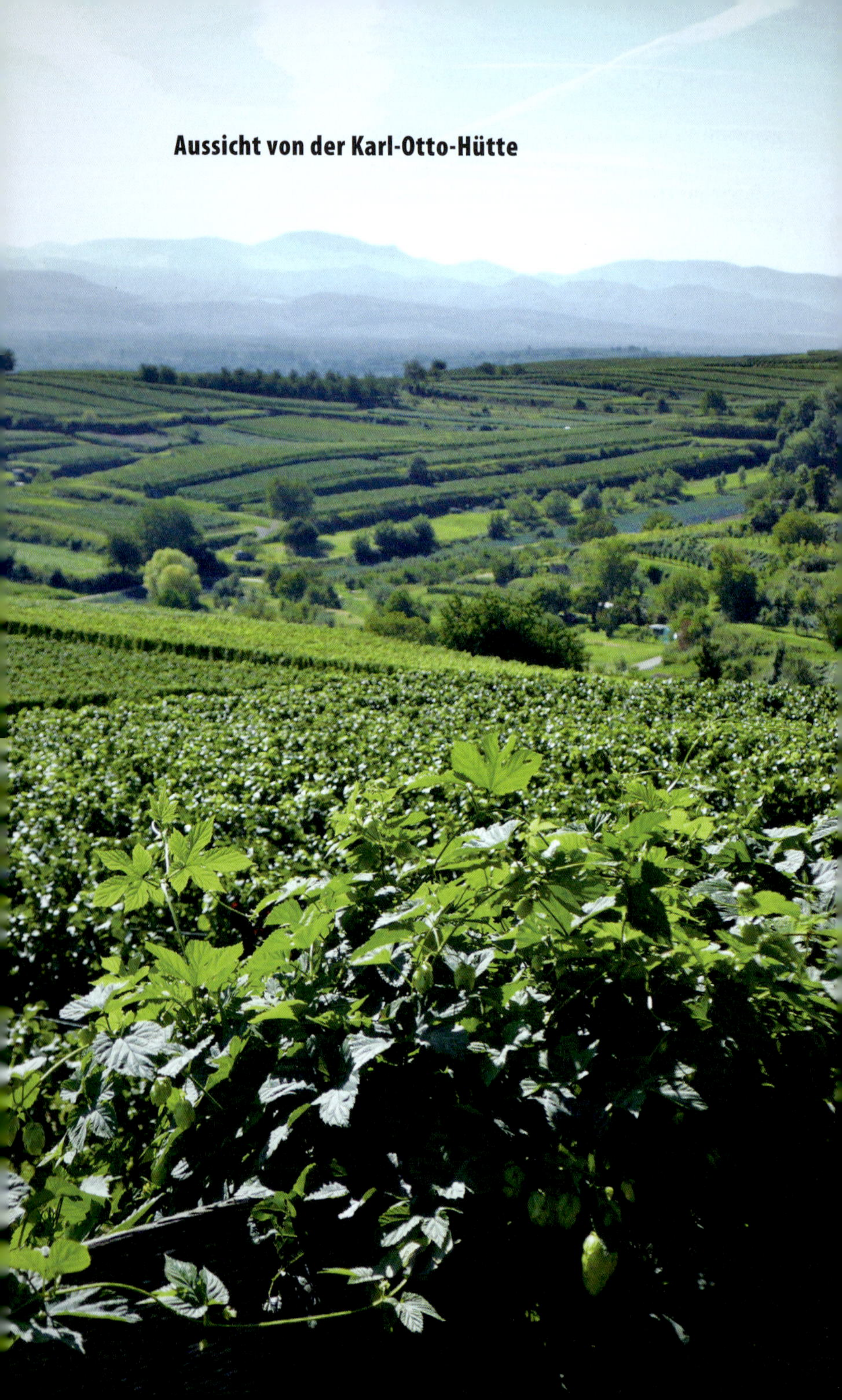

Aussicht von der Karl-Otto-Hütte

gen sind jünger, vulkanischen Ursprungs, und dort entstanden, wo unterirdisch Magma nach oben drückte, allerdings nicht zum Ausbruch kam (siehe auch Tour 6).

Der Geopfad führt uns nun hinaus aus dem kleinen Tal und weiter die Weinberge hinauf zur **Karl-Otto-Hütte** ❸, die eine wunderbare Aussicht über die Reben hinunter ins Dreisamtal und hinüber in den Schwarzwald bereithält. Oberhalb der Hütte wandern wir auf Wiesenwegen zunächst durch den Weinberg, gelangen dann in den Wald und durch einen kleinen Hohlweg zum **Steinbruch Meisensatz** ❹. Wegen Steinschlaggefahr dürfen wir nicht zu nahe an die Wand aus vulkanischem Gestein herantreten. In einem vorgelagerten Block aus dem Steinbruch aber lässt sich erneut eine typische Gesteinsart erkennen: der grauschwarze Tephrit mit seiner porenartigen Struktur, in dem kleine Einsprengsel von schwarzem Augit zu sehen sind.

Vor rund 65 Millionen Jahren geriet der Boden im Südwesten Deutschlands in Bewegung, die Erdkruste riss, riesige Gesteinsschollen sanken in die Tiefe. Dass hier heute kein Canyon klafft, liegt an der Erosion, die den Graben immer wieder mit Sedimenten zuschüttete.

Nachdem wir uns eingehend mit der Geologie des Kaiserstuhls beschäftigt haben, wenden wir uns nun wieder dem zu, was auf diesem Boden so wunderbar gedeiht: den Reben. Wir wandern zunächst noch auf dem Geopfad zum Wegpunkt „Überm Pfaffental", biegen dort aber rechts in Richtung **Waldhütte am Käferholz** ❺ ab. Die Hütte samt Grillplatz ist ein herrlich grüner Platz, um zu rasten und erneut die wunderbare Aussicht ins Tal zu betrachten.

Nördlich der Hütte führt unser Weg nun hinunter zum **Wihltalblick** ❻. Wir wandern vorbei an wunderbaren Gärten mit kleinen Rebhäuschen, wo Tomaten in der Sonne reifen, Rosen blühen und die Wiesen vom Blau des langstieligen Wiesensalbeis durchzogen sind. Immer wieder steht eine Bank so schön am Wegesrand, dass wir uns setzen und ein wenig entspannen und aus dem bezaubernden Blick ins Wihltal Energie schöpfen: Reben wechseln sich hier mit Feldern ab, hochstämmige Obstbäume strecken sich empor.

*Weil im **Wihltal** alte hochstämmige Obstbäume erhalten und neue gepflanzt werden, beherbergt das Tal nahe Bahlingen eine beeindruckende Artenvielfalt: Rehe und Hasen oder Grünspechte, Steinkäuze oder Wiedehopfe haben hier ein Zuhause gefunden.*

Wir haben nun den Steinkauzpfad erreicht, der uns in südlicher Richtung über den Rennweg zurück nach Eichstetten bringen wird. Auf ebenen Wegen schlendern wir durch den Weinberg und an leuchtenden Sonnenblumenfeldern vorüber und erreichen schließlich den **Breitenwegerhof** ⑦. Kühe weiden auf den Wiesen ringsum, Hühner rennen gackernd umher. Direkt am Hof können wir die demeter-zertifizierten Milchprodukte aus eigener Herstellung probieren und kaufen: würzigen Bergkäse oder den mit Blüten und Kräutern verzierten Hartkäse namens Blumengruß, Schnittkäse mit Schabzigerklee oder Frischkäse mit Kräutern und Knoblauch. Ein Genuss, den wir uns gern mit nach Hause nehmen.

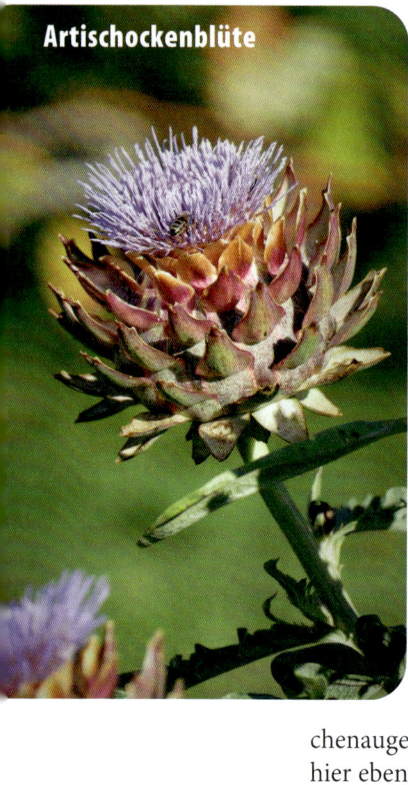
Artischockenblüte

Nun machen wir uns an das letzte Wegstück, das uns auf dem Steinkauzpfad über den Lupberg zunächst hinein nach Eichstetten und von dort den **Altweg** hinauf zurück zum **Samengarten** ⑧, unserem letzten Ziel auf dieser Wanderung, führt. Wir treten ein in dieses kleine Paradies, wo auf 5000 Quadratmetern mehr als 200 Pflanzenarten gedeihen – bekannte, aber auch seltene und beinahe vergessene. Die Stiftung Kaiserstühler Garten macht es sich zur Aufgabe, den Reichtum an Kulturpflanzen in der Region zu erhalten. Rot glänzen die Schoten der Peperoni, lila entfalten sich die immensen Blüten der Artischocke, gelb leuchten die Tupfen, die das Färber-Mädchenauge ringsum verteilt. Riesige Auberginen reifen hier ebenso wie eine fast vergessene Spinatsorte mit buschigen roten Blüten, kräftige Kohlrabiköpfe und Tomaten in allen Farben. Und auch von diesem Genuss können wir etwas für zu Hause einpacken – in Form von Saatgut: Auf, dass auch Garten und Balkon daheim so wunderbar in allen Farben leuchten wie der Samengarten von Eichstetten. Zunächst aber schen-

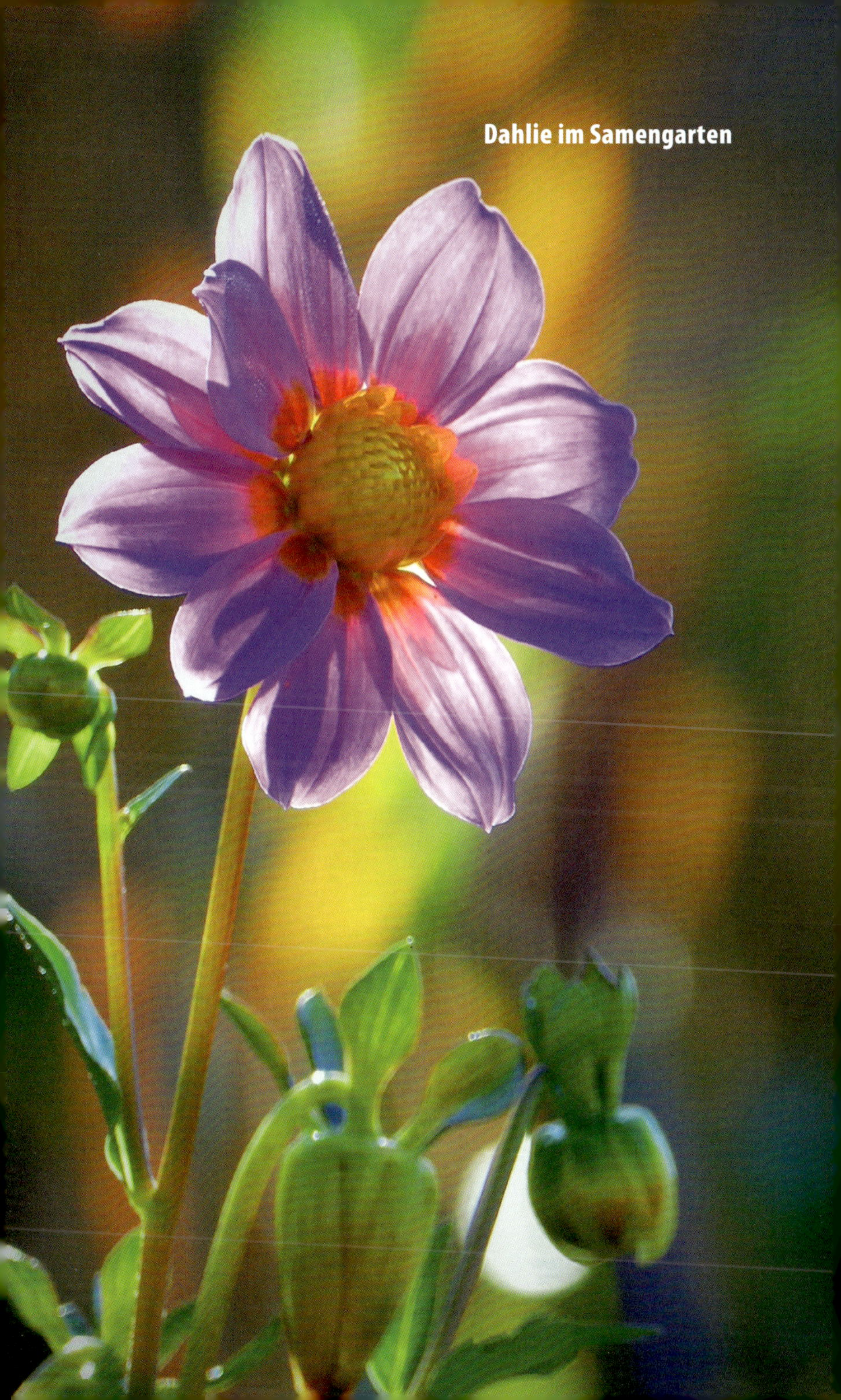

Dahlie im Samengarten

ken wir uns gegen eine Aufwandsentschädigung ein Glas frischen Apfelsaft ein und nehmen in der grünberankten Gartenlaube Platz. Ein herrlicher Ort, um zwischen wunderbaren Blüten, ungewöhnlichen Gemüsesorten und Obstbäumen noch ein wenig zu verweilen.

Auf der Rückfahrt durch den Ort Eichstetten machen wir dann noch im **Weingut Hiss** 9 Halt, einem gläsern-funkelnden Gebäude im Ortskern, das sich trotz seiner modernen Architektur hervorragend in die Häuserreihe des Winzerortes einfügt. Hier können wir in fantastischem Ambiente die ganze Vielfalt der Kaiserstühler Weine erwerben oder aber zunächst ein Gläschen auf der Dachterrasse genießen – mit weitem Blick über den Ort und die Weinberge.

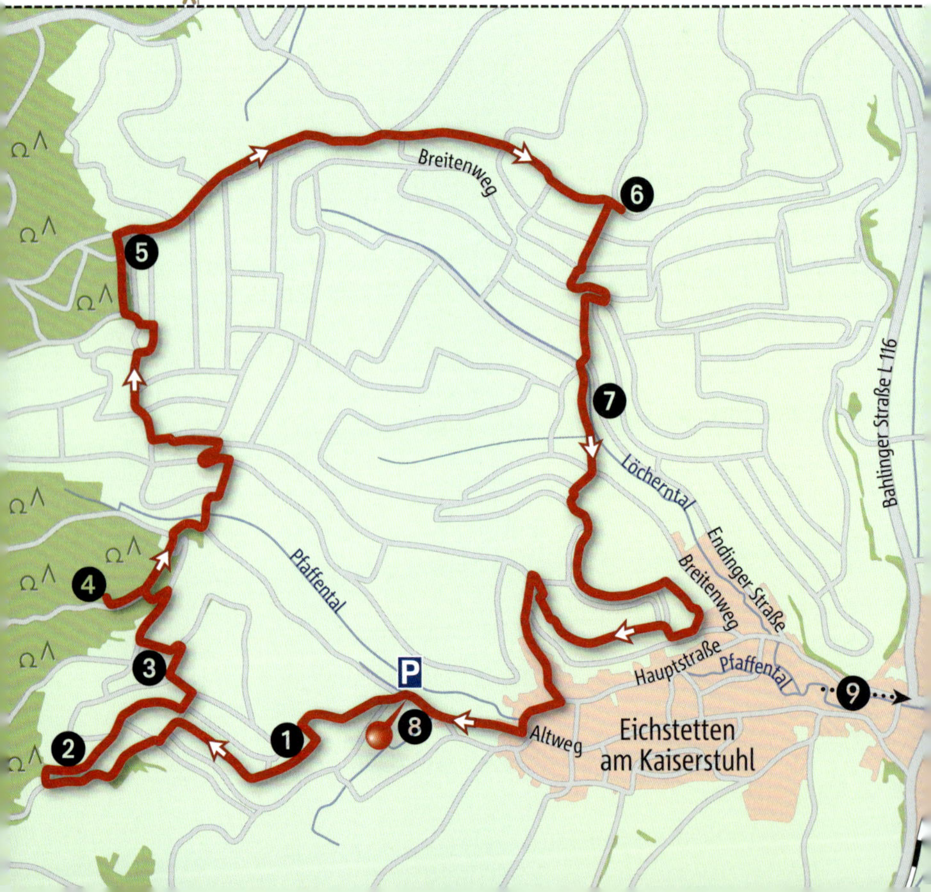

Alles auf einen Blick

WIE & WANN:
Vor allem befestigte ebene Wege; beste Wanderzeit von April bis Oktober, besonders im Herbst zu empfehlen, wenn alle Früchte reif sind und die Dahlien im Samengarten blühen.

HIN & WEG:
Auto: Parkplatz am Samengarten, Altweg 129, 79356 Eichstetten am Kaiserstuhl (GPS: 48.094303, 7.722686)
ÖPNV: S 1 von Freiburg-Hauptbahnhof bis Gottenheim, dann weiter mit S 12 nach Eichstetten

ESSEN & ENTSPANNEN:
Weingut Hiss ❾ Hauptstraße 31, 79356 Eichstetten am Kaiserstuhl, Tel. (0 76 63) 12 36, www.weingut-hiss.de

ENTDECKEN & ERLEBEN:
Lössstollen ❶
Rusental ❷
Karl-Otto-Hütte ❸
Steinbruch Meisensatz ❹
Waldhütte am Käferholz ❺
Wihltalblick ❻

Entspannungsfaktor ✸✸✸✸✸
Genussfaktor ✸✸✸✸
Romantikfaktor ✸✸✸

Breitenwegerhof ❼ Endinger Straße 55, 79356 Eichstetten am Kaiserstuhl, Tel. (0 76 63) 91 27 27
Samengarten ❽ Altweg 129, 79356 Eichstetten am Kaiserstuhl

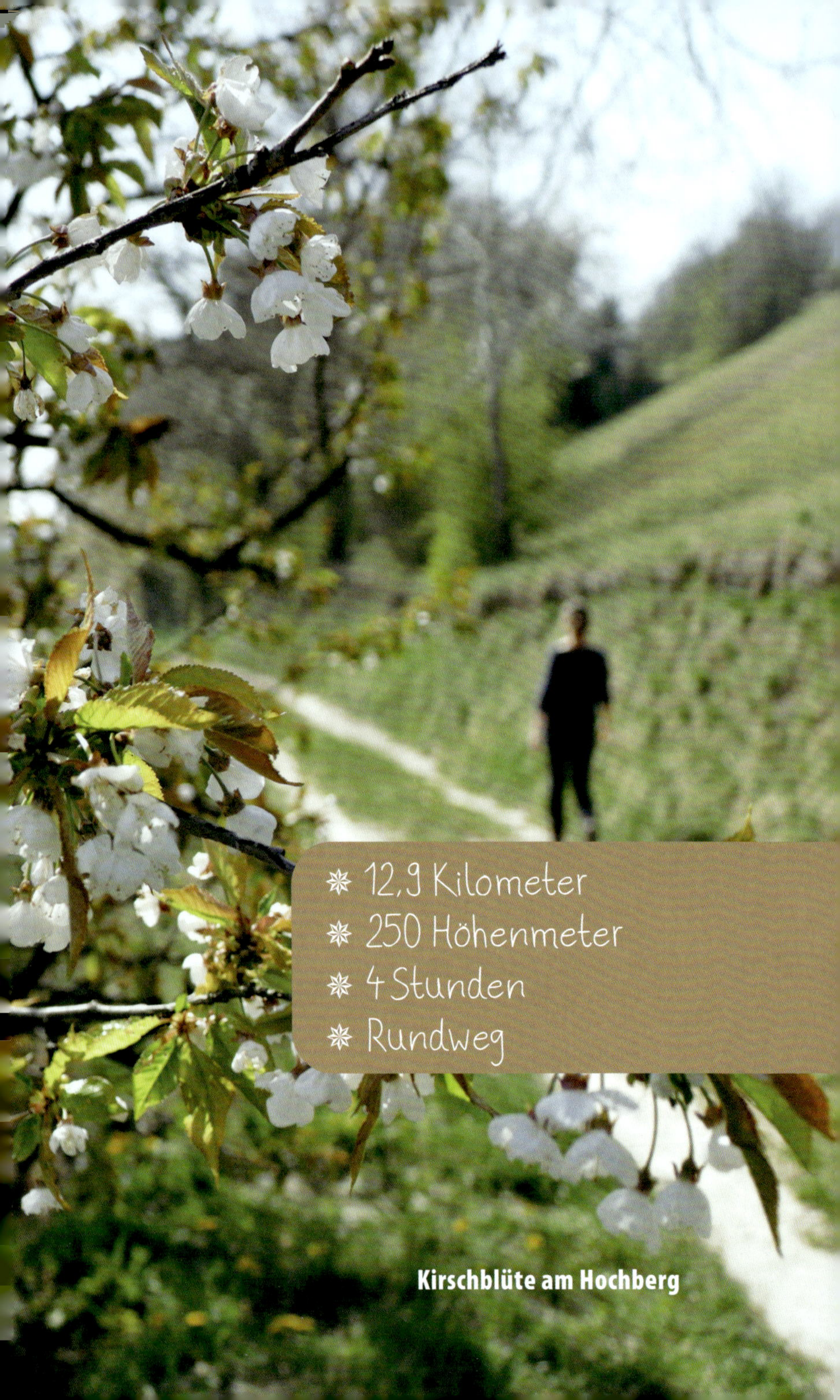

Kirschblüte am Hochberg

Wir starten am Bahnhof in **Sasbach** und wandern auf dem **Kirschbaumpfad** Richtung Leiselheim. Der Weg führt zunächst an der Bahnlinie entlang, steigt bald an, führt um ein Gehöft herum und zieht sich dann am Hang entlang nach Osten. Unter uns im Tal erstrecken sich die Obstplantagen – und das ist ein wahres Fest für die Augen, wenn im Frühjahr das Hellgrün der Wiesen allerorten mit den weiß blühenden Kirschbäumen durchzogen ist. Spätestens ist das im April der Fall, je nach Temperaturen aber auch schon deutlich früher. Mal sind es niedere Plantagen, mal aber auch kräftige Hochstämme, die ihre Blütenzweige in alle Richtungen strecken. Und die locken nicht nur Wanderer und Radfahrer an, sondern auch eine Menge Wildbienen. Ein Summen und Brummen umgibt uns, sobald wir uns einem Kirschbaum nähern.

Wir erreichen eine Wegkreuzung, hier nehmen wir nicht die Fahrstraße in östlicher Richtung, sondern wandern an den Reben den Wiesenweg hinauf, vorbei an den herrlichen alten Kirschbäumen mit ihren knorrigen Stämmen. Die leichte Frühlingsbrise pflückt ein

Kirschen und Kirchen

Von Sasbach nach Leiselheim

paar Blütenblätter vom Baum und lässt sie wie weiche Schneeflocken über uns herabschneien. Auch die Wiesen sind übersät von Farbtupfern, Tausende gelbe Blüten des Löwenzahns sprenkeln das Grün unter den Bäumen, unter den noch kahlen Reben liegt ein hellblauer Teppich von Ehrenpreis, tiefblaue Traubenhyazinthen setzen weitere Farbakzente.

Wir erreichen die Anhöhe des **Hochbergs** ❶ und genießen einen beeindruckenden Blick zurück auf den westlich von Sasbach gelegenen Limberg, der seine vulkanische Gesteinsstruktur hier präsentiert. Nun wenden wir uns nach Osten. Ein Stück des Wegs erwartet uns ein weiteres wunderbares Panorama, diesmal auf Kirschen und Kirchen. Gleich drei Kirchtürme sind von hier aus zu sehen: der von Leiselheim, der unten im Tal liegt, dahinter der Turm von St. Petronilla in Kiechlinsbergen und linker Hand in der Ebene der Kirchturm von Königschaffhausen.

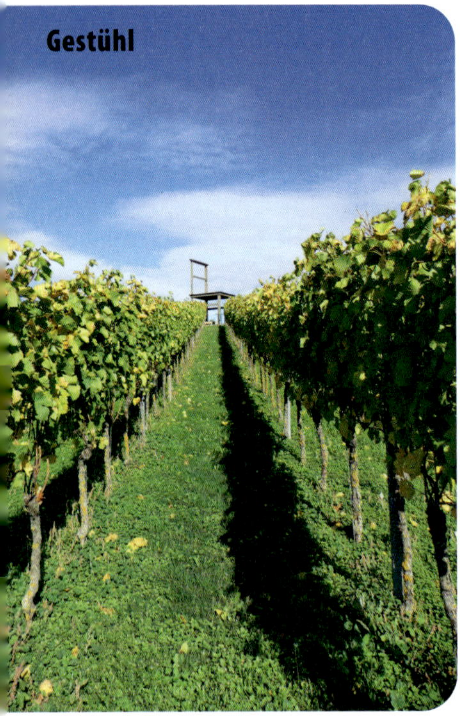
Gestühl

Hinter der nächsten Wegbiegung schmiegt sich unser Pfad am Hang entlang. Zwischen den Bäumen ragt nun der Ort hervor, dem der Kaiserstuhl wohl seinen Namen verdankt. Ein riesenhafter hölzerner Stuhl steht hier am Gewann **Gestühl** ❷ mitten im Weinberg – und weist auf die Stelle hin, an der der deutsch-römische König Otto III. im Jahr 994 einen Gerichtstag abgehalten haben soll. Gerichtsstuhl nannte man den Ort, an dem sich ein Gericht damals versammelte – und so wurde der Legende nach aus dem Gebiet rundherum zunächst der „Königstuhl". Nur zwei Jahre später krönte man Otto zum Kaiser und auch der Kaiserstuhl soll dadurch seinen endgültigen Namen erhalten haben. Ob das wohl stimmt? Historisch belegt ist die Bezeichnung „Kaiserstuhl" jedenfalls erst seit 1304.

Während wir noch nachgrübeln, wandern wir auf den Stuhl zu. Wir haben einen wunderbaren Blick in die Oberrheinebene, während wir hinunter nach **Leiselheim** wandern. Im Ort biegen wir links in die **Gestühlstraße** ein, dann rechts in die **Steuernbergstraße** und überqueren die **Meerweinstraße.** Wer sich nun ein wenig stärken möchte, kann auf der Gartenterrasse des **Café Lissele** (3) eine feine Kirschtorte essen. Anschließend steigen wir die **Scherchstraße** hinauf, verlassen den Ort in östlicher Richtung und erreichen schon nach wenigen Metern einen Aussichtspunkt, von dem aus wir die ganze Umgebung nach Westen hin überblicken können: das Gestühl, Sasbach, den Limberg und weit dahinter den mächtigen Vogesenkamm mit der Hohkönigsburg. Unser Weg geht nun zunächst langsam, aber stetig bergan und schließlich einen richtig steilen Anstieg hinauf. Für alle, die sich hier quälen: Oben erreichen wir einen wunderbaren Wald, die Sonnenstrahlen fallen durch die Bäume, Bänke und Tische laden zum Rasten im Waldschatten ein, und der noch beeindruckendere Vogesenblick entschädigt für alle Mühen des Anstiegs.

Wir wandern einen Lössweg weiter durch den Wald und entdecken in den Lösswänden rechter Hand zahlreiche Einkerbungen und inzwischen verschlossene Eingänge zu ehemaligen Höhlen. Die Bevölkerung nutzte diese Höhlen während des Zweiten Weltkriegs als Schutzbunker.

Für die Seele

Über einem Meer aus weißen Kirschblüten wandern wir durch den nördlichen Kaiserstuhl und werden auf dem Hochberg mit einem umwerfenden Vogesenpanorama belohnt.

Wo der Wald sich lichtet, trifft der Kirschbaumauf den Bienenfresserpfad, und wir folgen nun Letzterem in Richtung **Eckwaldhütte** (4) und Bischoffingen. Von der Hütte aus – wieder ein herrlich kühler Ort für eine Rast – führt uns ein schmaler Pfad nach Westen. Ganz märchenhaft ist dieser von Brombeeren umrankte Weg. Sobald wir den Wald verlassen, geht es geradeaus auf einem Wiesenweg weiter. Bald darauf biegt der Bienenfresserpfad links ab, wir aber wandern geradeaus weiter ins Jechtinger Ried hinunter. Zunächst müssen wir die Straße zwischen Leiselheim und Jechtingen überqueren, ein Stück weiter rechts finden wir auf der anderen Straßenseite den Weg, den wir nun wählen wollen. Es geht durchs Ried zum südlichen Hang des Hochbergs. Oberhalb der Winzergenossenschaft erklimmen wir in Serpentinen die Anhöhe. Das ist sehr anstrengend, aber belohnt werden wir am **Pavillon auf dem Hochberg** (5) ebenfalls wieder mit einem wunderbaren und unbezahlbaren Blick ins Innere des Kaiserstuhls. Wir kommen auf den **Wiedehopfpfad,** dem wir nun ein Stück in Richtung Sasbach folgen wollen. Während unser Weg nach Norden einschlägt, erkennen wir im Tal schon die Kapelle am Eichert. An der nächsten Gabelung, wählen wir den linken, geteerten Weg, der uns vom Hochberg hinunterführt. Hier gibt es keine Beschilderung, wir orientieren uns darum stets am spitzen Turm der Kapelle, der immer wieder zwischen den Reben aufblitzt. Zunächst geht es auf Jechtingen zu, dann rechts einen Wiesenweg weiter. An der Stelle, an der wir auf einen Schotterweg stoßen, der wieder bergauf führt, entscheiden wir uns für den linken, den abschüssigen Weg und biegen vor dem Ort rechts zur **Kapelle am Eichert** (6) ab. Das kleine Gebäude wurde in den 1950er-Jahren gebaut – aus Dankbarkeit. Im Kriegsjahr 1945 hatte nämlich der örtliche Pfarrer ein Gelöbnis abgelegt: Sollte Jechtingen von schlimmen Bombardierungen verschont bleiben, werde man zum Dank jedes Jahr eine Prozes-

Pavillon auf dem Hochberg

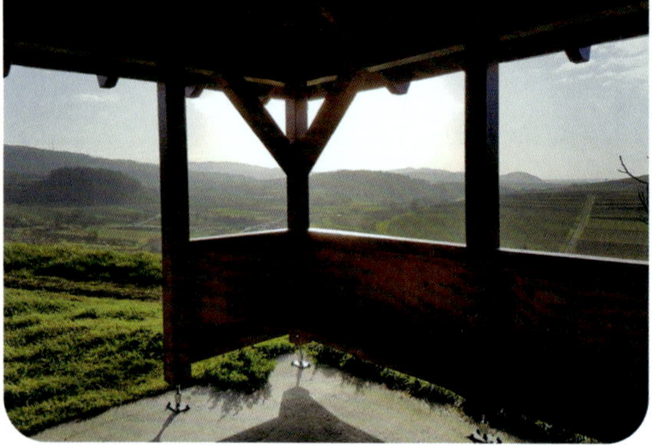

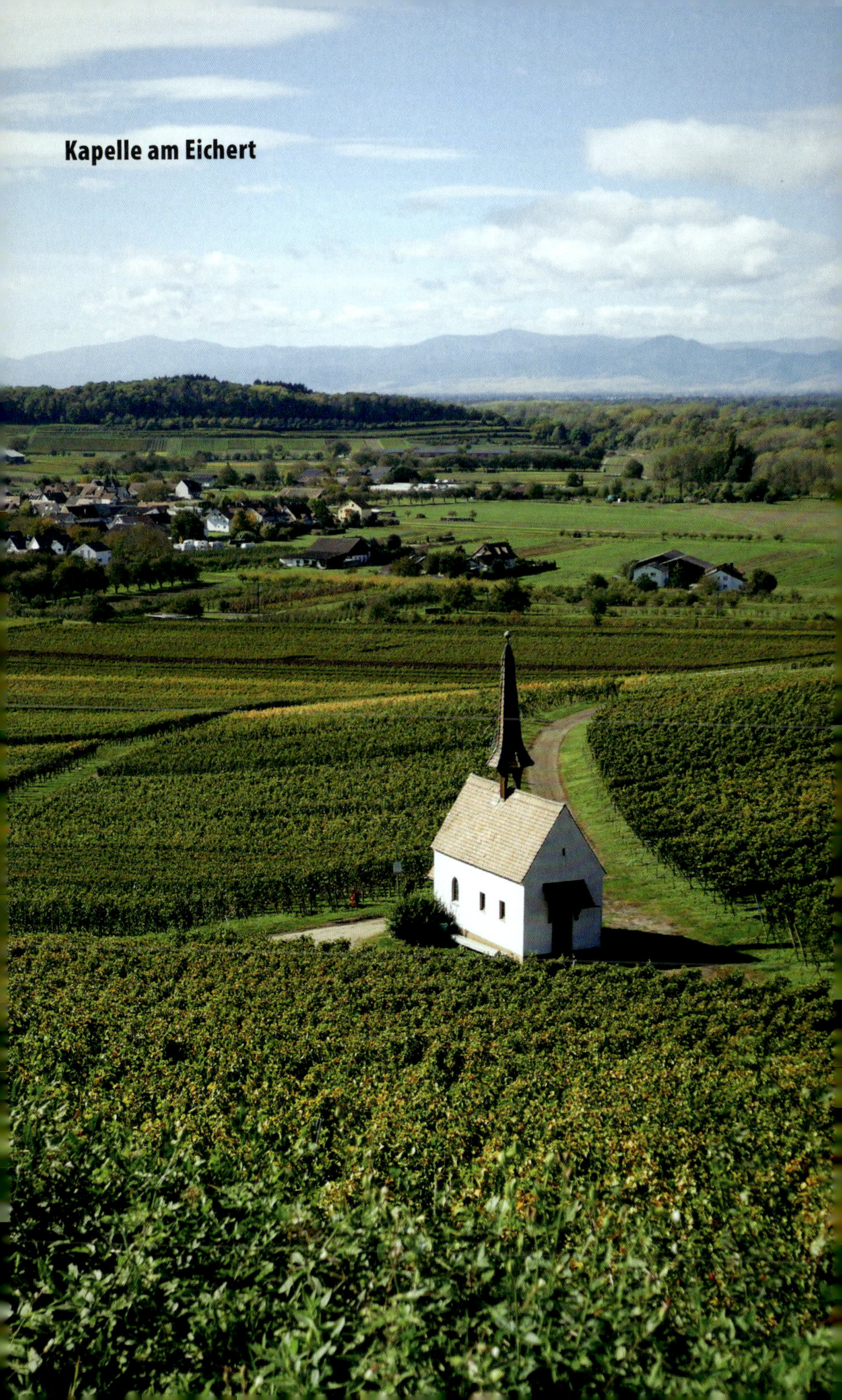

Kapelle am Eichert

sion abhalten. Jechtingen blieb verschont, und die Gemeinde pilgerte von nun an jährlich hinüber zur Litzelbergkapelle bei Sasbach. Als das wegen zu viel Verkehr nicht mehr möglich war, wollte man an dem Versprechen weiterhin festhalten und erbaute die Kapelle am Eichert. Und diese liegt zwischen den Reben so zauberhaft eingebettet, dass sie ein sehr beliebtes Fotomotiv geworden ist. Nachdem wir den Blick hinüber nach Leiselheim in uns aufgesogen haben, wandern wir an der Kapelle vorbei nach Norden und erreichen dort eine Weggabelung. Wir kennen diese schon vom Anfang der Tour und kehren auf dem Kirschbaumpfad zurück in den Ort, wo wir uns in direkter Nähe zum Bahnhof in der **Bürgerstube Sasbach** 7 verwöhnen lassen können.

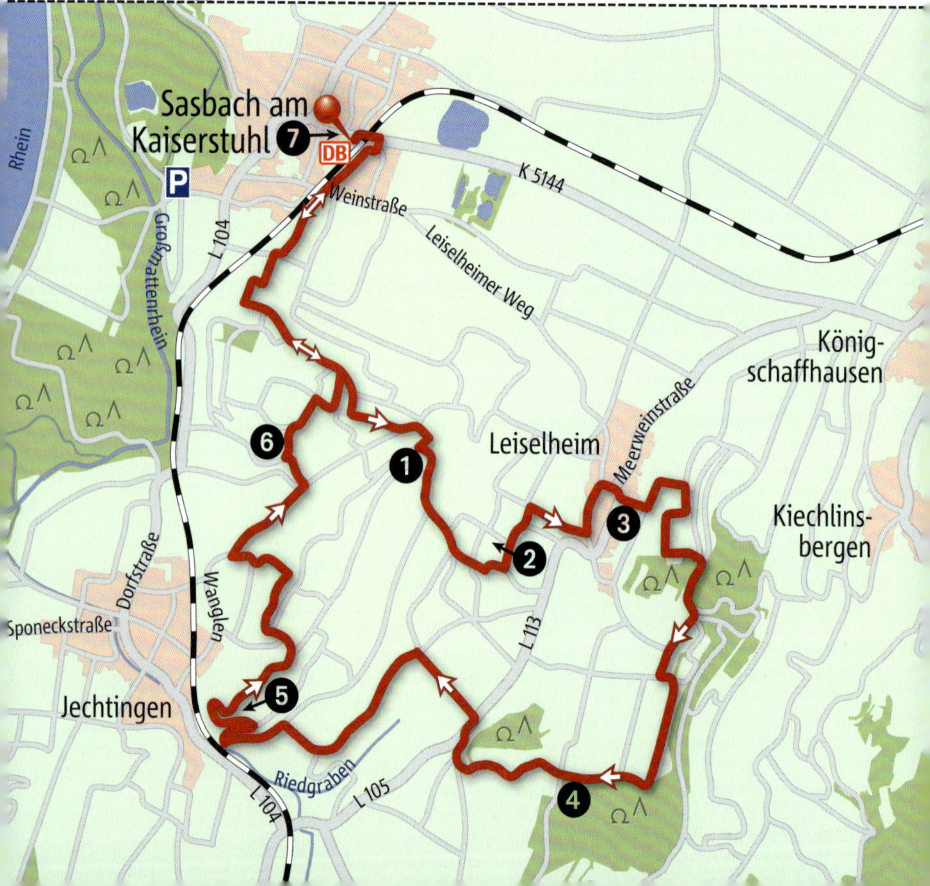

Alles auf einen Blick

WIE & WANN:
Leicht begehbare Wege mit zwei sehr kräftigen Anstiegen; beste Wanderzeit ist im Frühjahr zur Kirschblüte oder im Herbst, wenn sich die Reben färben.

HIN & WEG:
Auto: Parkplatz hinter der Rheinauen-Grundschule Sasbach (GPS: 48.136900, 7.608641), von dort über Straßen Dorfinsel und Im Bergle zum Bahnhof
ÖPNV: Bus 102 oder S-Bahn von Breisach oder Riegel bis Sasbach Bahnhof

ESSEN & ENTSPANNEN:
Café Lissele ❸ Scherchstraße 2, 79361 Sasbach am Kaiserstuhl (Leiselheim), Tel. (0 76 42) 92 96 19, www.leiselheimer-gestuehl.de
Bürgerstube Sasbach ❼ Hauptstraße 48, 79361 Sasbach am Kaiserstuhl, Tel. (0 76 42) 33 67, www.buergerstube-sasbach.de

ENTDECKEN & ERLEBEN:
Hochberg ❶
Gestühl ❷
Eckwaldhütte ❹
Pavillon Hochberg ❺
Kapelle am Eichert ❻

Entspannungsfaktor ★★★★☆
Genussfaktor ★★★★☆
Romantikfaktor ★★★☆☆

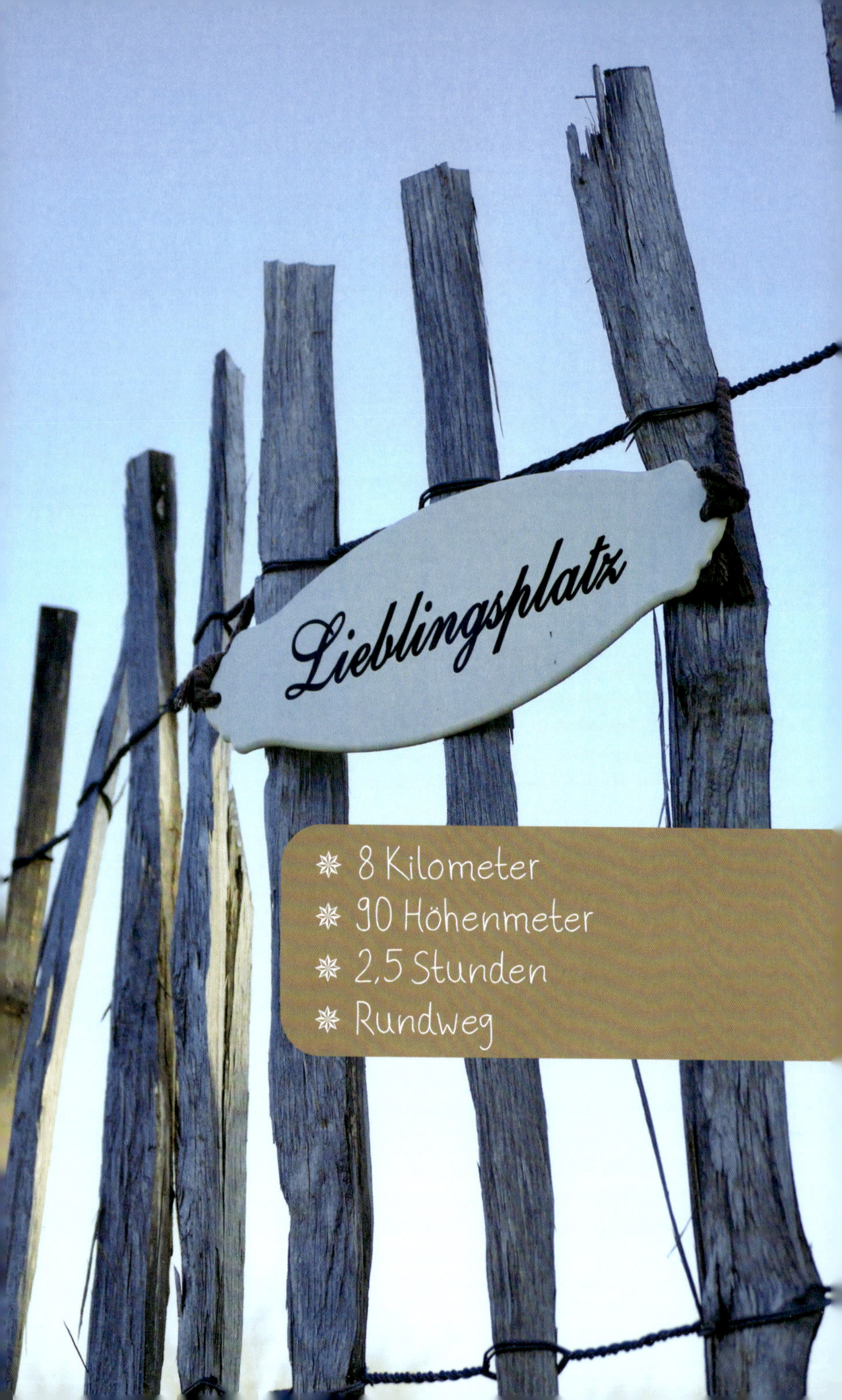

- 8 Kilometer
- 90 Höhenmeter
- 2,5 Stunden
- Rundweg

Wir beginnen unsere Tour am Rathaus von **Nimburg,** gehen ein Stück der **Langstraße** entlang und folgen dann der **Stockbrunnenstraße** zum Gasthaus Krone. Die Einkehr heben wir uns für den Ausklang der Wanderung auf. Schräg gegenüber finden wir ein Schild, das uns den Weg aufs Beckebürgli weist. Zunächst geht's hinein in die Burgstraße, dann biegen wir links ab und gelangen zwischen Wohnhäusern auf einen schmalen Weg, der uns über steile Treppen in die Höhe führt. Wir erreichen eine Anhöhe, über uns ragt das mächtige Kriegerdenkmal auf. An verwinkelten Gärten vorbei steigen wir das Berglein hinauf, uns gegenüber kommt schon der Kaiserstuhl in Sicht, auf den wir vom Nimberg aus einen wunderbaren Blick haben – und zwar auf seiner gesamten Länge von Riegel im Norden, das mit dem Brauereischloss und der Michaelskapelle gut zu erkennen ist, über Eichelspitze und Totenkopf bis zu seinen südlichen Ausläufern.

Während wir den Blick schweifen lassen, wandern wir einen Wiesenweg zum Gipfel des Hügels hinauf und können schon ein weiteres Kleinod in der Ferne ausmachen: die Nimburger Bergkirche, umrahmt von

Anders als der Kaiserstuhl ist der Nimberg nicht vulkanischen Ursprungs, sondern besteht aus Gesteinen des Braunjuras. Was beide Höhenzüge vereint? Die dicke Schicht aus Löss, die sie weitgehend überdeckt.

Mit Weitblick

Auf dem Nimberg

Reben. Das **Beckebürgli** ① ist wirklich ein herrlicher Aussichtspunkt – wir genießen einen großartigen Rundblick: Das gesamte **Schwarzwaldpanorama** vom Blauen über Belchen, Feldberg, Rosskopf, Flaunser, Kandel bis zur Burg Lichteneck oberhalb von Hecklingen breitet sich im Osten vor uns aus. Bei guter Sicht kann man in entgegengesetzter Richtung bis hinüber zu den Voge-

*In alten Urkunden wird die **Nimburg** ab dem 11. Jahrhundert erwähnt, im Jahre 1200 soll Graf Berthold von Nimburg sie an den Straßburger Bischof verkauft haben, um seine Teilnahme am vierten Kreuzzug zu finanzieren.*

sen schauen. Der Hügel, dem wir diesen wunderbaren Ausblick verdanken, ist gemeinsam mit dem Burggraben das einzige Überbleibsel einer Spornburg, die einst hier thronte: Die **Nimburg** war die Stammburg der gleichnamigen Grafen. Heute sind nicht einmal mehr Reste der Burg zu finden, so vollständig wurde sie schon vor dem 14. Jahrhundert zerstört.

Wir gehen den sanften Weg wieder hinab, den wir zuvor heraufgestiegen sind, wo dieser links abzweigt, halten wir uns am Burghügel rechter Hand und umrunden ihn einmal. Wir passieren die ersten Streuobstbäume, die hier am **Nimberg** so wunderbar wachsen und die einer Vielzahl von Tieren Heimat geben. Schon sind wir umgeben vom fröhlichen Tirili der Vögel: Kohlmeisen zwitschern, Rotkehlchen hocken in den hutzeligen Apfelbäumchen, aus dem Dorf dringt das laute Kikeriki eins Hahnes herauf. Spätestens jetzt sind wir hellwach, neugierig und bereit, all die kleinen Wunder der Natur in uns aufzunehmen.

Unser Weg führt uns noch einmal hinein in den Ort. Wo wir erneut auf die **Langstraße** treffen, halten wir uns links und gehen bei nächster Gelegenheit wieder links hinauf in Richtung Bottingen. Wir gelangen durch einen von knorrigen Bäumen beschatteten Hohlweg auf die Anhöhe. Haselnusssträucher, Brombeeren und wilder Majoran säumen den sanften Aufstieg. Dann wandern wir zwischen Reben in südlicher Richtung über den welligen Nimbergrücken. Bald schon erreichen wir die ersten kleinen Gärten mit ihren alten Obstbäumen, Gemüsebeeten und duftenden Kräuterbüschen. Im Spätsommer und Herbst finden die Wanderer am Wegrand oft einen kleinen Stand, an dem Feines aus Garten und Küche verkauft wird: knackige Äpfel, süße Feigen oder aromatisches Quittenmus.

Wir machen einen kleinen Abstecher nach links zum **Aussichtspunkt** ❷ auf dem begrünten Rücken eines Hochbehälters, wo wir einen herrlichen Blick auf die **Teninger Allmend** erhaschen können – ein ausgedehntes Waldgebiet, das früher als Weidewald genutzt wurde, heute aber dient es der Erholung und ist bei Radlern und Spaziergängern beliebt. Besonders schön ist der Blick über die Allmend im Herbst, wenn sich das Laub der Bäume in leuchtende Gelb- und Rottöne verfärbt.

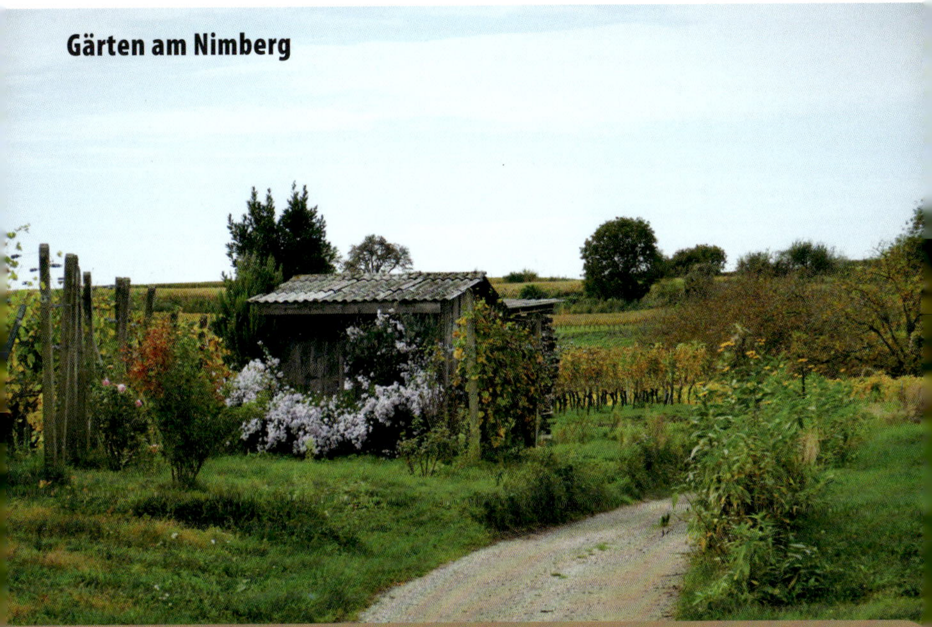

Gärten am Nimberg

Für die Seele

Das Zwitschern unzähliger Vögel im Ohr kommen wir an hübschen Gärtchen und knorrigen Obstbäumen vorbei und wandern mit wunderbarem Weitblick über den Nimberg.

Wir gehen zurück auf den Weg, wandern weiter südwärts, Wiesen voller Sonnenblumen und rosenberankte Rebhäuschen liegen am Wegesrand. Immer wieder passieren wir auch Brachflächen, wilde Böschungen und alte Steinhaufen, die einer Vielzahl von Tieren Heimat geben, die es sonst schwer haben, Unterschlupf zu finden. Auch darum ist der Nimberg ein

Paradies für Vögel, denn hier finden sie reichlich Nahrung. Immer umgibt uns ihr vielstimmiges Lied. Mal ist es das eindringliche Rufen einer Meise, mal der Gesang der Amsel, mal das Zwitschern einer Dorngrasmücke. Auch andere Vogelarten fühlen sich in der Landschaft des Nimbergs wohl: Wendehals und Wiedehopf, Bienenfresser, Grünspecht, Steinkauz und Pirol. Es lohnt sich also, ein Fernglas und vielleicht auch ein Vogelbestimmungsbuch mitzunehmen!

*Die **Dorngrasmücke** ist ein in Europa verbreiteter Singvogel. Ihren Namen verdankt sie der Tatsache, dass sie ihr Nest gern in dornigen Gebüschen anlegt. Als Zugvogel ist sie nur von April bis September am Nimberg anzutreffen, den Winter verbringt sie im tropischen Afrika.*

Mit gespitzten Ohren und wachem Blick wandern wir weiter. Wenn wir an dem Wegweiser zur Bergkirche vorbeikommen, gehen wir zunächst geradeaus; die Kirche wollen wir auf unserem Rückweg besuchen. Und auch an der Weggabelung, an der der Nimbergpfad hinunter nach Bottingen führt, wandern wir weiter nach Süden. Vorbei an prächtigen Kirsch- und mächtigen Walnussbäumen erreichen wir schließlich einen Wiesenweg, der uns zum südlichsten Punkt unserer Tour bringt – dem Wegpunkt **Hohkinzig** ❸. Hier genießen wir noch einmal das Schwarzwaldpanorama und den Blick über die Marchhügel hinweg in die Freiburger Bucht hinein, wenden uns dann nach rechts, diesmal mit großartigem Blick auf den Kaiserstuhl.

Nachdem wir eine Weile westwärts gewandert sind, biegt unser Weg rechts ab, die gelbe Raute führt uns. Wieder wandern wir vorüber an kleinen Gärten mit überwucherten Rebhütten, wilder Majoran färbt die Böschungen lila, Schilf und Goldrute strecken ihre langen Halme in die Höhe. Darüber hinweg blicken wir hinunter auf den **Neuershausener Mooswald.** Der ehemalige Wildauenwald beherbergt ebenfalls seine reiche Vogelwelt, die man an Frühlingsabenden vom Nimberg aus gut beobachten kann: Leuchtend gelbe Pirole sitzen in den Baumkronen, Graureiher haben hier ihre Schlafbäume, und dann ist bei Anbruch der Nacht bisweilen das Lied der Nachtigall zu hören.

Die Kirche aus dem Jahr 1517 war Bestandteil eines Klosters der Antoniter, das im 19. Jahrhundert abgebrochen wurde. Im Innern sind interessante Fresken zu sehen. Unter der Woche ist die Kirche geschlossen, öffnet aber zu Gottesdiensten und Konzerten ihre Pforten.

Am Klappbrunnen biegen wir links ab. Während wir erneut zur Westseite des Nimbergs hinüberwandern, sehen wir schon die **Nimburger Bergkirche** ❹ mit

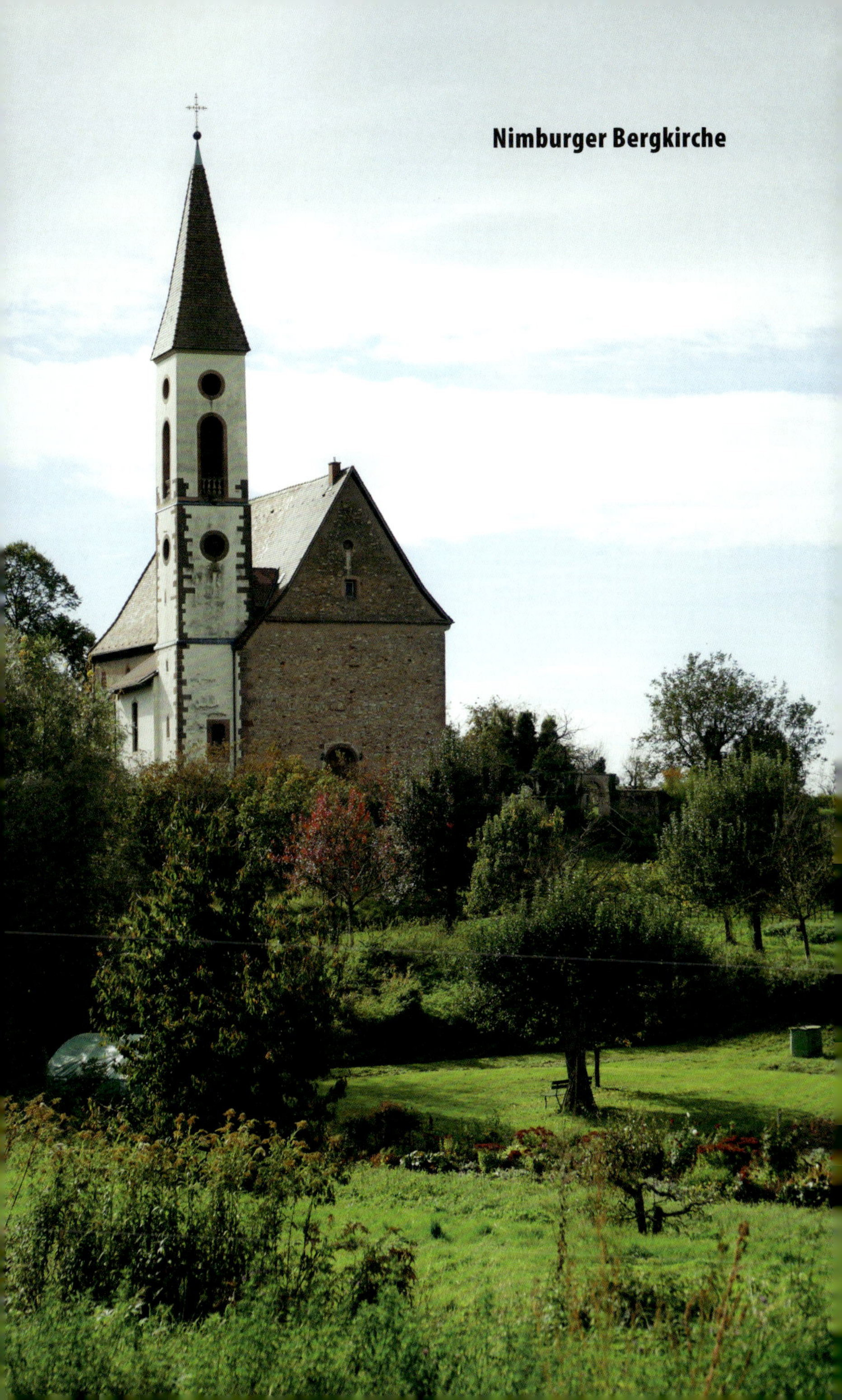

Nimburger Bergkirche

dem spitzen Turm vor uns aufragen. Am Friedhof vorbei gelangen wir in den alten Kirchhof.

Nördlich der Kirche führt unser Weg zunächst einen kleinen Hügel hinunter, dann an der Weggabelung einen Wiesenweg wieder hinauf. Unter dem luftigen Laubdach zweier Birken können wir auf einer Bank eine Pause einlegen und noch einmal den herrlichen Blick zurück zur Bergkirche genießen. Nun gelangen wir auf dem alten Kirchpfad zurück an den Ortsrand. Im Wohngebiet biegen wir links in die Straße **Im Klettenacker.** Auf der **Sonnhalde** wandern wir auf das Beckebürgli zu, gehen nun aber an seinem Fuß entlang durch die **Langstraße** zurück zum Rathaus oder zum **Gasthaus Krone** ⑤ in die Bottinger Straße, wo wir mit badischer Küche verwöhnt werden.

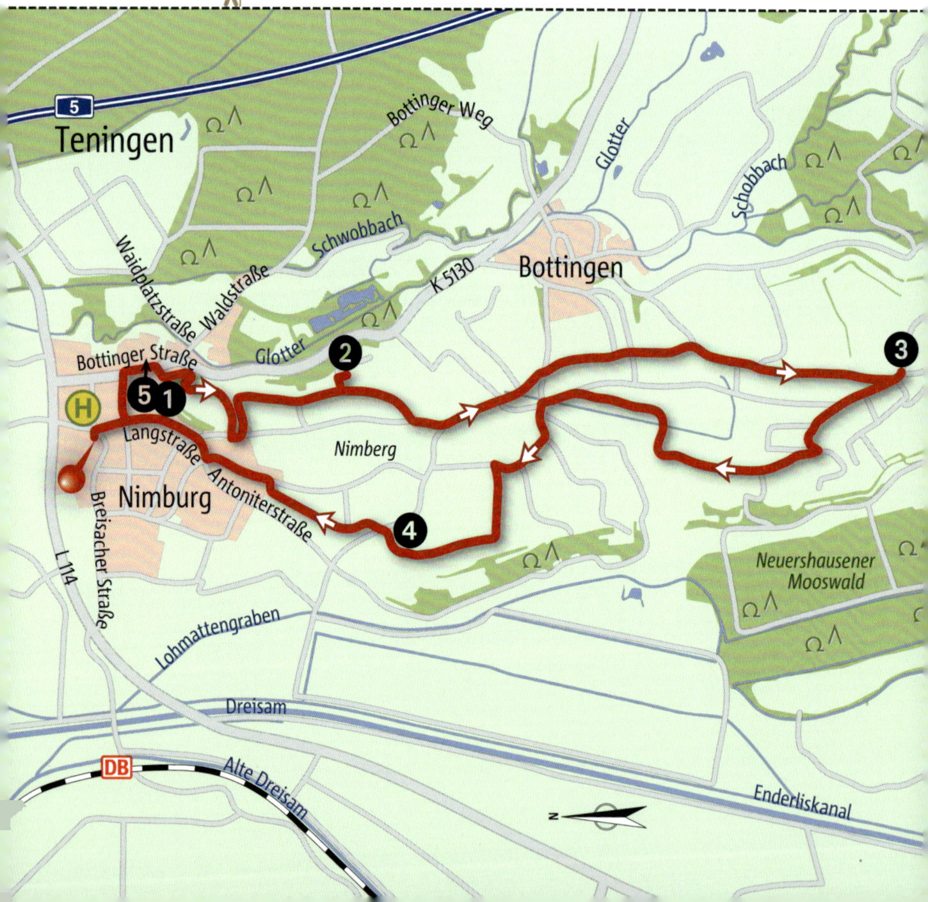

Alles auf einen Blick

WIE & WANN:

Weitgehend breite, flache Wanderwege, nur beim Aufstieg auf das Beckebürgli schmale Pfade; wer diesen Anschnitt weglässt, kann den Weg auch mit Kinderwagen begehen. Beste Wanderzeit ist von März bis November, besonders schön, wenn im Herbst alle Früchte reif sind.

HIN & WEG:

Auto: Parkplätze entlang der Langstraße, 79331 Teningen-Nimburg (GPS: 48.104914, 7.776293)
ÖPNV: Bus 201 von Freiburg Gundelfinger Straße bis Nimburg Rathaus

ESSEN & ENTSPANNEN:

Gasthaus Krone ❺ Bottinger Straße 29, 79331 Teningen-Nimburg, Tel. (0 76 63) 16 14, www.krone-nimburg.de

ENTDECKEN & ERLEBEN:

Beckebürgli ❶
Aussichtspunkt ❷
Hohkinzig ❸
Nimburger Bergkirche ❹

Entspannungsfaktor ✸✸✸✸✸
Genussfaktor ✸✸✸✸
Romantikfaktor ✸✸✸

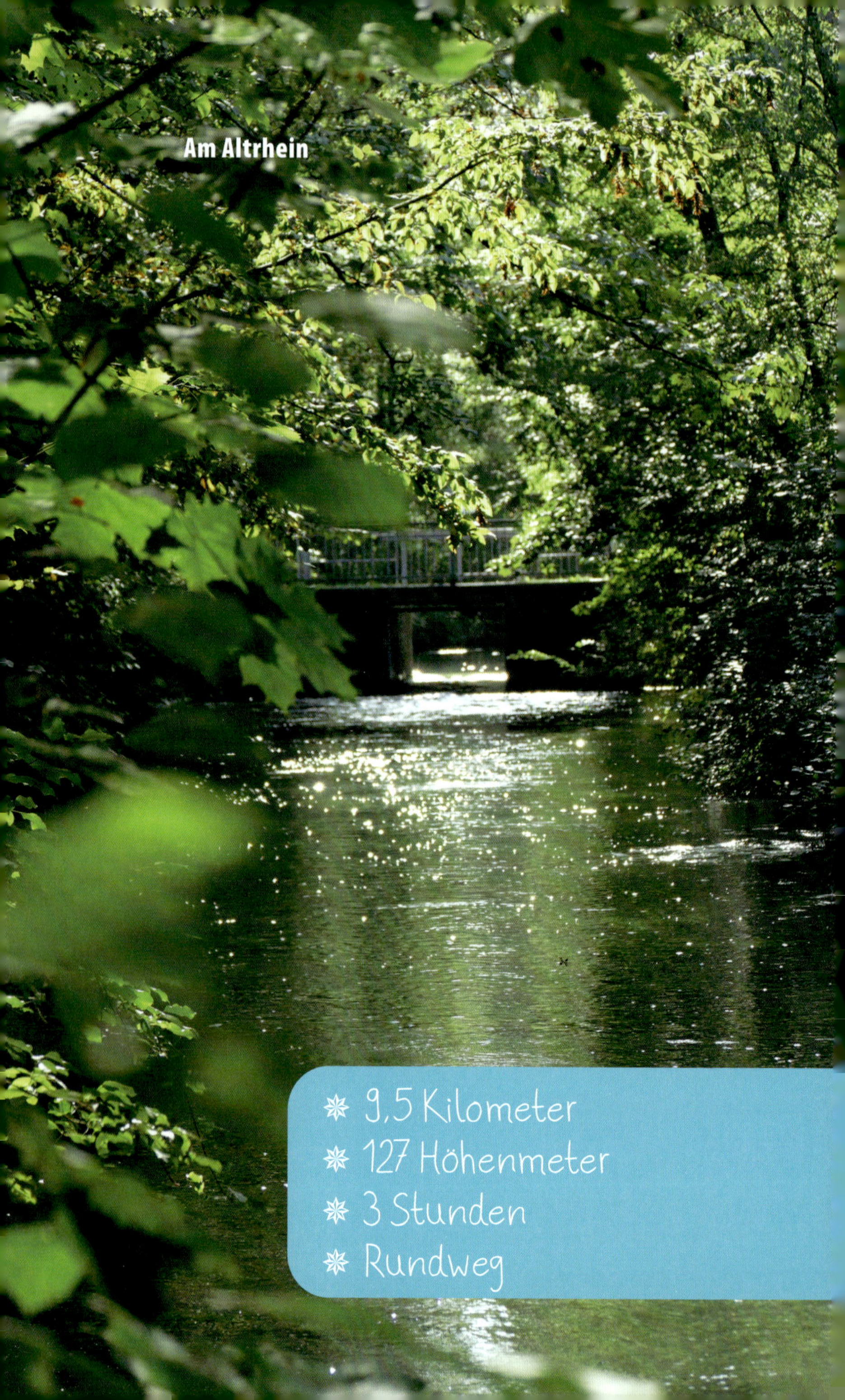

Am Altrhein

- 9,5 Kilometer
- 127 Höhenmeter
- 3 Stunden
- Rundweg

Wir beginnen unsere Rundwanderung am Parkplatz neben dem Friedhof von **Burkheim.** Stolz thront die Schlossruine südlich unseres Wegs. Wir wandern in nordwestliche Richtung und geradewegs in die Rebhänge hinein – der gelben Raute folgend. Der erste Teil der Tour verläuft auf dem **Wiedehopfpfad.** Wer Glück hat, kann den etwa 25 Zentimeter großen Vogel mit der charakteristischen Federhaube in den Rebhängen oder auf einem Obstbaum am Wegesrand entdecken.

Zunächst geht es leicht bergan, am höchsten Punkt des Hanges bietet sich ein herrlicher Blick über die Ruine des Burkheimer Schlosses, die Kirche und die südlichen Erhebungen des Kaiserstuhls. Und schon kommt eine der erfrischenden Stationen unserer Wanderung in den Blick: Der Burkheimer Baggersee liegt türkis leuchtend im Tal. Wir wenden uns nach rechts und gehen am Rande des Weinberges nach Norden. In der Ferne ragt der Turm der Burg Sponeck aus dem Grün. Irgendwann weist uns die gelbe Raute nach links. Hier heißt es aufmerksam sein: nicht den breiten Weg durch das geöffnete Tor wählen, sondern den schmalen Pfad, der rechts oberhalb verläuft. Schlehen wachsen hier entlang des Weges, immer wieder weichen wir großen Stauden aus. An der Hangkante eines ehemaligen Steinbruchs wandern wir weiter gen Norden, wir passieren einen Pavillon, der zu einer Rast und einem Blick hinüber nach Frankreich und in die Vogesen einlädt. Bald tauchen wir in einen lichten Wald ein. An der Weg-

*Die **Ruine des Burkheimer Schlosses** liegt auf einem Felsen südwestlich des Ortskerns. 1231 erstmals erwähnt, wurde die Burg immer wieder beschädigt und aufgebaut, im 17. Jahrhundert aber endgültig zerstört. Heute sind Reste des letzten Baus und der Wehrmauer erhalten.*

Im Auwald

Von Burkheim in die Rheinauen

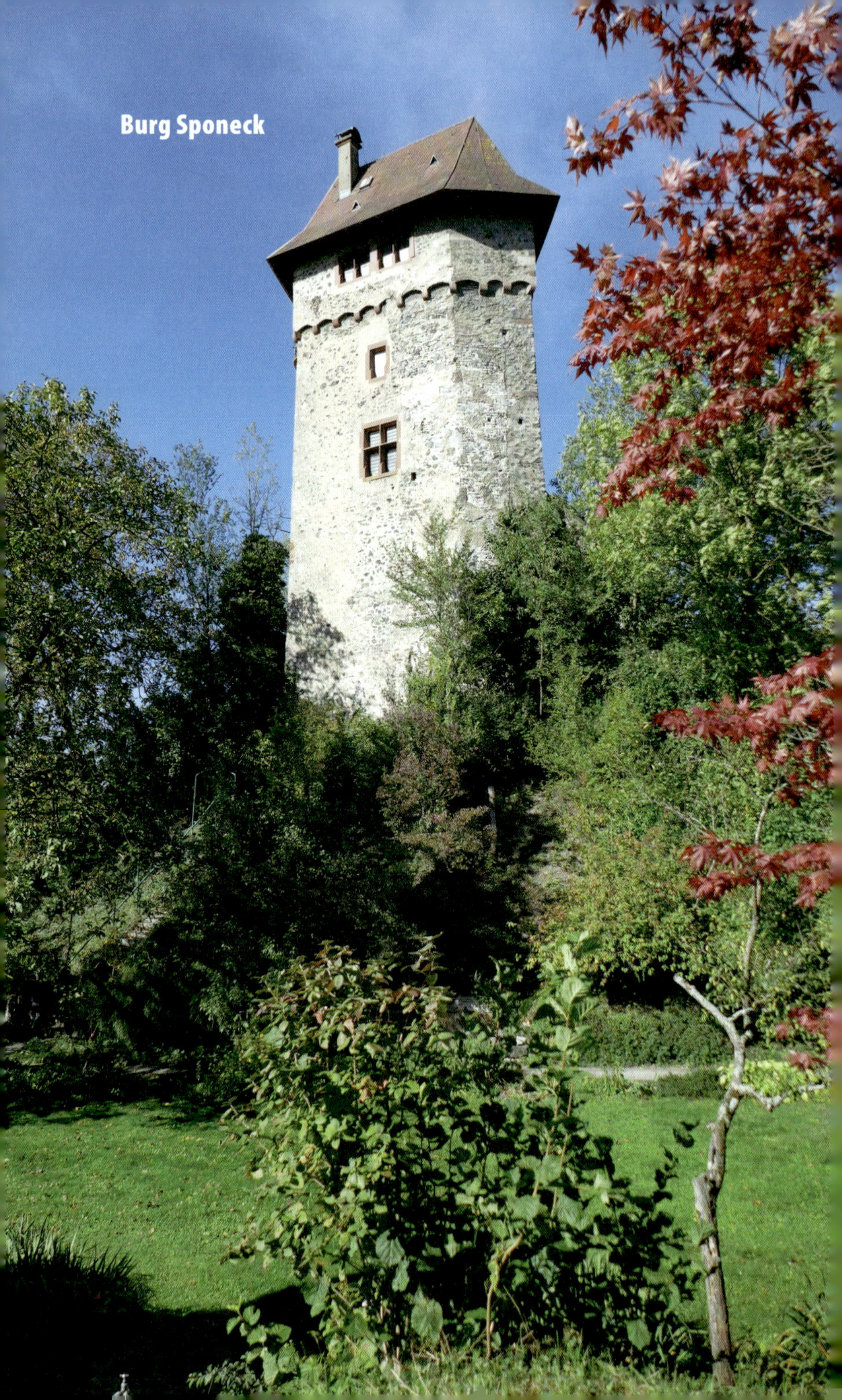
Burg Sponeck

kreuzung biegen wir links ab, der Beschilderung Burg Sponeck folgend. Unser Weg führt bergab, mündet schließlich in eine Wiese. An deren Ende wenden wir uns nach links, nach dem Rebhang nehmen wir wieder den linken Weg, der uns zurück in den Wald führt.

Enge Pfade schlängeln sich durch den lichten Bewuchs, hier geht es zum Teil steil bergab. Am Ende des Waldes erhebt sich schließlich die **Burg Sponeck** 1 vor uns. Wenn wir Glück haben, sind die Tore des privaten Gartens geöffnet, dann dürfen wir eintreten und uns die hübsche Anlage mit den modernen Kunstwerken und die Reste des Kastells aus der Nähe ansehen. Die heutige Burg wurde nämlich auf den Resten eines spätantiken Kastells errichtet, dessen Mauerreste noch erkennbar sind. Einst thronte das Kastell auf dem 25 Meter hohen Felssporn direkt über dem Rhein. Erst mit der Rheinbegradigung durch Johann Gottfried Tulla im 19. Jahrhundert wurde der Fluss 200 Meter nach Westen verlagert.

Unser Weg endet an einer breiten Gabelung, hier verlassen wir den Wiedehopfpfad und wenden uns gen Süden, wandern hinein in die **Rheinauen.** Umrahmt vom Grün des Auwaldes fließt rechts des Weges das **Blauwasser** entlang. Neben einer kleinen Brücke führen ein paar Stufen ins Wasser: Zeit für ein bisschen Erfrischung. Weiter geht es am Wasserlauf. Der Bach macht seinem Namen alle Ehre: Türkisgrün liegt bald eine breite Wasserfläche am Wegrand, Frösche quaken, Vögel zwitschern, Altholz wirft bizarre Schatten auf die spiegelglatte Wasseroberfläche. Und

*Die **Burg Sponeck,** die heute zu sehen ist, stammt aus dem 19. und 20. Jahrhundert. Doch auch der erste Bau an dieser Stelle, das um 370 errichtete Kastell, ragte weit in die Höhe und hatte wohl Sichtverbindung zu den nächsten Militärplätzen am Rhein und im Elsass.*

*Die **Rheinbegradigung** im 19. Jahrhundert gab dem Oberrhein ein völlig neues Aussehen. Der einst mäandernde Fluss wurde begradigt, vertieft und mit Dämmen begrenzt. Maßgeblich daran beteiligt war der badische Ingenieur Johann Gottfried Tulla.*

Für die Seele

Von den Rebterrassen steigen wir hinein in den wilden Dschungel der Rheinauenwälder, erfrischen uns am kühlen Altrhein und lauschen auf das vielstimmige Lied der Natur.

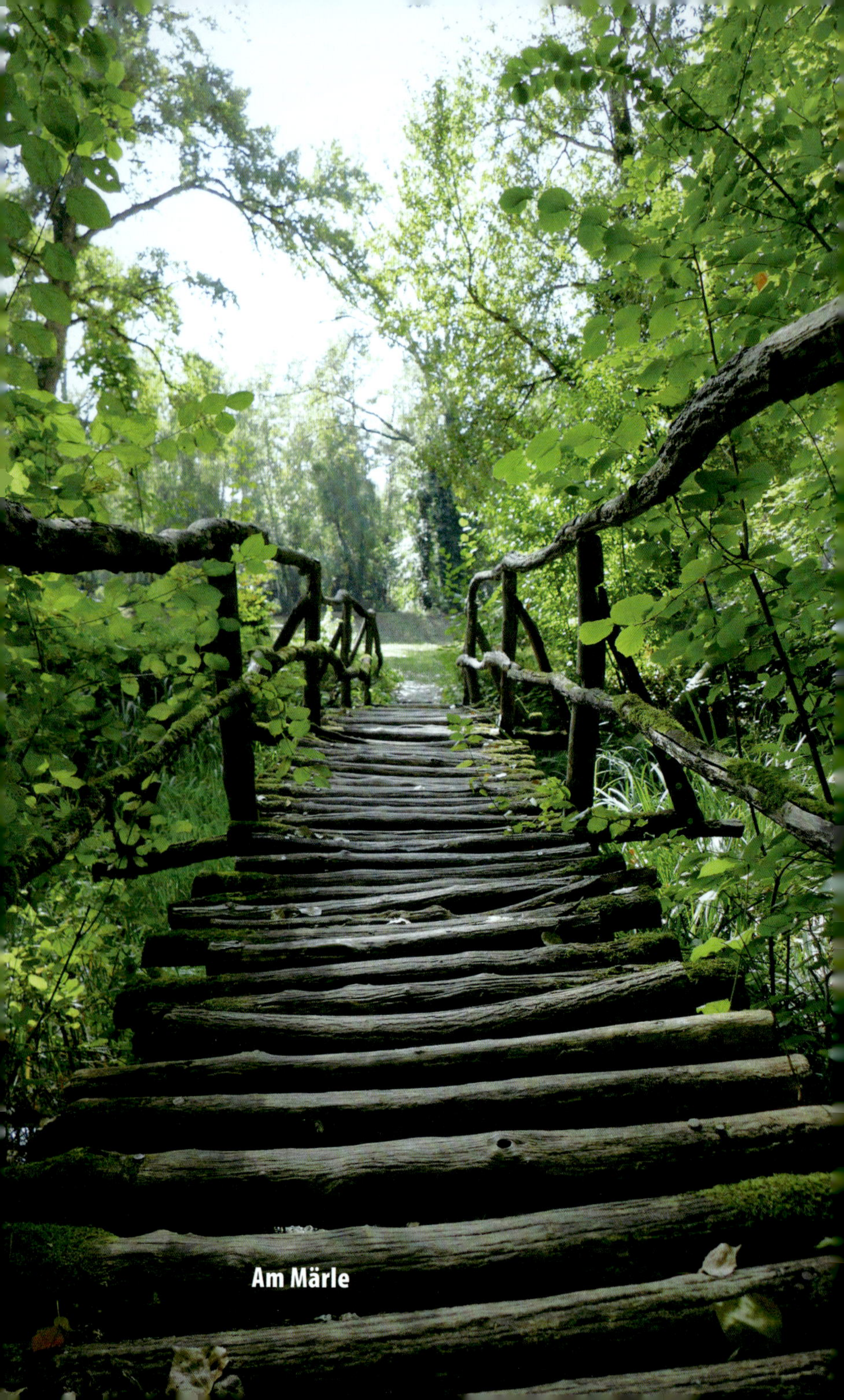

Am Märle

dann wird es besonders märchenhaft: **Am Märle** **2** steht auf dem Wegweiser, wir folgen ihm nach rechts einen schmalen Weg hinunter und zu einem bezaubernden Brücklein aus Baumstämmen. Ein wenig wackelig zwar, aber mit dem Charme einer längst vergangenen Zeit, die weder Stahl noch Beton kannte.

Nun sind wir an den Fischteichen der einheimischen Angler angekommen. Vor dem Anglerheim können wir zwischen den Teichen nach rechts abbiegen und erreichen einen Wanderweg, der uns zunächst nach Westen führt. Wir überqueren den Hochwasserdamm und nähern uns einem wunderschönen Plätzchen an einem Altrheinzug. Das Wasser fließt in diesem durchgehenden Rheinarm rasch dahin, plätschert fröhlich über einige moosbewachsene Findlinge hinweg. Wir ziehen die Wanderschuhe aus, strecken die müden Füße ins kühle Wasser und gönnen ihnen ein bisschen Erholung. Die Augen entspannen sich beim Blick in das dahinströmende Wasser.

Herrlich erfrischt wandern wir anschließend den Dammweg nach Süden. Bei den Sportplätzen biegen wir rechts ab und folgen dem Wegweiser zum **Rheinvorlandweg.** Am Rheindamm angekommen, haben wir die Wahl: links am idyllischen Altrhein längs oder hoch hinauf auf den Damm und direkt am **Rhein**

*Schillernd bunt, aber dennoch nicht leicht zu entdecken ist der **Eisvogel,** der in den Gießen bei Burkheim das glasklare Wasser vorfindet, das er zum Fischen benötigt.*

In den Rheinauen

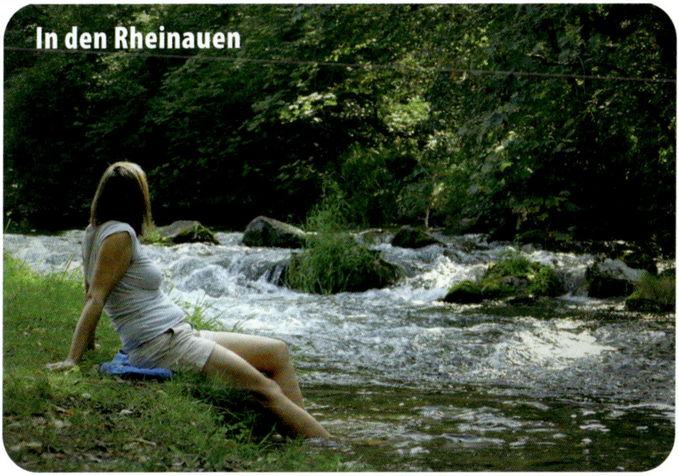

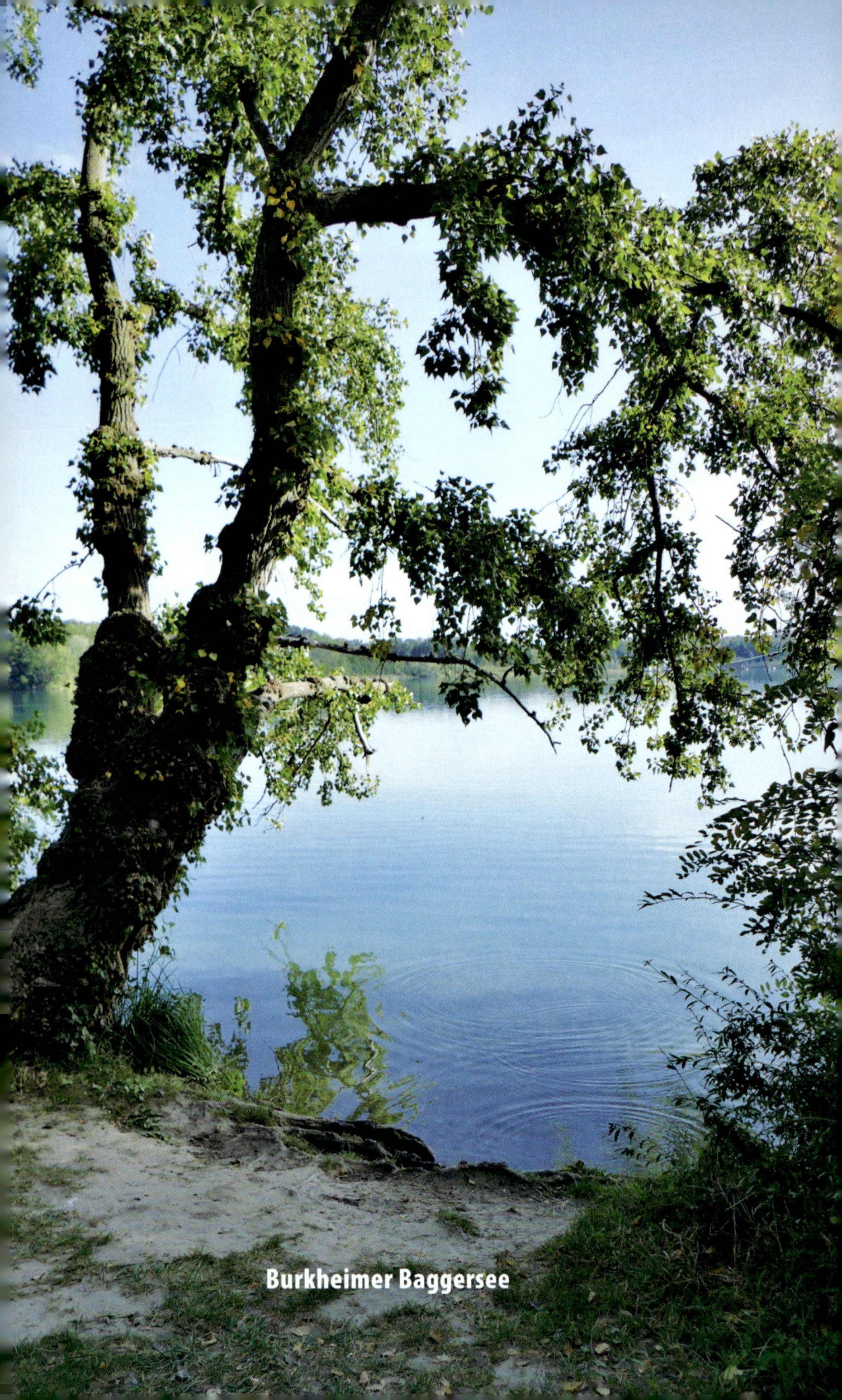

Burkheimer Baggersee

entlang. Das ist ein Kontrastprogramm zum grünen Dschungel, aus dem wir kommen: Frachtschiffe transportieren hier ihre Waren, Fähren schippern Ausflügler von Breisach nach Straßburg, Sportboote kreuzen den breiten Fluss.

Schon bald führt unser Weg wieder weg vom Fluss und hinein ins Grün. Diesmal folgen wir der Beschilderung **Burkheimer Baggersee** ③, der nur ein paar Schritte vom Rhein entfernt liegt. Im Westen des 5 Hektar großen Sees wird Kies abgebaut. Das naturbelassene Nordufer aber zieht im Sommer viele Badegäste an. Wer mag – und die Badesachen eingepackt hat –, steigt ins grünblaue Wasser oder sucht sich für ein gemütliches Picknick ein Plätzchen mit Seesicht.

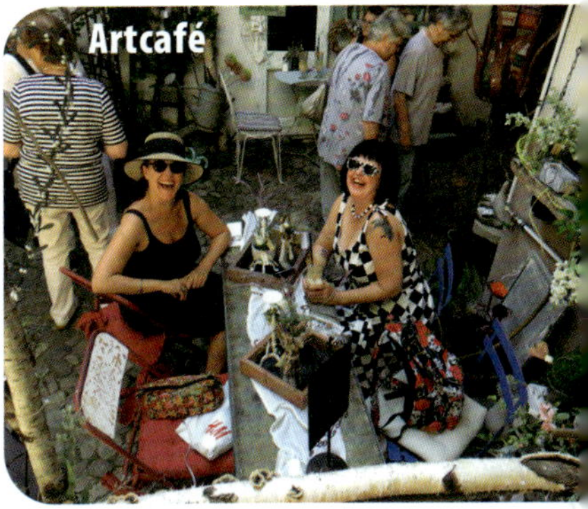
Artcafé

Der Rückweg nach Burkheim führt uns dann hinein in den **Rappennestgießen** ④. Wir folgen hier der Beschilderung Steingrüngrund. Gießen, das sind vom Grundwasser gespeiste fließende Gewässer, charakteristisch für die Auen am Rhein. Quellteiche, Schluten und Altwasser durchziehen hier den Wald und beheimaten viele seltene Tier- und Pflanzenarten: Armleuchteralgen etwa, die in den glasklaren und nährstoffarmen Grundwasserquellen wachsen, viele Wasservögel oder seltene Libellen.

Schlute nennt man in Baden und im Elsass die Rinne einer Flussaue, die nur bei Hochwasser durchströmt wird. Bei Niedrigwasser bilden sich hier stehende Gewässer, oder aber sie trocknen aus.

Der Weg durch das Naturschutzgebiet führt uns direkt auf das Klärwerk zu – und auf eine Freiluftausstellung eines einheimischen Künstlers. Wunderliche Figuren bevölkern hier den Wald – geschaffen aus dem, was andere wegwerfen. Begleitet von den rostigen Gesellen gehen wir am Klärwerk vorbei und biegen rechts Richtung Burkheim ab. Schon bald erhebt sich wieder die Ruine des Burkheimer Schlosses über uns. Wir wandern hinein in die historische Altstadt, wo Restaurants und Cafés zum Ausruhen einladen. Wir entscheiden uns für den idyllischen Innenhof des **Artcafés** ⑤ und genießen am liebevoll gedeckten Tisch einen warmen Apfelkuchen mit Sahne. Hier ist eine Künstlerin am Werk: Angelique Eckstein kreiert sowohl an der Staffelei als auch auf der Kuchentafel bildhübsche Kunstwerke. Schöner kann eine Wanderung nicht enden. Anschließend schlendern wir durch die Mittelstadt hinauf, begucken uns die kleinen Läden und gelangen vor dem Stadttor links durch die Gasse **Am Kirchberg** zurück zum Ausgangspunkt unserer Wandertour.

Liebhaber von Kräutern und Gewürzen sollten unbedingt noch den **Burkheimer Kräuterhof** ⑥ im Plonweg aufsuchen. Ob Gewürze für deftige oder süße Gerichte, feine Öle oder wohlriechende Kosmetikprodukte – hier findet man großartige Geschenke für sich und andere.

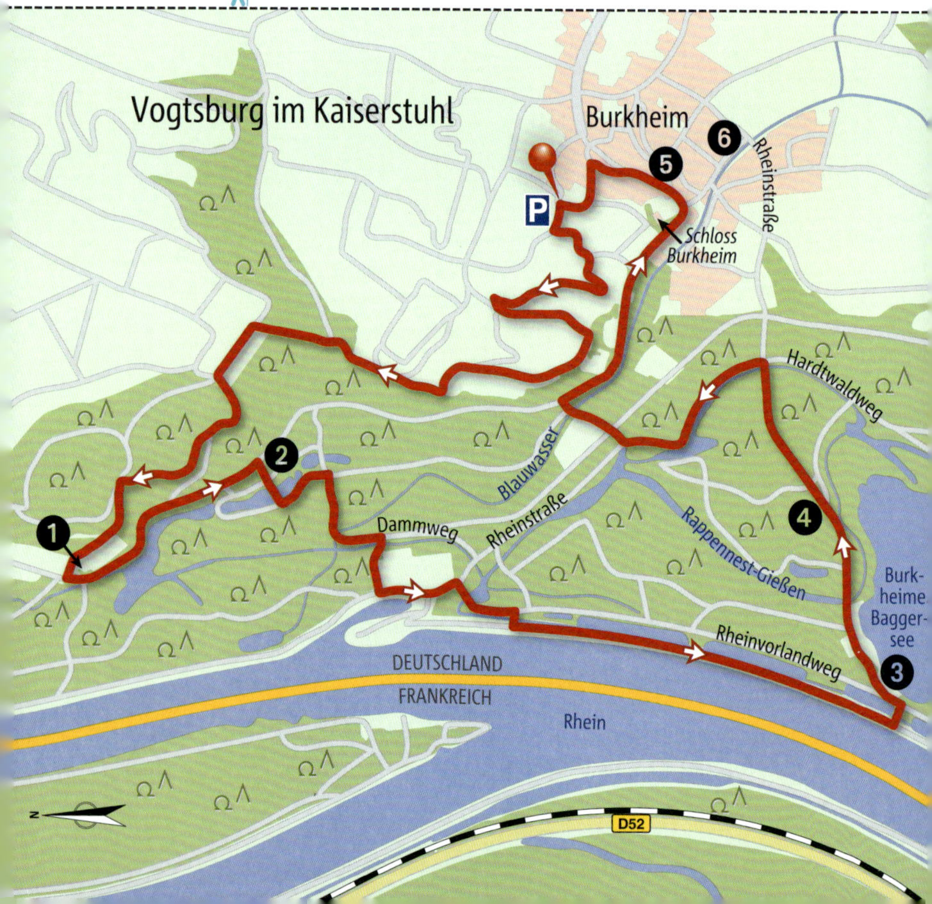

Alles auf einen Blick

WIE & WANN:
Meist breite und ebene Wanderwege, nur teilweise schmale Pfade; ideale Wanderzeit von März bis Oktober; auch bei sommerlichen Temperaturen geeignet, da die vielen Gewässer immer wieder Abkühlung bieten.

HIN & WEG:
Auto: öffentlicher Parkplatz am Friedhof, Bündlegasse 11,
79235 Vogtsburg-Burkheim (GPS: 48.102408, 7.596870)
ÖPNV: keine direkte Anbindung an die Strecke

ESSEN & ENTSPANNEN:
Artcafé ❺ Mittelstadt 19, 79235 Vogtsburg-Burkheim, Tel. (0 76 62) 93 68 93
www.eckstein-galerie.de

ENTDECKEN & ERLEBEN:
Burg Sponeck ❶
Am Märle ❷
Burkheimer Baggersee ❸
Naturschutzgebiet Rappennestgießen ❹
Burkheimer Kräuterhof ❻ Plonweg 2, 79235 Vogtsburg-Burkheim,
Tel. (0 76 62) 15 83, www.herbal-farm.com

Entspannungsfaktor ✱✱✱✱✱
Genussfaktor ✱✱✱✱✱
Romantikfaktor ✱✱✱✱✱

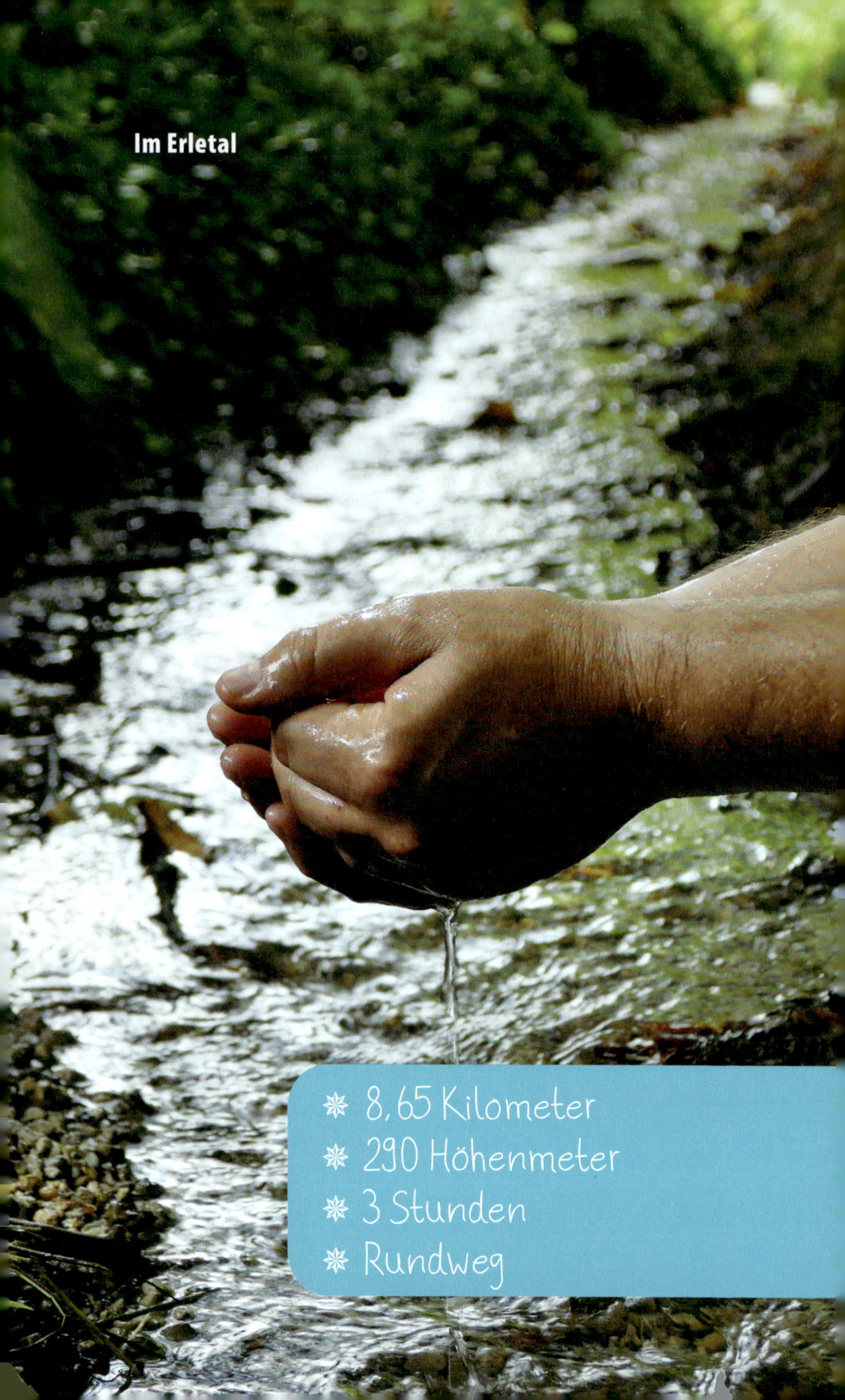

Im Erletal

- 8,65 Kilometer
- 290 Höhenmeter
- 3 Stunden
- Rundweg

Berg und Bach

Von Endingen zur Katharinenkapelle

Wir starten unsere Tour im mittelalterlichen Stadtkern von **Endingen.** Wer mit dem Auto kommt, parkt am besten in der **Rempartstraße** und nimmt dann das **St. Jakobsgäßli,** um zum **Marktplatz** ① zu gelangen. Hier finden Wanderer in der Bäckerei Griesbaum eine große und sehr feine Auswahl an Brötchen und Broten und können sich nach ihren Wünschen mit Proviant für ein Vesper eindecken.

Der Marktplatz von Endingen ist von gleich drei Rathäusern umgeben: dem alten Rathaus von 1527, in dem heute das Heimatmuseum zu finden ist; dem heutigen Rathaus, 1617 als Kornhaus erbaut; und dem „Neuen Rathaus", das zu den schönsten Barockbauten der Stadt gehört.

Vorbei an den hübschen Fachwerkhäusern und dem Rathaus wandern wir hinauf zur **Wallfahrtskirche St. Martin** ②. Es lohnt sich, einen Blick in das Innere zu werfen. Im Jahr 1200 wurde die erste Kirche hier durch das Kloster Einsiedeln im romanischen Stil errichtet. Nach Abriss des mittelalterlichen Gotteshauses wurde 1846 die heutige Kirche erbaut. Im Glockenstuhl hängen noch zwei Glocken aus dem 13. Jahrhundert. Bekannt ist die Kirche aber auch durch das Endinger Tränenwunder: Die Muttergottesstatue in der Wallfahrtskirche – so die Legende – soll geweint haben. Seither findet alljährlich in der Nacht vor Christi Himmelfahrt die Wallfahrt zur Weinenden Muttergottes statt.

Nach diesem kleinen Abstecher gehen wir weiter geradeaus zum **Lindenplatz.** Am Brunnen weist uns die Beschilderung mit der gelben Raute den Weg nach rechts. Nach dem Gasthaus Schützen biegen wir erneut schräg rechts ab und wandern in Richtung Katharinenkapelle und Amolterer Heide. Hier ist Vorsicht geboten: Nicht dem Neunlindenpfad zur Kapelle folgen, den wollen wir auf dem Rückweg be-

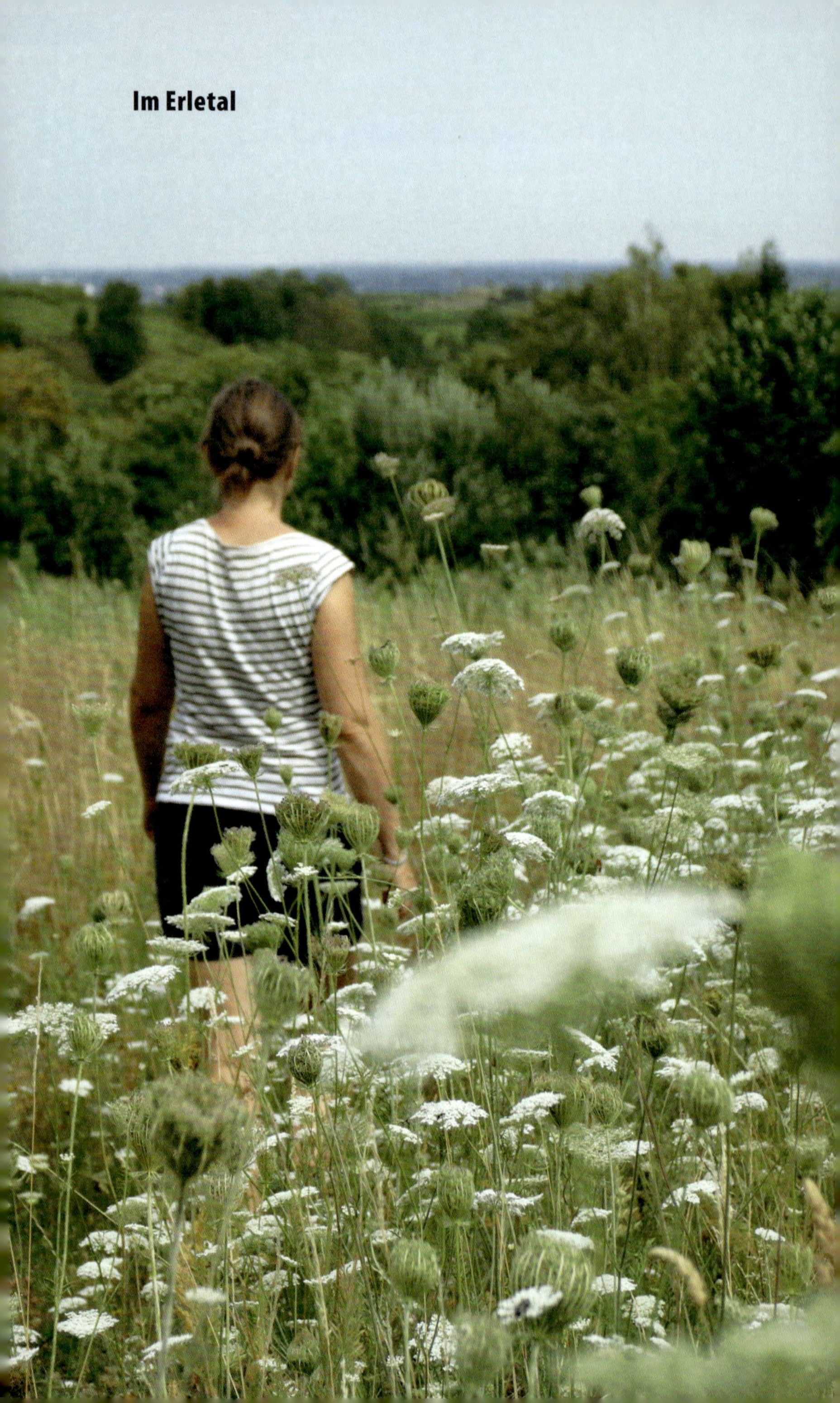

Im Erletal

gehen, jetzt machen wir auf dem **Kirschbaumpfad** einen Schlenker über die Amolterer Heide. Der Weg führt uns zunächst durch die Reben. Je nach Jahreszeit erfreut sich das Auge an den verschiedenen Pflanzen am Wegesrand: Im Frühjahr streift unser Blick über die weißen Tupfen der Heckenrosen, im Mai färbt der Mohn die Hänge sattrot, im Sommer und Herbst kann man sich am Duft des wilden Majorans ergötzen. Nun geht es stetig bergauf, ab und zu kommt unser Zwischenziel, die Katharinenkapelle, schon in Sicht. Zwischen den Weinreben tun sich immer wieder weite Wiesen auf, Schmetterlinge tanzen von Blüte zu Blüte und Insekten summen. Nachdem wir Hohlgassen und einen kleinen Wald durchquert haben, erreichen wir die sanften Wiesen der **Amolterer Heide** ③. Es ist das älteste Naturschutzgebiet des Kaiserstuhls und wurde schon 1939 unter Schutz gestellt. Das hat leider nicht genügt, um alle Pflanzen und Tiere vor dem Verschwinden zu retten. In den 1950er-Jahren wurden manche Flächen illegal in Rebland umgewandelt. Zahlreiche Tier- und Pflanzenarten sind dadurch verschwunden. Dennoch können wir noch einige außergewöhnliche Pflanzen hier entdecken: In den mageren Glatthaferwiesen wächst der besonders geschützte Knöllchen-Steinbrech mit seinen hübschen weißen Blüten, die Echte Kugelblume mit ihren lila Köpfen und der Schmalblatt-Lein mit seinen zarten Kelchen.

Am Wegpunkt Amolterer Heide biegen wir vom Kirschbaumpfad ab und wandern über die Steingru-

Wer nur einen kleinen Ausflug machen möchte, kann die Heidelandschaft auf dem Amolterer Kräuterpfad entdecken. Er beginnt am Friedhof von Amoltern und führt auf 3,6 Kilometern Länge hinauf in die Heide und zu zahlreichen heimischen Kräutern.

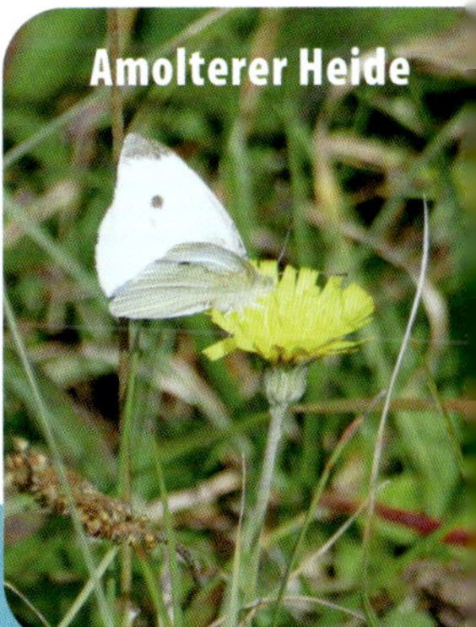

Amolterer Heide

Für die Seele

Von Endingen steigen wir durch die blütenreiche Amolterer Heide hinauf zur Katharinenkapelle und erfrischen uns anschließend im malerischen Erletal.

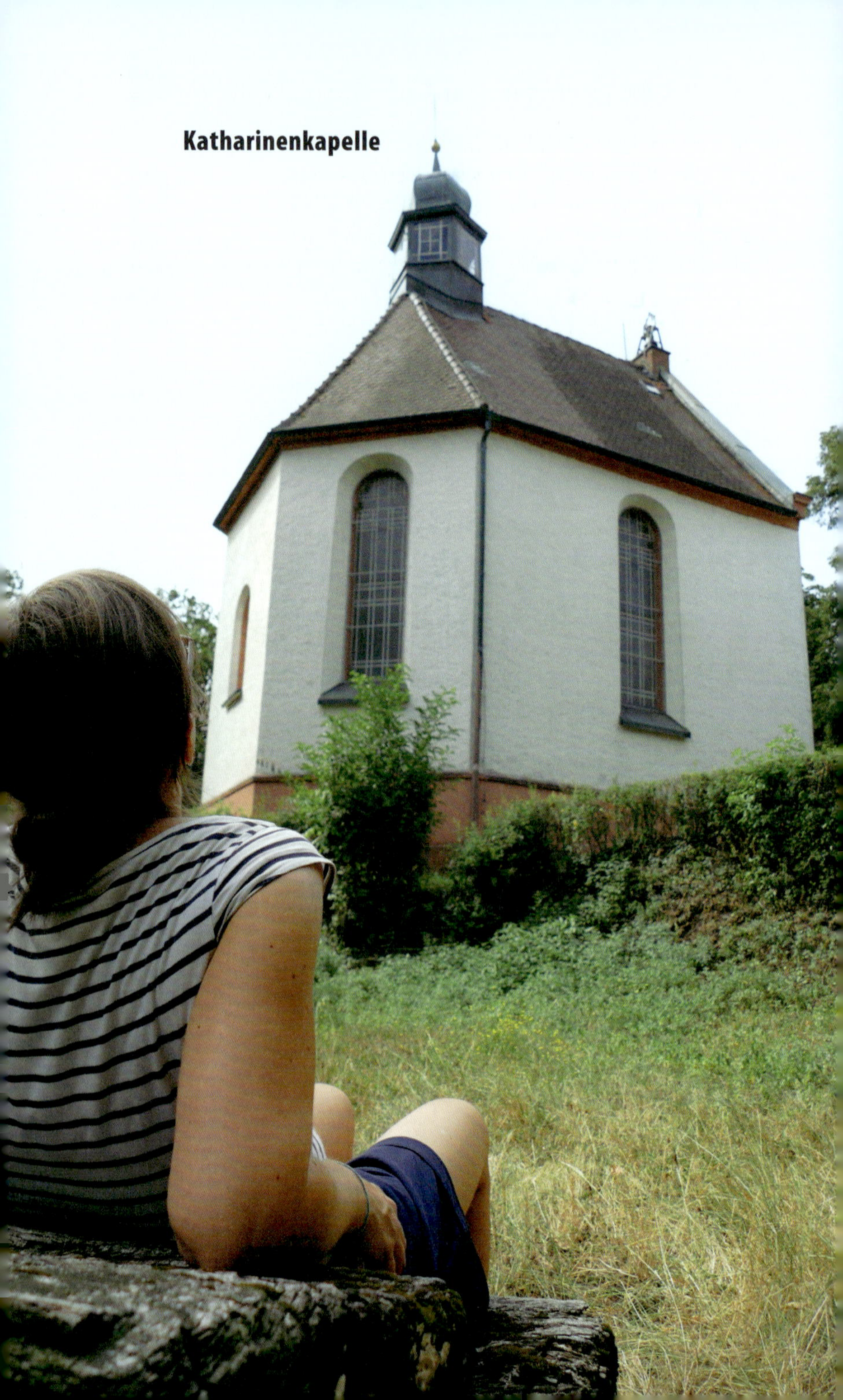

Katharinenkapelle

be hinauf zur Katharinenkapelle. Bald betreten wir den Wald. Walnussbäume strecken jetzt ihre Äste über den Weg. Wer zur richtigen Jahreszeit hier ist, knackt sich ein paar Nüsse als Energiezufuhr oder macht sich über die Brombeeren am Wegesrand her. Stärkung tut gut, denn langsam wird der Weg steiler. Wir treffen auf ein Wegkreuz. Nun ist es nicht mehr weit. Durch den Buchenwald nähern wir uns der **Katharinenkapelle 4**. Die Schuhe rascheln durch das Laub des Vorjahres. Wie ein Torbogen schließt sich das Grün der Blätter über uns, bevor wir den schönen Platz der Kapelle betreten. Viele Tische und Bänke laden zur Rast ein. Unter der Woche genießt man die Stille hier oben. Am Wochenende ist der Kiosk bewirtet, und die Türen der Kapelle sind geöffnet. Dann kann man im Innern der Kapelle hinauf in das Türmchen steigen, den Blick noch weiter schweifen lassen – und die Glocke auf dem Dach der Katharinenkapelle läuten. Ein großer Spaß nicht nur für junge Wanderer.

*Die **Katharinenkapelle** thront in 493 Metern Höhe auf dem dritthöchsten Berg des Kaiserstuhls. Vor 600 Jahren wurde sie erstmals urkundlich erwähnt. Der heute zu sehende Bau wurde anlässlich des Besuchs des Großherzogs Friedrich von Baden 1860 errichtet.*

Nach einer ausgiebigen Pause machen wir uns wieder an den Abstieg, folgen direkt ab der Kapelle dem Wegweiser in Richtung Erleweiher. Bald geht es rechts ab. Ein schmaler Pfad führt uns jetzt durch niederen Bewuchs bergab. Wir überqueren einen breiten Weg und tauchen auf unserem Weglein wieder hinein ins grüne Dickicht. Zuweilen ist der Weg hier steil und rutschig, dafür genießen wir den Blick in den lichten Buchenwald. Ein breiterer Weg führt uns bald darauf links in Richtung des Erletals. Sobald der Wald in Wiesen und Weinberge übergeht, biegen wir für einen kleinen Abstecher nach rechts ab. Wir wollen zum **Erleloch 5**: Ein geheimnisvoller

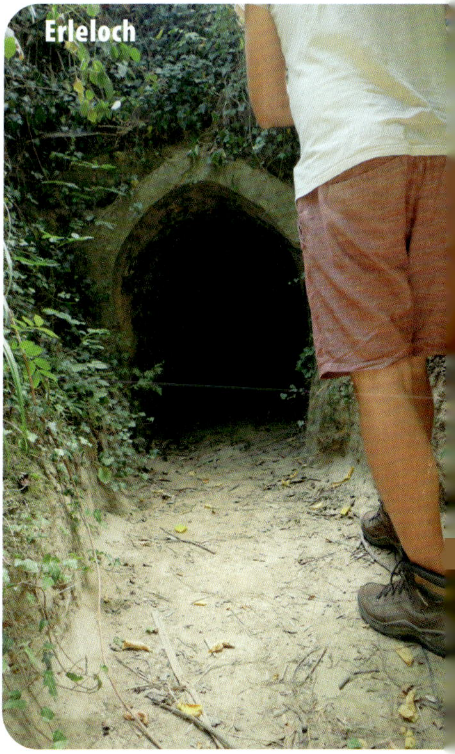
Erleloch

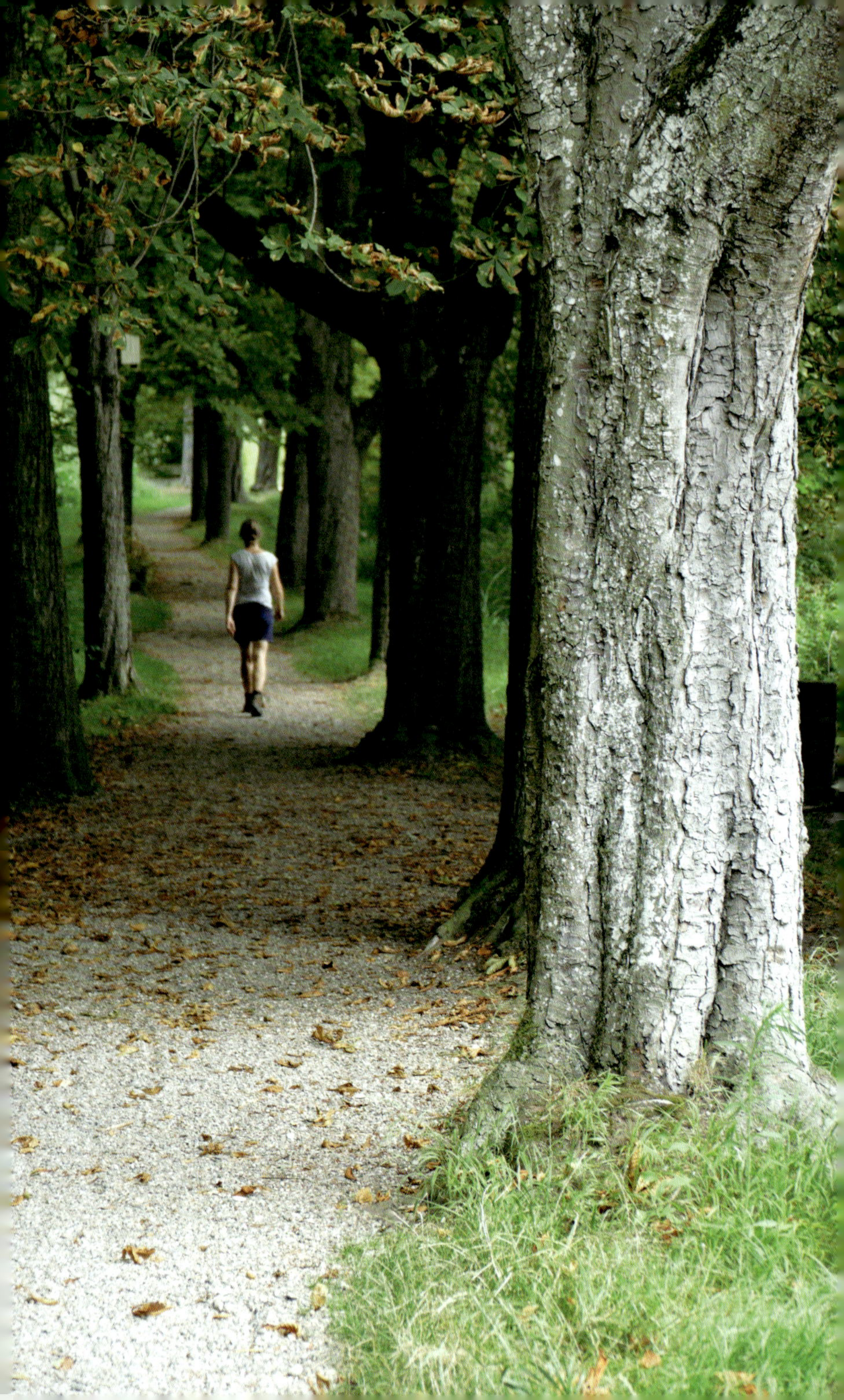

dunkler Gang führt hier durch den Berg, der vor allem auf Kinder eine große Anziehungskraft ausübt. Schon am Eingang zum Tunnel strömt uns die kühle Luft entgegen, dann steigen wir hinein in die Dunkelheit. Gebückt tasten wir uns langsam vorwärts, bald reicht das Licht vom Tunneleingang nicht mehr aus, um den Weg zu finden, jetzt müssen die Hände helfen. Irgendwann aber taucht das sprichwörtliche Licht am Ende des Tunnels wieder auf, wir erreichen das Riedbachtal. 100 Meter ist der Gang lang, der einst der Wasserversorgung Endingens diente. Die Stadt hatte seit jeher Probleme, die Bevölkerung ausreichend mit Trinkwasser zu versorgen. So wurde 1788 dieser Tunnel in den Brüstleberg gegraben, der das Erletal mit dem Riedbachtal verband und die dortigen Quellen fortan für die Endinger erschloss.

Weil wir das wunderschöne **Erletal** aber nicht verlassen wollen, gehen wir durch den dunklen engen Gang wieder zurück und weiter auf dem Neunlindenpfad nach Endingen hinein.

Bald treffen wir auf eine herrliche **Kastanienallee** (6), die uns entlang des Baches zum Erleweiher führt.

*Ein Teil des **Erletals** steht unter Naturschutz. Der Grund: Im Kaiserstuhl findet sich an dieser Stelle das einzige Davall-Seggen-Quellmoor. Benannt ist das Moor nach der Devalls Segge, einer immergrünen, krautigen Pflanze, deren Blüten von April bis Juni zu bewundern sind.*

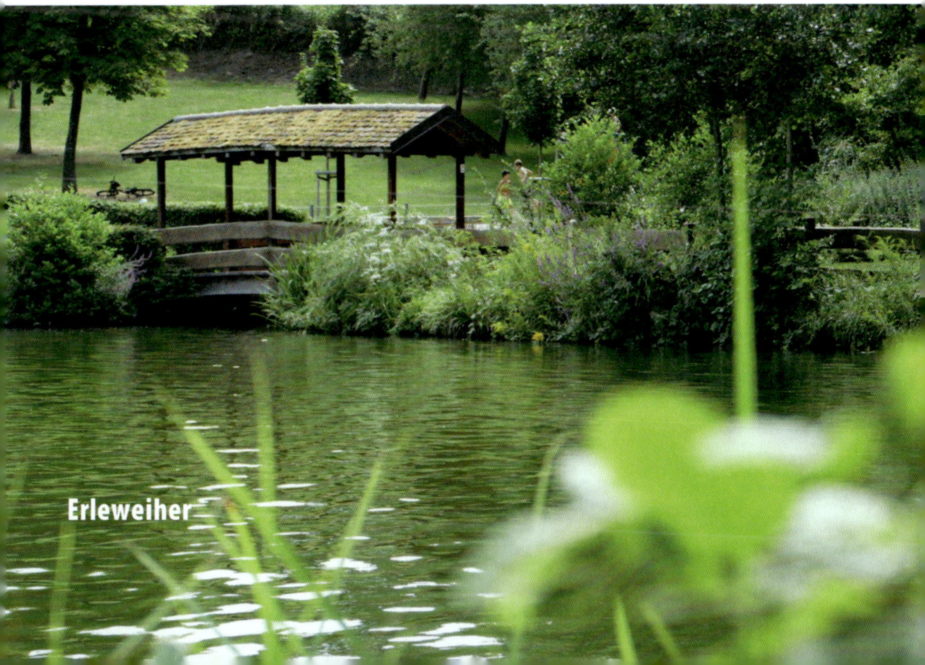

Erleweiher

Erfrischungstour 18

Wer mag, erfrischt sich am kühlen Bachwasser unter den mächtigen Bäumen. Wer die Badehose im Wanderrucksack hat, kann jetzt aber auch in den **Erleweiher** 7 springen und das kühlende Nass genießen. Das Naturbad direkt am Ortseingang ist ein hübscher Fleck, um sich nach der Wanderung zu erfrischen oder auf der Liegewiese zu erholen, bevor uns unser Weg zurück in den Stadtkern von Endingen führt. Hier lassen wir uns von Annette Greve im **Walnuss-TeegARTen** 8 mit feinem Tee und Kuchen verwöhnen. Der von einem Walnussbaum beschattete Innenhof ist ein echte Wohlfühloase – der perfekte Ort, um nach dieser Tour auf den Katharinenberg zur Ruhe zu kommen und neue Kraft zu schöpfen.

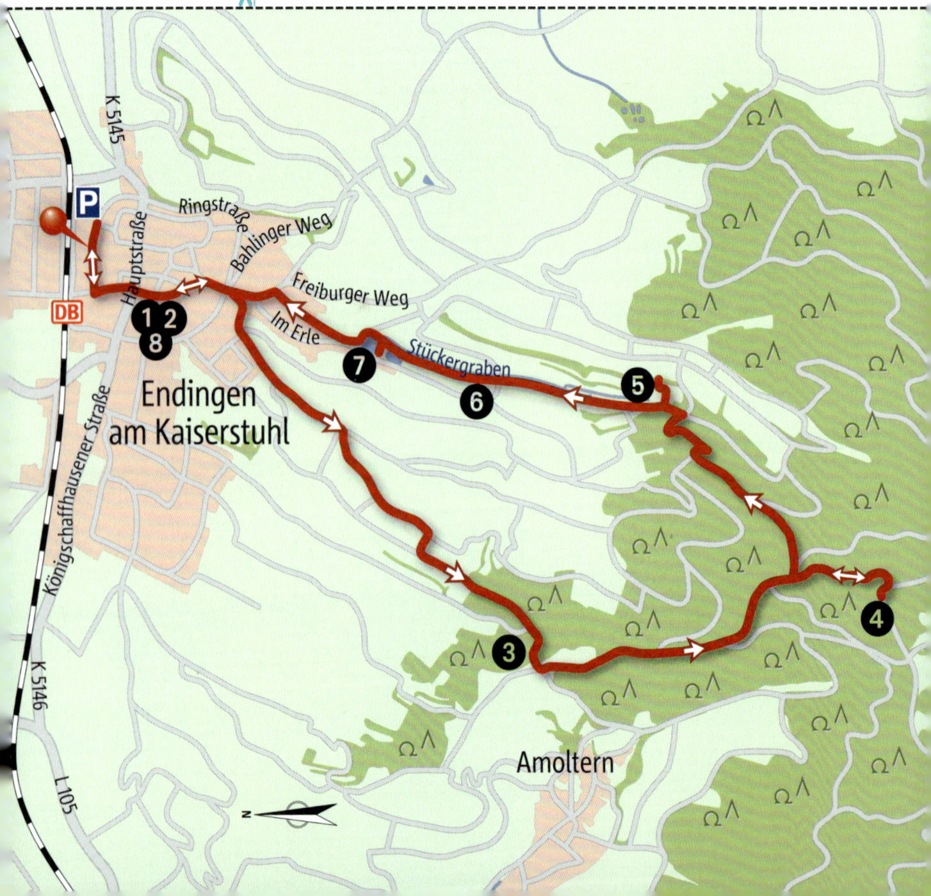

Alles auf einen Blick

WIE & WANN:
Überwiegend breite Wanderwege, beim Abstieg teils schmale Pfade, manchmal etwas rutschig; beste Wanderzeit von März bis Oktober.

HIN & WEG:
Auto: Parkplatz an der Rempartstraße, 79346 Endingen (GPS: 48.143181, 7.703720)
ÖPNV: Von Breisach mit Bus 102 oder von Bötzingen mit S 101 (Breisgau S-Bahn) bis Endingen Bahnhof, in Breisach und Bötzingen jeweils Anschluss von und nach Freiburg; von Freiburg mit S 1 nach Gottenheim, dann weiter mit S 12 bis Endingen Bahnhof

ESSEN & ENTSPANNEN:
Walnuss-TeegARTen ❽ Martinskirchgässli 4, 79346 Endingen am Kaiserstuhl, Tel. (0 76 42) 9 17 41 06, walnuss-teegarten.annette-greve.de

ENTDECKEN & ERLEBEN:
Marktplatz ❶
Wallfahrtskirche St. Martin ❷
Amolterer Heide ❸
Katharinenkapelle ❹
Erleloch ❺
Kastanienallee ❻
Erleweiher ❼

Entspannungsfaktor ✱✱✱✱✱
Genussfaktor ✱✱✱✱✱
Romantikfaktor ✱✱✱✱✱

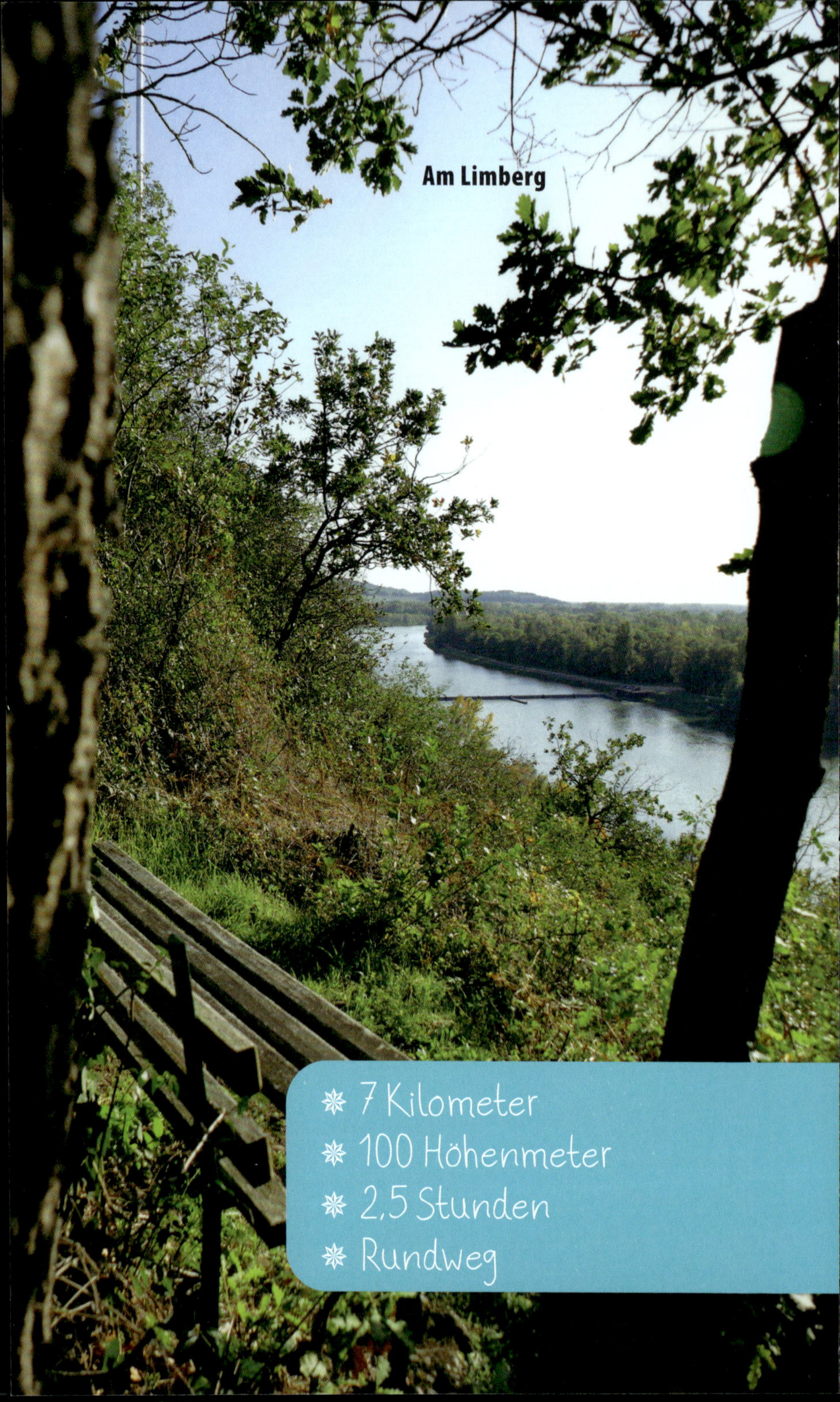

Am Limberg

- 7 Kilometer
- 100 Höhenmeter
- 2,5 Stunden
- Rundweg

Wir beginnen die Tour an der Rheinauen-Grundschule Sasbach. Zunächst gehen wir einige Meter Richtung Sportlerheim. Bevor die Straße über den Wasserlauf führt, biegen wir an der Rückseite der Schule in einen breiten Weg nach rechts ein und gelangen am Fußballplatz entlang in den Wald. Dort halten wir uns links. Noch schließt sich ein dichtes Blätterdach über uns, öffnet sich aber allmählich zu einer sonnigen Lichtung. Und hier schlummert ein wahres Kleinod mitten im Wald: der **Sasbacher Badesee** ①. Im Sommer ziehen gern Ruhe suchende Schwimmer ihre Bahnen durch das Wasser. Im Frühjahr und Herbst hat man den See oft ganz für sich. Obwohl wir erst einige Meter gegangen sind, setzen wir uns auf das Bänklein am Ufer, lassen den Blick über die spiegelnde Wasseroberfläche schweifen, wo Seerosen ihre rosa Blüten entfalten und sich ein paar Enten tummeln. Hier fällt der Alltagsstress wie von selbst von uns ab.

So erholt wandern wir vom See aus Richtung Rhein. Der gelben Raute folgend, überqueren wir den Hochwasserdamm und tauchen in den **Auenwald** ② ein. Vogelgezwitscher umgibt uns, ein Buntspecht fliegt auf, kurz darauf hören wir sein Klopfen durch den Wald klingen. Wir überqueren auf einer Brücke einen Rheinarm, halten uns an der T-Kreuzung rechts – folgen somit nicht mehr der Beschilderung mit der gelben Raute – und bleiben noch eine Weile im Auenwald, bevor wir bei der nächsten Möglichkeit nach links zum **Rhein** ③ abbiegen, dem wir nun folgen.

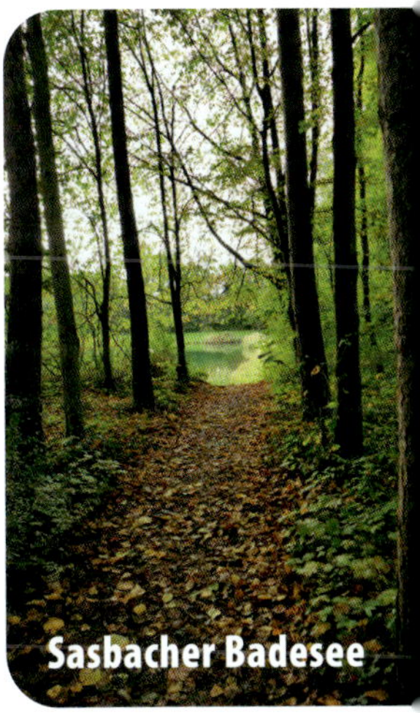
Sasbacher Badesee

Über dem Rhein

Von Sasbach auf die Limburg

An dem dahinziehenden Fluss entlangzuwandern, lässt uns noch ruhiger werden. Ein Schwan zieht dahin, die feinen Blätter der Pappeln klingen rauschend im Wind. Vor uns ragt schon die Limburg zwischen Wald und Felsen auf. Bald kommen die ersten Kormorane in Sicht. Fischen ist hier zwar verboten, das gilt allerdings nur für menschliche, nicht für tierische Fischliebhaber. Die Kormorane jedenfalls haben schon ihre ersten Tauchgänge hinter sich, sitzen nun auf den Pollern dicht über der Wasseroberfläche und spannen die nassen Flügel auf, um sie in der Sonne zu trocknen. Das Rauschen des Rheins wird zunehmend lauter – wir nähern uns einem Wehr, das hier dazu dient, den Wasserspiegel hoch und die Auenwälder feucht zu halten. Es gehört zur Staustufe Marckolsheim, die nicht weit entfernt – auf französischer Seite – Strom erzeugt.

Der Limberg stellt einen eigenständigen Vulkan dar und ist nicht wie etwa der Büchsenberg eine Verwitterungsform von Lavaströmen. Sein Vulkanismus rumorte noch, als die Kaiserstuhlvulkane schon erloschen waren.

Nun führt der Weg nach rechts und überquert erneut einen Altrheinarm. Bei Überflutung wird dieser Übergang gesperrt, dann aber weisen Schilder eine Umleitung durch die Rheinauen aus. Wir passieren das **Gasthaus Zur Limburg** (4) und folgen kurz der Straße nach Marckolsheim, können jedoch gleich wieder zum Rhein hin abbiegen. Und das lohnt sich. Hier gibt es herrliche kleine Plätze, um sich ein bisschen in die Sonne zu setzen, noch einmal die glitzernde Wasseroberfläche und das ruhige Dahinziehen des Rheins zu betrachten – und um Kräfte zu sammeln und den Aufstieg zur Limburg zu meistern, der gleich gegenüber dem Parkplatz beginnt. Hier betreten wir auch das Naturschutzgebiet am **Limberg** (5). Er steht deshalb unter Schutz, weil in seinen Steinbrüchen die Erdgeschichte des Kaiserstuhls in besonderer Weise zutage tritt und Auskunft über die Entstehungszeit des gesamten Vulkans gibt. Ursprünglich dienten die **Steinbrüche** dazu, Baumaterial für die Rheinbegradigung zu ge-

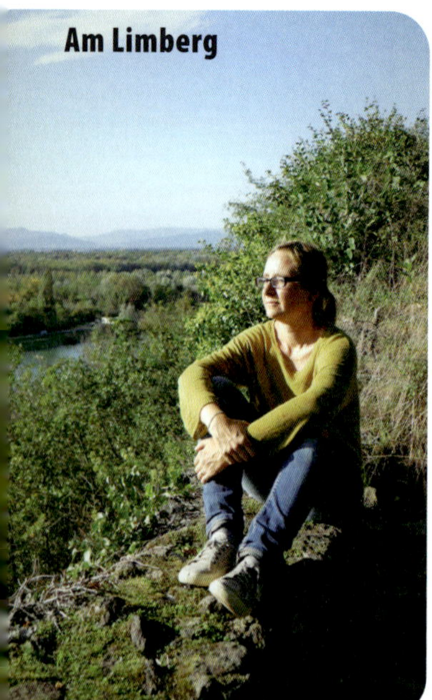

Am Limberg

winnen. Heute finden Geologen in den Abbruchkanten erkaltete Lavaströme und aus dem Vulkan geschleuderte Magmafragmente aus der Zeit des Miozäns. Wir nähern uns den Steinbruchwänden nicht, hier herrscht wegen möglichen Steinschlags Lebensgefahr.

Stattdessen folgen wir dem gewundenen Weg, der über viele Treppenstufen hinauf zur Burgruine führt. Bald schon haben wir genug an Höhe gewonnen, um einen herrlichen Blick zurück auf Auenwald und Flusslauf werfen zu können. Bänkchen und Mauern laden immer wieder zu einer Rast ein. Doch wir wollen auch die letzten Höhenmeter erklimmen und die **Burg Limburg** ganz für uns einnehmen. Ihre Mauerreste scheinen nun über uns aus dem Felsen herauszuwachsen. Die mittelalterliche Burg auf dieser nordwestlichsten Erhebung des Kaiserstuhlvulkans liegt 40 Meter über dem Rhein und diente einst den Habsburgern, später den Grafen von Freiburg zur Überwachung des Rheinübergangs. Auch wir genießen diesen erhabenen Blick von weit oben. Damals – lange Zeit vor der Rheinbegradigung – mäanderte der Rhein durch die Auen und umschloss die Limburg

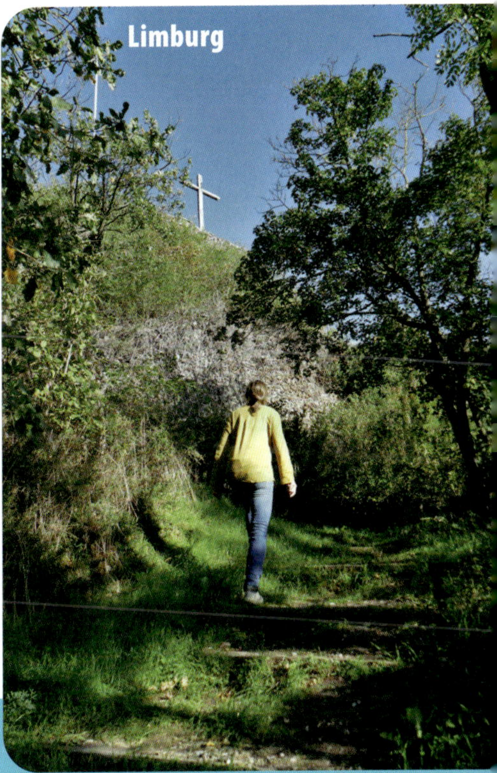
Limburg

Für die Seele

Durch die erfrischenden Rheinauen gelangen wir zum Limberg, der uns einen erhabenen Blick über den Rhein beschert.

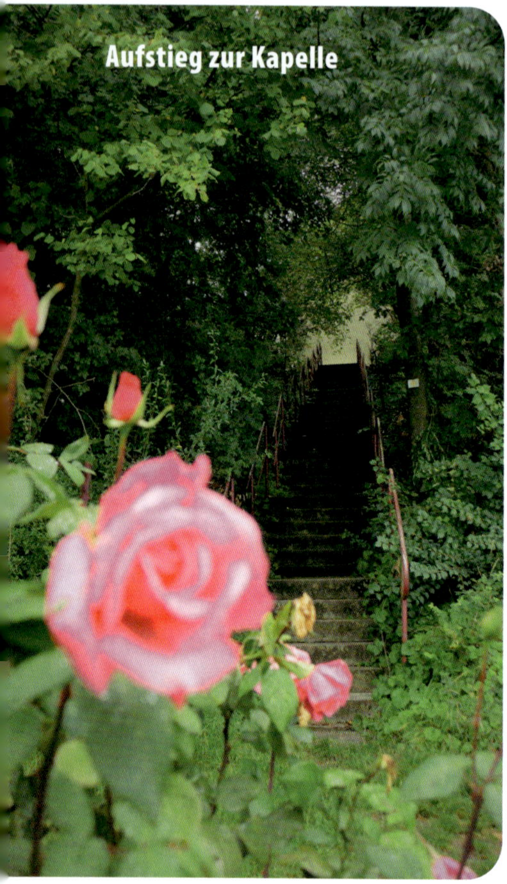

von allen Seiten. Heute zieht er sich wie ein breites Band von Süden nach Norden, beidseitig vom Hochwasserdamm flankiert. In der Ferne – auf französischer Seite – ist die Staustufe Marckolsheim mit dem Wasserkraftwerk zu erkennen. Bei guter Sicht reicht der Blick sogar bis in die Vogesen.

Für den Abstieg gehen wir durch den steinernen Torbogen im Bergfried, halten uns dann rechts und kommen im Limburggraben wieder heraus. Nun steigen wir nicht wieder zum Rhein hinunter, sondern bleiben auf der Höhe und orientieren uns fortan an den Schildern zum Kaiserstuhlblick. Durch einen Flaumeichenwald steigen wir hinauf zur **Alten Limburg.** Die Spornburg wurde vermutlich im 6. oder 7. Jahrhundert von den Franken errichtet. Der steinerne Rundturm, von dem heute noch ein Teil zu sehen ist, entstand dagegen erst im 10. Jahrhundert. Die Alte Limburg wurde dann im 11. Jahrhundert von der Burg Limburg abgelöst. Deren Lage eignete sich besser zur Überwachung des Rheinübergangs.

Wo heute die Reste der Alten Limburg zu erkennen sind, befand sich schon eine jungsteinzeitliche Höhensiedlung. Das durch Wall und Graben geschützte Dorf entstand im 3. Jahrtausend vor Christi und zählt zu den größten Befestigungen der Michelsberger Kultur am Oberrhein.

Von den Resten der Alten Limburg wandern wir nach Norden – und noch weiter zurück in die Siedlungsgeschichte der Anhöhe. Zunächst beschert uns aber ein kleiner Abstecher einen herrlichen **Kaiserstuhlblick 6.** Dann aber erreichen wir im Norden der Anhöhe die Reste eines mächtigen **Schutzwalls aus keltischer Zeit 7.** Zahlreiche Funde an dieser Stelle belegen, dass sich hier im 1. Jahrhundert vor Christi eine keltische Stadt befand. Es wird vermutet, dass diese Siedlung in unmittelbarer Nähe des Rheins als Reaktion auf die römische Eroberung Galliens – des heutigen Frankreichs – gegründet wurde.

Unser Weg führt uns an der Ostflanke des Limbergs hinunter ins Tal. In den Reben geht es dann erneut wieder hinauf: Zwei Rosenstöcke flankieren den Aufstieg zur **Litzelbergkapelle (8)**. Der Platz vor der denkmalgeschützten Wallfahrtskapelle wird von einer mächtigen Linde wie von einem riesigen Schirm überspannt. Die Rundbank darunter lädt ein, unter diesem Blätterdach eine Pause einzulegen. Dann folgen wir dem Wallfahrtsweg zurück in den Ort. Rechts des Weges erhaschen wir immer wieder einen Blick auf den Limberg, der immer noch herrschaftlich über dem Rhein thront. Auch die unterschiedlichen Schichten vulkanischen Gesteins lassen sich von hier aus gut erkennen.

Schließlich öffnet sich der Blick auf **Sasbach** und die dahinterliegenden Anhöhen. Entlang der Wallfahrtsstationen steigen wir hinunter in den Ort, biegen dort

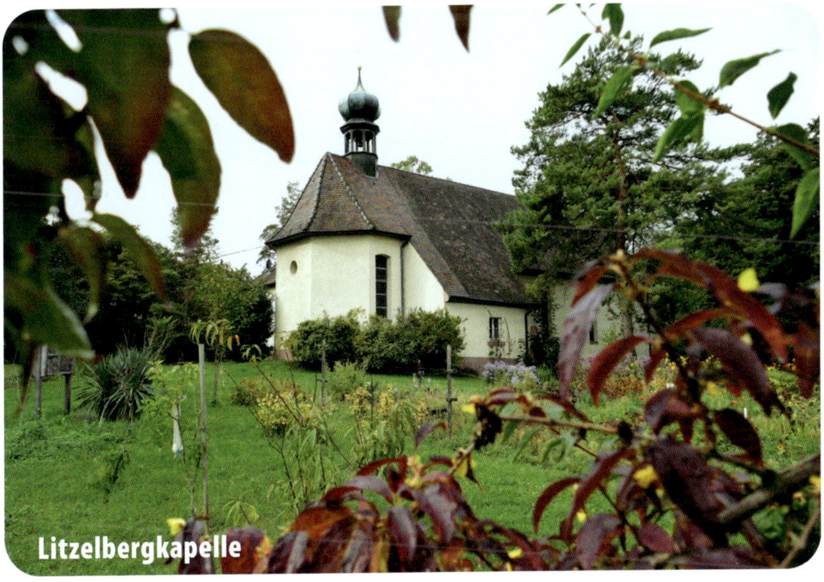

Litzelbergkapelle

rechts zum Kinderspielplatz ab und wenden uns danach noch einmal rechts. Wir überqueren die Straße, die nach Frankreich führt, und kommen auf einen Fußweg, dem wir links in Richtung Kirche und Ortsmitte folgen.

Hungrig von so vielen Eindrücken entlang des Weges kehren wir in die **Bürgerstube Sasbach** 9 ein. Hier kocht Michael Sink vorzügliche badisch-elsässische Gerichte mit internationalen Akzenten: Kürbissuppe mit Gambas, Salat mit gebratenen Wachtelbrüstchen oder Doradenfilet mit Basilikumpesto. Aber selbstverständlich stehen ebenso Wurstsalat und Schnitzel auf der Karte. Berühmt ist der Gastronom, der das Restaurant in vierter Generation führt, übrigens für seine Pilz- und Wildgerichte. Ein wahrer Genuss!

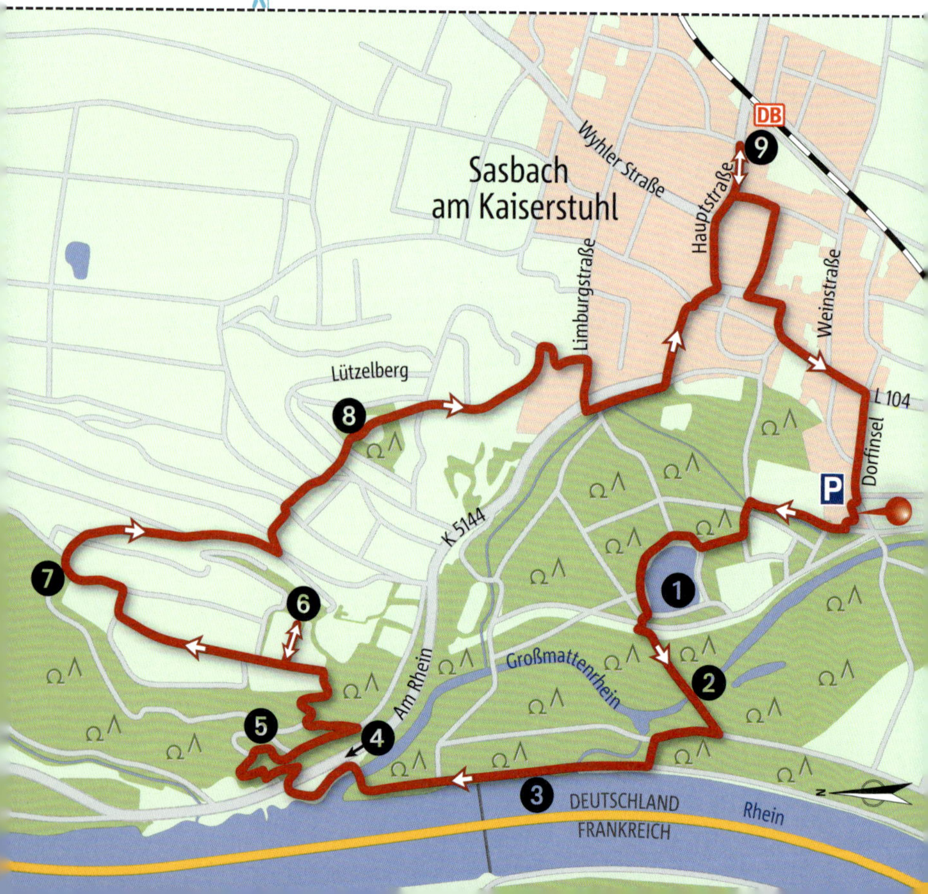

Alles auf einen Blick

WIE & WANN:
Überwiegend breite Wanderwege; im Sommer Bademöglichkeit im Sasbacher Badesee. Die ideale Wanderzeit ist von März bis November.

HIN & WEG:
Auto: Parkplatz hinter der Rheinauen-Grundschule, 79361 Sasbach (GPS: 48.136900, 7.608641)
ÖPNV: Von Breisach oder Riegel mit S 5 bis Sasbach Bahnhof

ESSEN & ENTSPANNEN:
Gasthaus Zur Limburg ❹ Am Rhein 2, 79361 Sasbach am Kaiserstuhl,
Tel. (0 76 42) 33 93, www.gasthaus-zur-limburg.de
Bürgerstube Sasbach ❾ Hauptstraße 48, 79361 Sasbach am Kaiserstuhl,
Tel. (0 76 42) 33 67, buergerstube-sasbach.de

ENTDECKEN & ERLEBEN:
Sasbacher Badesee ❶
Auenwald ❷
Rhein ❸
Limberg ❺
Kaiserstuhlblick ❻
Schutzwall aus keltischer Zeit ❼
Litzelbergkapelle ❽ Lützelberg 1, 79361 Sasbach am Kaiserstuhl

Entspannungsfaktor ✱✱✱✱✱
Genussfaktor ✱✱✱✱✱
Romantikfaktor ✱✱✱✱✱

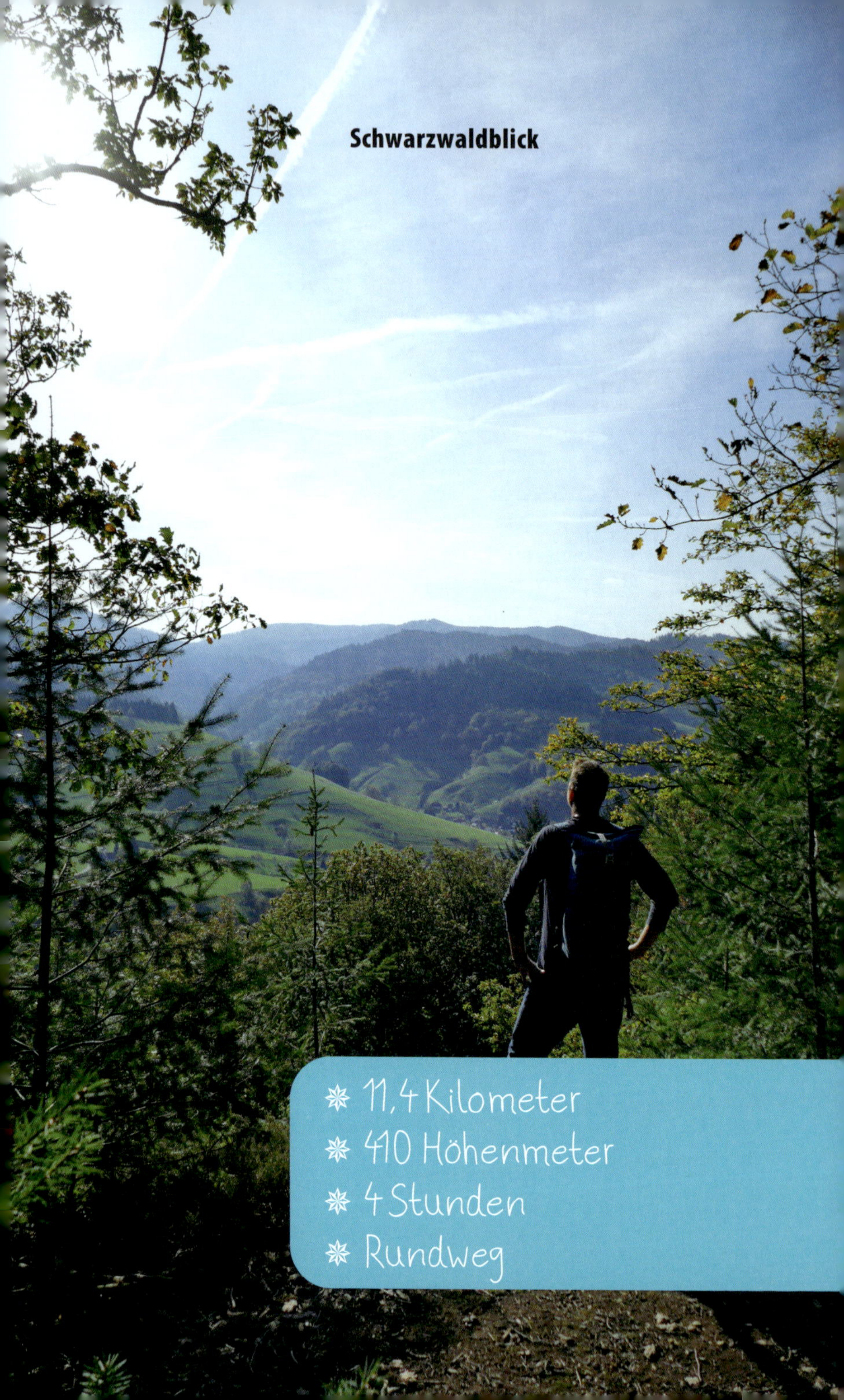

Schwarzwaldblick

- 11,4 Kilometer
- 410 Höhenmeter
- 4 Stunden
- Rundweg

Wir starten unsere Tour am **Schützenhaus** Münstertal und wandern in südlicher Richtung auf dem **Schwärzhaldepfad.** Schon nach wenigen Metern geht es rechts einen steilen und felsigen Weg hinauf. Hier gibt es keine Beschilderung. Heute heißt es: Ab in die Wildnis! Der Boden rechts und links des Weges ist efeuberankt, hin und wieder leuchtet die rote Haube eines Fliegenpilzes aus dem Grün. Alles ist von Moos überzogen: Baumstümpfe, Steine, aber auch Äste, die der Wind auf den Boden geschleudert hat. Der Pfad führt uns in Serpentinen den steilen Hang hinauf. Hier ist bei Feuchtigkeit Vorsicht geboten, denn dann kann der Weg mitunter sehr rutschig sein. Mit jeder Kehre gewinnen wir an Höhe und einen neuen, noch erhabeneren **Blick auf das Kloster St. Trudpert,** das mit den beiden weithin sichtbaren Zwiebeltürmen am Hang gegenüber liegt. Bald führt der Weg auf ein Bänklein zu, das einen herrlichen Blick hinüber zum Kloster bietet. Auch weit ins Tal hinein können wir schauen und uns dabei wunderbar von den ersten kräftezehrenden Metern erholen. Rechts und links stehen knorrige Eichen, deren Blattwerk sich wie eine grüne Laube um uns schließt.

Unser Pfad führt weiter in engen Schlingen den Hang hinauf. Douglasien wechseln sich mit Traubeneichen und Buchen ab. Bald wird der Weg weiter. Wir gehen auf eine breite Forststraße zu, die wir überqueren müssen. Gegenüber am Hang können wir unseren weiteren Weg schon erkennen. Um dort hinaufzukommen, müssen wir ein paar Meter nach rechts

Die zum Kloster St. Trudpert gehörende Pfarrkirche mit ihren berühmten Deckenfresken kann außerhalb der Gottesdienste besichtigt werden. Das Kloster, in dem heute rund 60 Nonnen leben, steht an der Todesstätte des irisch-schottischen Missionars und Märtyrers Trudpert.

Zum Riggenbach

Auf Wildpfaden im Münstertal

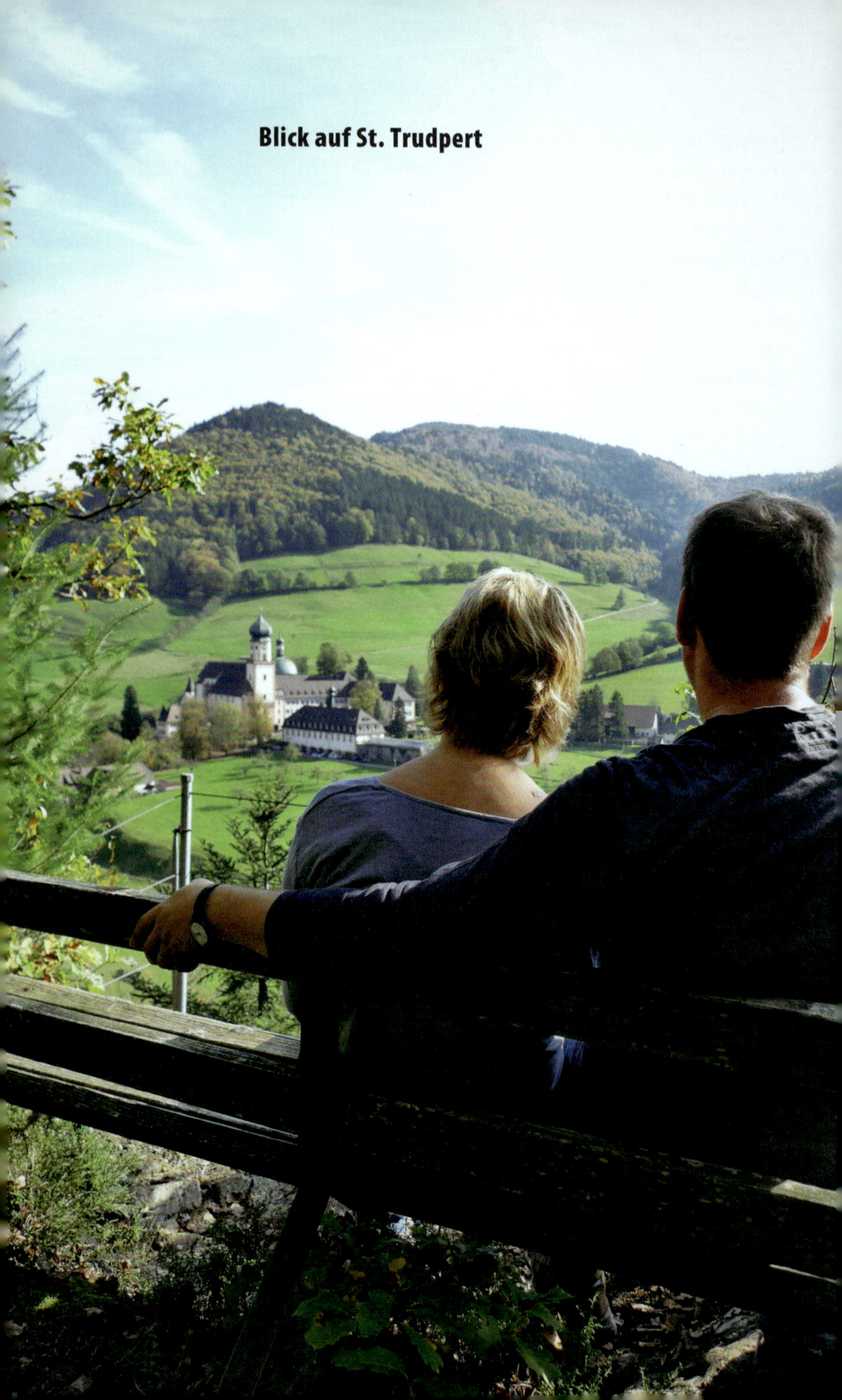

Blick auf St. Trudpert

gehen, dort führt ein schmaler Steig sehr steil hinauf. So erreichen wir erneut einen urigen und wurzelbewachsenen Pfad und müssen nicht auf dem breiten ausgetretenen Weg wandern. Weiter geht es in Serpentinen bergauf, wir gelangen an einen Felsen, umwachsen von Heidekraut. Eine herrliche Aussicht haben wir von hier oben! Diesmal blicken wir nach Süden, linker Hand erhebt sich der Belchen, vor uns eröffnet sich ein beeindruckendes Panorama. Wir blicken auf saftige grüne Wiesen und unterhalb davon auf die Häuser von Münstertal.

Unseren Weg setzen wir in westliche Richtung fort, Zapfen bedecken den Waldboden, wir entfernen uns zunehmend von den Geräuschen der Zivilisation, tauchen noch tiefer ein in den Wald. Bald kommen wir an eine Stelle, an der sich zwei Wege kreuzen. Wir wählen denjenigen, der rechts bergan führt und erreichen bald darauf einen Sattel, den wir überqueren. Nun folgen wir der Beschilderung Schauinsland. Ein breiter Forstweg bringt uns an die große Weggabelung am **Bildstöckleplatz,** hier wenden wir uns nach links. Bald erreichen wir den Wegpunkt **Sünke Lache** und folgen geradeaus der Beschilderung Richtung Kohlplätze. Recht bald teilt sich der Weg, und wir nehmen wiederum den schmalen linken Pfad, der erstmals mit der gelben Raute markiert ist. Der Pfad führt durch einen herrlichen, lichten Buchenwald, moosbewachsene Steine säumen den Wegesrand. Märchenhaft. Nachdem wir eine Bergkuppe umrundet haben, zieht sich der Weg bergab, und wir nähern uns den Resten der legendären Rödelsburg.

Für die Seele

Auf wurzeligen Pfaden durchstreifen wir einen märchenhaften Wald und erfrischen uns anschließend im malerischen Tal des Riggenbachs.

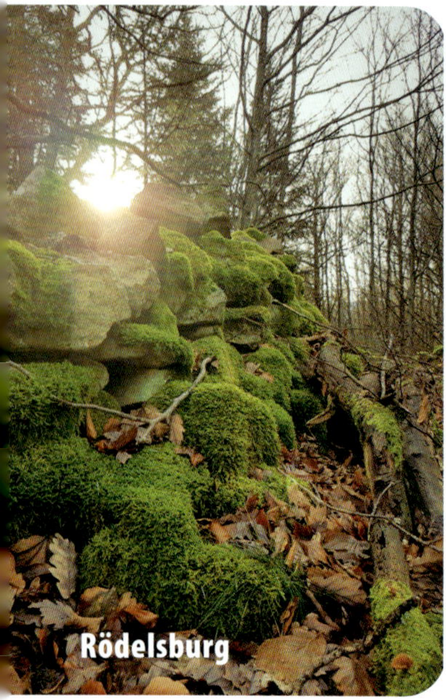

Nun erreichen wir das Kohlplätzle und folgen von hier aus der Beschilderung zur Burg und zum Riggenbach. Bald erreichen wir den Wegpunkt **Unter der Rödelsburg** und wählen den kleinen sonnenbeschienenen Pfad über den **Hexenboden** zur Burg hinauf. An der folgenden Weggabelung geht es wieder nach rechts einen Stichweg hinauf. Während unser Weg steil und steiler nach oben führt, umrunden wir die Kuppe, auf der die Burg einst gethront haben muss, und erreichen schließlich über einen steinigen Pfad die bewaldete Anhöhe. Von der **Rödelsburg** **1** ist nicht mehr viel übrig geblieben. Eine steinige Treppe führt die letzten Meter nach oben, bevor wir vor einem Rund aus Steinen ankommen. Das ist kein Überbleibsel der Burg, sondern ein Bauwerk aus jüngster Zeit. Obwohl nicht historisch, ist dies ein wirklich hübscher Platz für eine kleine Rast. Nachdem wir die Stille des Waldes auf uns haben wirken lassen, nehmen wir den Weg zurück, den wir hinaufgestiegen sind und kommen wieder am **Hexenboden** heraus.

Jetzt wählen wir den breiten Weg, der unterhalb unseres Hinwegs verläuft, wandern die sonnenbeschienene Südostflanke des Berges entlang und erreichen bald den **Thiloweg,** der uns rechts hinunter ins Tal des Riggenbachs führt. Während es im dichten Wald kühl war, wird uns beim Abstieg zunehmend wärmer, die Sonne erreicht zwischen den hohen Bäumen immer wieder den Waldboden und erwärmt ihn, Feuchtigkeit steigt aus dem Tal auf. Wir erreichen den Wegpunkt **Bei den Pingen** und wenden uns nochmals nach links Richtung **Riggenbach.** Kurz darauf hören wir schon das leise Plätschern von Wasser, das gleich von drei Seiten zusammenströmt und sich hier zum Riggenbach vereinigt, an dessen Lauf wir nun ins Tal hinunterwandern. Bald darauf öffnet sich das schmale Tal hin zu einer sonnenverwöhnten Weide, auf der Pferde

Archäologische Untersuchungen legen nahe, dass die Rödelsburg wohl aus dem Mittelalter stammte, aber schon vor dem 12. Jahrhundert wieder aufgegeben wurde. Obwohl – oder weil – historische Überlieferungen fehlen, ranken sich eine Menge Legenden um die Burg und ihre Erbauer.

grasen. Wir passieren mehrere Weiher, wandern weiter Richtung Untermünstertal und können in der Senke schon den **Rastplatz am Riggenbach** ❷ erkennen. An diesem lauschigen Plätzchen mit Wassertretstelle, Spielplatz und gemütlichen Sitzgelegenheiten machen wir eine Rast, verzehren unser Vesper und lassen den Blick über die Pferdeweide am Bach schweifen.

Auf der anderen Seite des Baches führt der Weg am Waldrand entlang in südliche Richtung weiter. Wir umrunden den bewaldeten Vorsprung, befinden uns wieder im **Münstertal** und genießen erneut einen herrlichen Blick auf den Belchen. An der Kreuzung Münstertalweg wandern wir dem Kloster St. Trudpert zu, am Waldrand entlang auf dem **Schwärzhaldeweg**. Tafeln am Wegesrand verraten Details aus der Bergbaugeschichte des Münstertals. Irgendwann können wir auch einen Blick in den Berg hineinwerfen: Der **Schwärzhaldestollen** ❸, der wohl aus dem Mittelalter stammt und in dem einst in Handarbeit Quarz und Schwerspat abgebaut wurden, führt uns einige Meter hinein in die Bergbaugeschichte. Seine Größe verdankt der Gang allerdings der Tatsache, dass er später als Keller genutzt wurde. Die meisten Stollen im Berg,

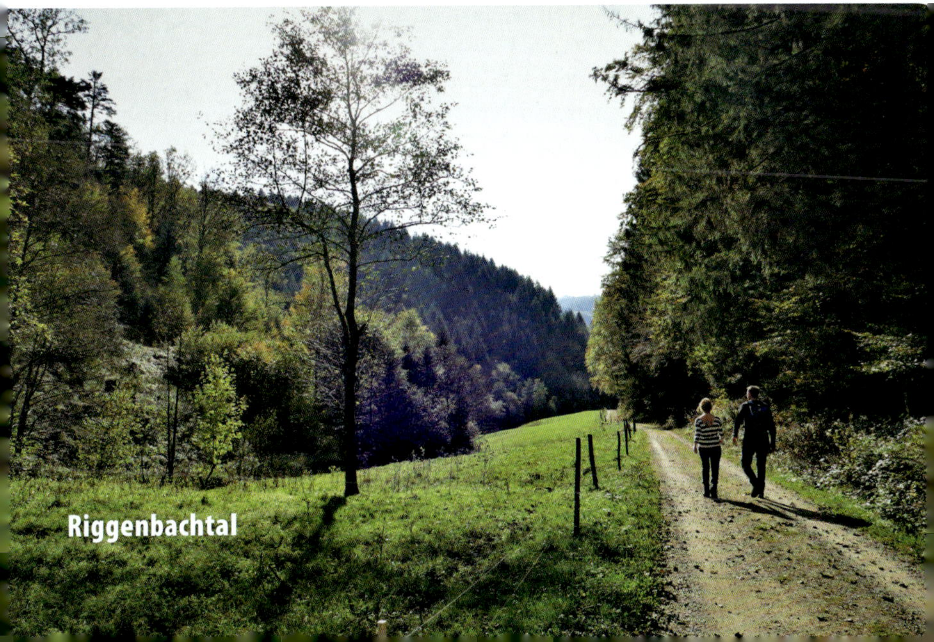
Riggenbachtal

Wer mehr über den Bergbau im Münstertal erfahren möchte, kann das Besucherbergwerk ***Teufelsgrund*** *besichtigen, wo einst Bleierz und Silber abgebaut wurden. Ein Besuch des Stollens soll auch bei Atemwegserkrankungen helfen.*

die intensive Spuren des Bergbaus zeigen, sind weit enger und niedriger: Die Bergleute mussten kniend mit dem Fäustel das Erz lösen – eine beschwerliche Arbeit.

Wir wandern oberhalb des Ortes nach Norden, wunderliche Felsformationen, bedeckt von Moosen und Flechten, sind eine wahre Freude für das Auge. Bald erreichen wir den Ausgangspunkt unserer Tour und statten dem **Kloster St. Trudpert 4** und der dazugehörigen Pfarrkirche noch einen Besuch ab. Danach machen wir einen Schwenk in den Ort und können uns entscheiden, ob wir uns in einem der feinen Restaurants im Ort stärken, zum Beispiel im **Gasthof Belchenblick 5**, oder das **Besuchsbergwerk Teufelsgrund 6** erkunden.

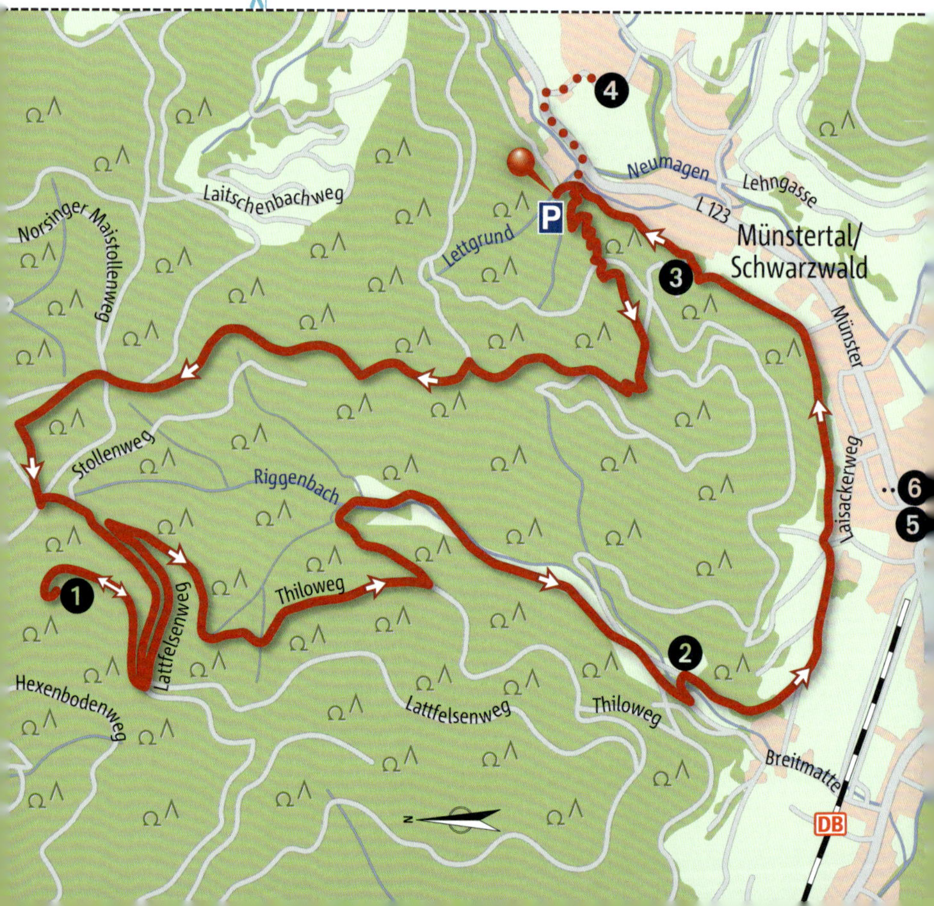

Alles auf einen Blick

WIE & WANN:
Viele schmale Pfade, später auch breitere Wege, Trittsicherheit erforderlich, da es manchmal etwas rutschig wird, Vorsicht vor allem bei feuchter Witterung; ganzjährig gut zu begehen.

HIN & WEG:
Auto: Parkplätze unterhalb des Schützenhauses, Moosweg, 79244 Münstertal/Schwarzwald (GPS: 47.864310, 7.796992), oder Parkplatz, St. Trudpert, 79244 Münstertal/Schwarzwald (GPS: 47.865121, 7.801923)
ÖPNV: Münstertalbahn von Bad Krozingen oder Staufen bis Bahnhof Münstertal, dann Bus 291 Richtung Spielweg/Wiedener Eck bis zum Kloster St. Trudpert

ESSEN & ENTSPANNEN:
Gasthof Belchenblick ❺ Wasen 72, 79244 Münstertal/Schwarzwald, Tel. (0 76 36) 2 97, www.gasthof-belchenblick.de

ENTDECKEN & ERLEBEN:
Rödelsburg ❶
Rastplatz am Riggenbach ❷
Schwärzhaldestollen ❸
Kloster St. Trudpert ❹ 79244 Münstertal/Schwarzwald, www.kloster-st-trudpert.de
Besuchsbergwerk Teufelsgrund ❻ Mulden 71, 79244 Münstertal, www.besuchsbergwerk-teufelsgrund.de

Entspannungsfaktor ✱✱✱✱✱
Genussfaktor ✱✱✱✱✱
Romantikfaktor ✱✱✱✱✱

Die GPS-Daten zu jeder Tour gibt es auf
www.droste-verlag.de

2. Auflage 2022
Konzeption/Satz: Droste Verlag, Düsseldorf
Einbandgestaltung: Britta Rungwerth, Düsseldorf, unter Verwendung von Bildern von fotolia.com: Andrey Kuzmin, undrey, dabost, niroworld; ©upixa - stock.adobe.com
Fotos: Silke Kohlmann, außer S. 11: Lucy Greiner, S. 31: Achkarrer Krone, S. 57: Gasthaus Sonne, S. 90: Kathrin Blum; S. 106: Mathilde - Kaffee und Wein, S. 126: Hausbrennerei Schladerer, Seite 127: Mathias Osti, Seite 163: Artcafé
Karten: Thorsten David, Bochum
Druck und Bindung: LUC GmbH, Greven

Alle Angaben in diesem Buch wurden sorgfältig recherchiert und geprüft. Für die Richtigkeit der Angaben, für etwaige Unfälle und Schäden jeglicher Art kann keine Haftung übernommen werden; die Nutzung erfolgt auf eigenes Risiko. Abweichungen, die nach Redaktionsschluss erfolgten, konnten nicht mehr berücksichtigt werden. Hinweise und Änderungen nehmen wir gern entgegen.

MIX
Papier aus verantwortungsvollen Quellen
FSC® C011279
FSC www.fsc.org

ISBN 978-3-7700-2472-8
www.droste-verlag.de